DROIT ROMAIN

DE LA MANUS

MATRIMONII CAUSA

DROIT FRANÇAIS

MOUVEMENTS ET DIMINUTION

DE LA

POPULATION AGRICOLE

EN FRANCE

THÈSE POUR LE DOCTORAT

PAR

Georges GUÉRY

AVOCAT

LAURÉAT DE LA FACULTÉ DE DROIT DE POITIERS

(Concours de licence, 1890, et de doctorat, 1892)

PARIS

LIBRAIRIE NOUVELLE DE DROIT ET DE JURISPRUDENCE

ARTHUR ROUSSEAU

ÉDITEUR

14, Rue Soufflot et rue Toullier, 13

1894

THÈSE DE DOCTORAT

FACULTÉ DE DROIT DE POITIERS

MM. LE COURTOIS (✳. I ✿), Doyen, Professeur de Code civil.

DUCROCQ (✳. I ✿), Doyen honoraire, Professeur honoraire Professeur à la Faculté de Droit de Paris, Correspondant de l'Institut.

THÉZARD (I ✿), Doyen honoraire, Professeur de Code Civil, Sénateur.

ARNAULT DE LA MÉNARDIÈRE (I ✿), Professeur de Code Civil.

NORMAND (I ✿), Professeur de Droit Criminel.

PARENTEAU-DUBEUGNON (I ✿), Professeur de Procédure Civile.

ARTHUYS (I ✿), Professeur de Droit Commercial.

BONNET (I ✿), Professeur de Droit romain.

PETIT (I ✿), Professeur de Droit romain.

BARILLEAU (I ✿), Professeur de Droit administratif, assesseur du Doyen.

BRISSONNET (I ✿), Professeur d'Économie politique.

SURVILLE (I ✿), Professeur de Droit International public et privé.

MICHON, Agrégé, chargé du Cours d'histoire générale du droit français et des éléments du droit constitutionnel.

PREVOST-LEYGONIE, Agrégé, chargé de Cours.

GIRAULT, Chargé des fonctions d'agrégé, chargé de Cours.

ROCHE, Secrétaire.

COMMISSION

Président : M. PETIT.

Suffragants :
- MM. ARNAULT DE LA MÉNARDIÈRE, *professeur.*
- ARTHUYS, *professeur.*
- GIRAULT, *chargé des fonctions d'agrégé.*

FACULTÉ DE DROIT DE POITIERS

DROIT ROMAIN

—

DE LA MANUS

MATRIMONII CAUSA

—

DROIT FRANÇAIS

—

MOUVEMENTS ET DIMINUTION

DE LA

POPULATION AGRICOLE

EN FRANCE

—

THÈSE POUR LE DOCTORAT

—

L'acte public sur les matières ci-après sera soutenu le 21 décembre 1894

PAR

Georges GUÉRY

AVOCAT

LAURÉAT DE LA FACULTÉ DE DROIT

PARIS

LIBRAIRIE NOUVELLE DE DROIT ET DE JURISPRUDENCE

ARTHUR ROUSSEAU

ÉDITEUR

14, Rue Soufflot et rue Toullier, 13

—

1894

—

DE LA MANUS

MATRIMONII CAUSA

INTRODUCTION

La *manus* a été fort étudiée.

C'est un point obscur du vieux droit romain au sujet duquel on rencontre peu de textes et beaucoup de lacunes. Des reconstitutions en ont souvent été tentées, et chacun croyant avoir trouvé la vraie, beaucoup de controverses ont surgi.

De cet état de choses résulte une difficulté d'étude plus grande. Il est, en effet, presque impossible de trouver sur la matière, des textes nouveaux.

De plus, le sujet a si souvent été traité qu'il est devenu bien difficile de présenter des idées et des théories nouvelles sur les points discutés ; et alors, élever une conjecture vraisemblable et bien soutenue, présenter une théorie personnelle appuyée sur des arguments logiques tirés des principes du droit, nous paraît être le seul but désirable en pareil cas.

En étudiant les différents auteurs qui ont commenté la *manus*, une remarque frappe tout d'abord. La plupart d'entre eux négligent d'éclairer leurs recherches par l'histoire et la philosophie du droit ; ce côté externe en est pourtant une grande ressource.

Imbu de cette idée, avant de commencer à traiter la *manus*, nous avons voulu minutieusement examiner l'histoire de Rome à son origine, la constitution et les mœurs de la société romaine d'alors. L'école allemande, MM. de Coulanges et Cuq seront la base de notre étude à ce point de vue.

Puis, bien pénétré des institutions rudimentaires des premiers Romains, nous avons entamé l'étude de la *manus* avec les seuls textes, sans nous préoccuper de ce qui avait été déjà écrit ou conjecturé à son objet, gardant cette étude pour la fin. Et, nous avons pu nous former ainsi une opinion se rencontrant sans doute sur la plupart des points avec les opinions déjà émises, mais sur quelques autres, plus particulièrement personnelle.

De même aussi, dans la traduction de certains passages, nous donnerons une interprétation différente de celles précédemment adoptées. Non pas que nous nous flattions d'avoir rencontré le sens exact des textes, loin de nous une telle prétention, mais parce que la traduction ainsi entendue nous paraissait plus conforme pour l'époque, avec l'esprit du droit et de l'état social romains. Nous verrons la *manus* à deux points de vue différents, selon ce que nous avons indiqué plus haut.

Le premier, entièrement philosophique et historique, établira nettement comment, à notre avis, la *manus* a pris naissance ; comment elle a grandi à mesure que la cité étendait ses conquêtes ; comment chaque révolution, chaque mouvement social important se répercute dans le droit et y laisse une empreinte. Nous retrouverons, en effet, dans l'évolution de la *manus*, la rudesse primitive du *Latium*, l'opulence et la mollesse résultant des conquêtes, la licence de l'Empire et la décadence prochaine du peuple romain. Dans cette première partie, nous n'étudierons pas l'institution en elle-même ; les textes ne nous serviront qu'incidemment de point d'appui.

Car, nous avons surtout cherché à y présenter une large vue d'ensemble de la *manus*, en déroulant sa naissance, son apogée, sa désuétude, en tâchant d'indiquer les causes vraisemblables des modifications à mesure qu'elles se sont présentées, en nous efforçant enfin, de préciser le plus exactement possible les diverses époques où elles ont paru. En un mot, dans cette partie philosophique et rationnelle, nous avons pris à tâche de faire pour la *manus* une histoire raisonnée de l'institution. Cette étude éclairera et facilitera celle qui fera l'objet de notre deuxième partie.

Là, plus de conjectures, plus d'hypothèses timides ou hardies ; *l'étude stricte des textes*. Ce sera un examen approfondi et minutieux des passages où il est parlé de la *manus*, soit qu'ils émanent d'auteurs juridiques, soit qu'ils émanent d'auteurs littéraires. Nous y trouverons souvent la confirmation de ce que le simple raisonnement nous avait révélé. Nous aurons enfin à y prendre parti dans les nombreuses controverses.

Les deux parties de notre étude se complètent donc l'une par l'autre.

La seconde, plus étendue que la première, est divisée en trois chapitres et un préliminaire. Nous y examinons d'abord la nature de la *manus*, le côté éthymologique et la terminologie du sujet.

Puis, nous abordons les modes de constitution de la *manus* dont nous connaissons déjà l'histoire. La *confarreatio*, l'*usus*, la *coemptio* défilent dans l'ordre supposé de leur apparition.

L'étude des effets de la *manus* vient tout naturellement ensuite et ce point n'a pas été le plus facile à étudier ; il est presque impossible d'envisager tous les effets, il faudrait prendre successivement toutes les institutions du droit romain. Aussi, avons nous envisagé simplement les effets de la *manus* quant aux biens et les effets quant aux personnes.

Un appendice traite spécialement la matière des successions en ce qui concerne la femme *in manu*.

Enfin, viennent les modes d'extinction de la *manus* ; les modes du droit commun tels que la mort, la *capitis deminutio* ; et les modes spéciaux à la *manus* tels que la *diffarreatio* et la *remancipatio*.

Notre étude étant ainsi assez complexe et assez étendue, nous laisserons totalement de côté la *manus* fiduciaire, dont les développements nous entraîneraient trop loin.

Un dernier mot. Les lectures des auteurs français et allemands que nous avons parcourus, nous ont donné la pensée de faire une bibliographie. Nous l'avons faite aussi complète que possible, en citant les passages d'auteurs par chapitres, paragraphes ou numéros. Quand la division d'un ouvrage nous a obligé à citer la page, nous avons toujours indiqué l'édition à moins qu'il n'y en ait eu qu'une seule.

Il nous reste avant de terminer, à demander indulgence pour les quelques théories, hardies peut-être, que l'on pourra rencontrer au cours de cet ouvrage. Ce qui nous rassure à leur égard, c'est que nous ne nous sommes permis de les exposer qu'après nous être assuré de leur parfaite harmonie avec les grands principes du droit romain. Cela a été la préoccupation constante de notre travail.

G. G.

BIBLIOGRAPHIE (1)

AUTEURS, MONOGRAPHIES ET REVUES

LABOULAYE. *Condition de la femme* (*passim*).

ESMEIN. *La manus, etc... Revue générale de droit et de juris-prudence,* 1883, p. 1 et s. — p. 121 et s.

— *Mélanges d'histoire du droit* (*passim*).

LABBÉ. *Nouvelle revue historique,* 1887, tome XI. p. 1 : *Le mariage romain et la Manus.*

TROPLONG: *Contrat de mariage,* Préface.

FUSTEL DE COULANGES. *Cité antique.* (édition Hachette) le chapitre du mariage et les p. 79, 95, 99, 101, 103, 279 et 280.

GINOULHIAC. *De la dot.* p. 86.

MONTESQUIEU. *Grandeur et Décadence des Romains,* (*passim*).

GIDE. *Condition privée de la femme dans le droit ancien et moderne.* p. 130 et s.

ACCARIAS. *Précis de Droit romain.* tome I. p. 247, note 1. No 120 ; t. I. p. 313, ligne 28 ; tome II. p. 228, note 2.

ORTOLAN. *Histoire de la législation romaine,* No 90. tome I. p. 42 et 82.

DEMANGEAT. *Cours élémentaire de droit romain,* tome I. p. 311 et suivantes.

PETIT. *Traité élémentaire de droit romain,* p 109 et s. et p. 98. (1re édition.)

DE FRESQUET. *De la manus,* revue historique, 1856.

BEAUCHET. *De la manus,* Nouvelle revue historique, 1882, p. 351.

EGGERS. *Uber das Wesen... der altrœmischen Ehe mit Ma-nus* (Altona 1883 in-8o, p. 7 et 8.

(1) Les auteurs marqués d'un astérisque sont ceux dont nous n'avons pu retrouver les ouvrages pour en vérifier les citations. Ces citations là sont forcément faites de seconde main.

Cuq. *Institutions juridiques des Romains*, fascicule I, ch. V. § 2, p. 206, 207, 209, 226 *in fine* . — fascicule II, p. 720.

Ihering. *Esprit du droit romain*, (4e édition 1888) *passim*.

Kurtze. *Excursus*, p. 583 et 584. (2e édition 1880. *Cursus der Instit.*).

Orelli. *Corpus Inscriptionum*, t. II, N° 4859, p. 351 et N° 2648.

Freund et Theil. *Dictionnaire de la langue latine*, s. v. *divortium*.

Otto Karlowa. *Die formen der Rœmischen Ehe mit Manus*, (édition 1868 Bonn.)

* Bœcking. *De mancipii causis*, p. 80, 117, (édition Berlin 1826. in-8°).

Burckardt. *Histoire du droit romain*, t. II. § 106 (Bonn. in-8°).

Huschke. *De privilegiis Fescenniœ Hispalœ*, p. 846 et s. (édit. Gœtingue 1822, in-8°) — *Studien des Rœmischen Rechts*, (Breslau, 1830) p. 190 et 219.

Hase. *De manu juris Romani* (Halis, 1847) *passim*.

Dirksen. *Manuale*, s. v. *manus* (p. 569).

* Brockdorff. *Commentaire des Institutes de Gaïus*. p. 131 à 134, p. 403, 589 et s. (éd. 1824).

* Balhorn Rosen. *über Dominium*, p. 43 et 81 (édit. Lengo, 1822 in-8°).

Grupen. *De uxore romaná*, c. II, § 1 et s. (p. 108 et s.)

Puchta. *Institutionum Cursus*, t. I, p. 129, 142, 129 ; — t. II, p. 460 (§ 220) t. III, p. 160.

Mommsen. *Etudes de droit Romain*, t. I, p. 85, n. 4.

Jacob Grimm *De la poésie dans le droit*, p. 25 sur la main, *manus*.

Savigny. *Système*, t. II, p. 84 et s. ; p. 70 et 499.

* Gans. *Scholien zù Gaius*. p. 162, 184.

Hugo. *Civil magazin* de 1824, art. s. la *manus*.

Wœchter. *über Ehescheid bei der Romischen*, ch. I. p. 19 et s.

Zimmern. *Rechtsgeschichte*, tome I, p. 840, note 3.

Hasse. *Güterrecht der Ehegatten*, § 19, p. 80 (édit. Berlin, 1824).

Munter. *De matrimonio in specie confarreato, passim* (édit. Gœttingue, 1786).

HEINECCI. *Antiquitates Romanœ*, p. 124 et s. et 260 (éd. Muhlembruch).

TEXTES (1)

GAIUS. I. 49, 55, 108 à 119, 123, 130 à 154, 162, 190 à 192, 195ª — II. 55, 86, 87, 90, 96, 98, 124, 139, 158, 159 — III. 3, 14, 15. 23, 40, 41, 46, 82 à 85, 104, 114, 163, 221. — IV. 38, 80.
ULPIEN. IX. 1 — XI. 1, 5, 13 — XIX, 18 — XXIII, 2, 3 — XXIV. 23, 24 — XXVII. 1 — XXIII. 3 — XXIX. 1.5.
PAUL. *Sentences*. V. 4 § 3 — III. 6 § 28.
TITE LIVE. I. 26, 33, 39. — IV. 2, 6. — VIII. 7 · XXXIV, 7 — XXXIX. 2, 18 et 19.
SERVIUS. *ad Œn.* IV. 29, 103, 104, 373, 374. — *ad Georg.* I. 31.
COLLATIO. (*lex Dei*) IV. 2 § 3 et 7 — XVI. 6.
AULU-GELLE. *Nuits attiques*. III. 2 — IV. 3 — V. 19 § 9 — X. 15 *in fine*, 23 — XIII. 14 — XVII. 6.
DENTS D'HAL. II. 9, 25, 27, 62, 63.
VALÈRE MAXIME. II. 9 § 2 — VI. 3 § 7. — VII. 3.
BOÈCE. *ad Cic. Top.* II. 3, 4.
FRAG. VATICANA. §§ 51, 61, 99, 300, (restit. Huschke, modifiée par Mommsen).
MACROBE. *Saturnales.* I. 3. page 270, (édit. Didot).
TACITE. *Annales.* I. 10. — IV. 16 — V. 1.
PLUTARQUE. *Numa.* 17. — *Quœst. rom.* 22, 30, 50. — *Cato minor.* 25, (édit. Bryan, tome IV, p. 240).
DION CASSIUS. lib. 48. (p. 384).
FESTUS. *De verborum sign. cum Pauli Epitome.* s. v. *abemito ;* s. v. *emere ;* s. v. *mancipatum.*
NONIUS MARCELLUS. *De proprietate sermonum.* XII. 50.
PLINE. *Histoire naturelle.* XIV. 13 — XVIII. 3, 10.
ARNOBIUS. *Disputationes adv. gentes.* IV. p. 140.
ISIDORE. *Originum seu ethymol. libri* XX. — V. 24 — XI. 8.
SUÉTONE. *Tibère,* 35.
PLAUTE. *Casina,* act. II. sc. 2 — *Trucul,* act. IV. sc. IV. v. 805. — *Asinaria,* act. I, sc. 1, v. 72.

(1) Recueil de M. Girard.

Velleius Paterculus. II. 94.

Appianus. *De bellis civilibus*, II. 99.

Quintilien. *Instit orat*. X. 5.

Cicéron. *pro Flacco*, 34. — *pro Murenâ*, 12. — *de oratore* I. 56. — Topiques, 3, 4. — *de legibus*. II. 19. — *de republicâ*, II. 18.

Institutes. I. 12, § 6. — II. 12, pr. — III. 7, pr. — IV. 8, § 7. — IV. 4, § 2.

Code. L. 1 § 2, VII. 40. — L. 1. V. 13.

DIGESTE.

L. 2 § 6, D. I. 2.	L. 14 *in fine*, D. XXIV. 3.
L. 2 § 1, D. IV. 7.	Titre 5, D. XXXIII. 5.
L. 3 pr., D. IV. 17.	L. 1, D. XXXIV. 7.
L. 10 D. IV. 5.	L. 1 § 6, D. XXXVIII. 6.
L. 7 D. IV. 5.	L. 37, D. XL. 12.
L. 2 § 1, D. IV. 5.	L. 50 § 1, D. XLI. 2.
L. 2 § 2, D. IV. 5.	L. 1 § 8, D. XLI. 2.
L. 2 § 5, D. IV. 5.	L. 6 D. XLI. 3.
L. 1 § 2. D. VI. 1.	L. 14 D. XLIV. 7.
L. 1 pr., D. VII. 4.	L. 15 D. XLIV. 3.
L. 1 § 3, D. VII. 4.	L. 56, pr., D. XLVI. 1.
L. 3 pr., D. VII. 4.	L. 5 D. XLVIII. 9.
L. 6 § 2, D. VII. 1.	L. 21 D. XLVIII. 5.
L. 3 § 4, D. XIII. 6.	L. 3 et 4, D. *de injuriis*.
L. 21 D. XVI. 3.	L. 1 et 9, D. XLVIII. 9.

PREMIÈRE PARTIE

HISTOIRE DE LA MANUS

1. — Dans les nations aristocratiques, qu'elles soient républiques ou monarchies, l'idée essentielle, qui domine

(1)   TEXTES CITÉS

Gaïus, I. 108, 111, 190 à 192. — II. 55 — III. 82. — Tacite, Ann. IV. 16. — Ulpien, XI. 1. — Aulu Gelle. Nuits att. III. 2. — IV. 3. — X. 15. — Macrobe, Sat. 1. 3. — Isidore, XI. 8. — Denys d'Hal. II. 9. 25. — III, 49 et 50. — Cicéron, *pro Murenâ*. 12. — Topiq. 3. — *pro Flacco* 34. — *de republicâ*. 11, 18. — Tite Live. XXXIX. 19. — I. 39. — IV, 2. 4.

AUTEURS CITÉS

Esmein, revue gén. de dr. et de jur. 1883, p. 8 et s. — Cuq. Fascic. ch. 5, § 2. — Labbé, Nouv. rev. hist. 1887. p. 18. — F. de Coulanges. Cité ant, p. 279 (éd. Hachette). — Puchta, Inst. tome I, p. 129 et 149. — Kurtze, *Excursus*, p. 583. — Ginoulhiac, de la dot, p. 86, — Mommsen. I, p. 85, note 4. — Montesquieu, Grandeur et décad. des

les institutions et dirige toute la société est celle-ci :
« Centralisation de tout entre les mains d'un seul ou de quelques-uns. »

Le caractère propre de chaque peuple se reflète dans ses institutions juridiques mieux que partout ailleurs. Ainsi, dans les démocraties, où le principe de l'égalité règle tout, l'unité est l'individu ; dans les aristocraties, l'individu seul se sent trop faible, il se groupe et l'unité, c'est la famille. Dans les démocraties, le patrimoine est également partagé entre les enfants quand même ce morcellement l'amoindrit ou l'anéantit ; dans les aristocraties, il est dévolu tout entier à un seul qui continue ainsi le prestige du nom et la puissance de la famille.

La démocratie, c'est le partage ; l'aristocratie c'est la centralisation ; tous les membres de la famille y sont groupés autour d'un chef : à lui tous les biens, à lui tous les pouvoirs.

2. — On comprend que, chez les peuples primitifs, l'homme ainsi privilégié devait paraître aux yeux des membres placés sous sa domination, un être infiniment supérieur. Il était, de plus, chef religieux, ce qui le grandissait encore ; tout tendait à le faire considérer comme quasi divin, et, après sa mort, à le faire honorer comme un Dieu ; et c'est probablement là l'origine du culte domestique.

En Grèce, en Italie, les ancêtres étaient l'objet de cette vénération ; chaque chef de famille veillait avec

Rom. — de Fresquet, Revue hist. 1856, étude sur la *manus*. — Zimmern, *Rechtsgeschichte*, tom. I, p. 840, note 3.

un soin jaloux à ce que le culte des ancêtres fut assuré car c'était pour lui la garantie d'être honoré après sa mort.

3. — Or, si l'on ajoute à cette idée du culte domestique, celle du principe de centralisation inhérent au caractère romain, on aura deux guides précieux dans l'étude des vieilles institutions romaines; à défaut de textes, ce sont d'excellentes bases pour la conjecture.—M. Fustel de Coulanges s'en est fort avantageusement servi pour son admirable livre de la Cité Antique, mais il a trop exclusivement tout rapporté au principe religieux; nous nous appuierons davantage sur le principe philosophique, sur le caractère aristocratique et par conséquent centralisateur des Romains; nous raisonnerons d'après ces deux principes à l'aide desquels nous verrons singulièrement s'éclairer les institutions primitives de leur ancien droit.

4. — Rome, en effet, était une aristocratie dans toute la force du terme, et si elle eut un certain temps la forme républicaine, il ne faut pas oublier que les patriciens seuls exerçaient le pouvoir.

Dans cette société profondément divisée en deux castes, la classe supérieure était jalouse du moindre de ses privilèges envers la classe inférieure; et, même entre elles, les familles riches veillaient soigneusement à ne pas laisser diminuer leurs richesses et par là, leur puissance.

Aussi la famille romaine est-elle un exemple d'unité parfaite au point de vue de l'organisation privée, civile ou religieuse. Tout était groupé autour d'elle, tout lui était sacrifié, l'affection, les liens du sang et jusqu'à la liberté des individus. Les institutions romaines primitives découlent de cet esprit de réunion, de cohésion, nous le verrons souvent.

La puissance familiale et la religion domestique, voilà les deux sources où il faut chercher l'origine des institutions du vieux droit romain.

A la fois pontife, administrateur et juge, le chef de famille représentait le maximum de pouvoirs, mais aussi avait seul toutes les responsabilités. Il avait tous les droits, et un seul mot les résume : il avait la *patria potestas*, puissance la plus étendue et la plus exorbitante qu'on puisse imaginer, pouvoir exceptionnel qui ne se rencontrait aussi absolu et aussi complet qu'à Rome, *jus proprium civium Romanorum est.*

La famille était donc centralisée dans le *paterfamilias* ; et de cet esprit de concentration résultait une puissance telle qu'on vit une gens, la gens Fabia, soutenir la guerre avec ses seules forces !

5. — On ne dut pas tarder à s'apercevoir que cette unité parfaite était menacée quand il y avait des filles, car leur mariage présentait un grave danger de désorganisation.

D'abord, pour la famille du mari, dont l'unité était rompue par l'introduction d'un élément étranger. La jeune fille, en effet, même après son mariage, restait sous la puissance de son père ; elle n'était donc pas soumise à celle de son beau-père ou de son mari. Vis-à-vis d'eux, elle était indépendante et cette indépendance rivale

formait dans la famille du mari un élément disparate
qui en détruisait l'harmonie.

Ce pouvait être un exemple dangereux, dans une société où tous les membres étaient soumis à l'autorité
despotique du *pater/amilias,* que de voir un de ces
membres indépendant en face de la puissance paternelle.

A côté de ce premier désordre, il en était un autre
aussi fâcheux pour la famille de la femme.

Par son seul mariage, la femme n'entrait pas dans
la famille du mari; juridiquement, elle conservait tous
ses liens avec la sienne propre. Elle y avait aussi ses
droits héréditaires, et à la mort de son père, elle emportait sa part de biens dans la famille de son mari ; le
patrimoine était alors momentanément hors de la famille, premier inconvénient. Puis, à la mort de la
femme, les biens faisaient retour à ses agnats, frus-
trant ainsi les enfants, qui n'héritaient pas de leur
mère. Ce résultat blessait l'équité, les liens juridiques
ne devant pas l'emporter sur ceux du sang.

En résumé, le mariage des filles pouvait désorganiser
l'unité et l'harmonie de la famille en y introduisant
une indépendance rivale de l'autorité du *paterfamilias.*
— Il avait l'inconvénient de diviser momentanément
le patrimoine familial et de contrarier les principes
de l'équité la plus naturelle.

6. — Un tel état de choses ne pouvait durer; aussi,
dès l'origine même de Rome, dut-on probablement chercher et imaginer un remède propre à tout concilier.

Ce remède, ce fut la MANUS.

Le but à atteindre était d'introduire complètement la femme dans la famille du mari ; de l'y soumettre à l'autorité du *paterfamilias* ; il fallait de plus, briser tous les liens qui la rattachaient à son ancienne famille, de façon qu'on n'y eût plus de droits sur elle et qu'elle n'y conservât plus de droits à l'hérédité (1).

De cette manière, la femme ne désorganiserait plus la famille du mari puisqu'elle passerait sous la puissance du *paterfamilias* comme tous les autres membres.

Elle ne diviserait plus, même momentanément, le patrimoine de la sienne propre puisqu'elle n'y serait plus appelée à l'hérédité ; enfin le dernier inconvénient, plutôt moral que juridique, disparaîtrait aussi, car la femme étant membre de la famille du mari, ses anciens agnats n'avaient plus à hériter d'elle.

La *manus* atteignit ce triple résultat, et quand nous montrions à l'instant que trouver un moyen de conciliation était d'une nécessité essentielle pour la conservation de la constitution sociale romaine, que par conséquent *la manus* avait dû naître en même temps que l'organisation de la société elle-même, nous ne nous avancions pas trop, car de nombreux textes corroborent notre affirmation. (*Cfr. Denys d'Hal. II. 25. — Tacite. Ann. IV. 16.*)

---

(1) On sait qu'à Rome, l'idée prédominante était celle de la conservation des biens dans la famille. Ce fut la cause de cette disposition qui défendait aux femmes de se marier en dehors de leur gens. (TITE LIVE XXXIX, 19, sur les privilèges de Fescennia Hispala. — Cfr. PUCHTA, *Instit.*, tom. I, page 129.) La *manus*, privant la femme de ses droits héréditaires, diminuait ainsi le morcellement du patrimoine.

Voyons maintenant en quoi consistait *la manus*; ce sera voir comment elle faisait disparaître les inconvénients signalés.

La manus est l'acquisition de la puissance paternelle sur la femme par le mari. Par elle, le mari devenait comme le père de sa femme, et celle-ci vis-a-vis de lui, était *loco filiæ*.

Ceci est capital.

En consentant au mariage de sa fille, le père dut consentir aussi à abandonner sur elle sa *patria potestas* et à la transférer au mari. Si ce dernier était *sui juris*, il conservait et exerçait cette *patria potestas* qu'on lui avait cédée ; s'il était *alieni juris*, elle passait au *pater-familias* sous la puissance duquel il était placé.

Le mari devenait comme le père de sa femme, c'est donc là tout l'effet de la *manus* ; mais il aplanissait parfaitement toutes les difficultés.

La femme n'était plus une étrangère dans la famille du mari; elle n'y était surtout plus indépendante ; considérée comme une fille ou une petite fille, elle en avait rigoureusement la condition, la suite de cette étude nous le montrera fréquemment. Donc, plus d'élément disparate ; unité et harmonie complète de la famille ; le premier terme était atteint.

Mais, par le fait de la cession de la puissance paternelle, il était résulté une sorte de mancipation ; la jeune fille ne faisait plus partie de sa propre famille ; *capite minuta*, les liens agnatiques qui l'y rattachaient, étaient rompus. Elle n'avait donc plus aucun droit de ce côté, elle n'y était plus héritière et le patrimoine familial restait intact, conservé toujours dans la famille par les soins et l'autorité des agnats.

Or, nous l'avons déjà vu, c'était l'objet des préoccupations jalouses des premiers Romains (1), et le second terme du résultat était atteint comme le premier.

7. — Nous concevons maintenant quelles ont été les causes probables de la *manus* ; sans doute, ce sont là de simples conjectures, mais il est difficile de donner autre chose sur les institutions primitives des peuples et on reconnaîtra que les nôtres sont, outre leur vraisemblance, conformes à l'esprit et aux principes du droit romain.

La patria potestas étant de pur droit civil, était particulière aux seuls citoyens ; *la manus*, puissance identique,

---

(1) Une autre preuve de cette préoccupation se trouve dans la tutelle perpétuelle des femmes dont le réel motif fut l'avarice des agnats. Les jurisconsultes romains se refusent à l'avouer ; ils cherchent de bonnes raisons. Cicéron (*pro Murenâ*, 12,) dit : « *Propter infirmitatem consilii.* » — Ulpien (XI, 1) dit : « *Propter sexûs infirmitatem et propter forensium rerum ignorantiam.* » Beaucoup plus tard, Isidore (XI, 8) répète comme un écho : « *propter animi levitatem.* » Peut-être celui-là était-il sincère, car à cette époque l'Église condamnait, dans un concile, une opinion qui discutait le point de savoir si la femme avait une âme ; mais le plus sincère de tous fut certainement Gaïus qui nous dit : « C'est une erreur de croire, avec le vulgaire, que les femmes ont été jûstement soumises à la tutelle à cause de la légèreté de leur esprit ; la raison est plus spécieuse que vraie. Le motif réel est que les tuteurs sont héritiers des femmes mortes *ab intestat*, et ils ont peur de se voir ravir l'héritage par un testament ou de le voir leur parvenir fortement amoindri par des dons, aliénations ou dettes. (I, 190 et 192.)

devait être aussi et était effectivement de ce pur droit
civil (*Gaïus*. I, 108) et comme elle répondait à un besoin général, ce fut la coutume, l'usage de chacun qui
l'introduisit dans le droit. Il est des institutions tellement nécessaires qu'elles s'imposent sans qu'il soit besoin d'une loi « et sont acceptées d'un commun accord
« comme *la datio in adoptionem* du père de famille, et
« la *conventio in manu* de la femme. » (G. III. 82)

Conservant l'unité de la famille et celle du patrimoine,
la manus dut non seulement exister dès l'origine de
Rome, mais elle dut encore accompagner toujours le
mariage et même se confondre avec lui.

L'opinion des commentateurs anciens ou modernes
est à peu près unanime sur ce point (1) ; presque tous les
auteurs, en décrivant le mariage romain primitif nous
indiquent parmi ses cérémonies celles de la *confarreatio*, mode de constitution de la *manus*. Pour n'en citer
qu'un seul, Denys d'Halicarnasse écrit : « Les anciens
(Romains) appelaient le mariage légitime *confarreatio*
« à cause du partage qu'on y faisait d'un pain que nous
« appelons ζεαν. » (Denys, II, 25). — Les cérémonies
du mariage et celles de la *confarreatio* étaient donc
confondues et nous devons en conclure : 1o, que la *manus* est presque aussi ancienne que le mariage ; 2o, qu'à
l'origine elle ne s'en distinguait sans doute pas, et enfin,
3o, que la *confarreatio* est le mode le plus ancien de

(1) Voy. notamment : Cuq, *Fascic.*, I ch. 5, § 2, p. 206 et s. —
Esmein, *Revue gén. de dr.*, 1883, p. 8 et s. — Kurtze, *Excursus*,
p. 583. — Fustel de Coulanges, *Cité ant.*, p. 279 et 288 (éd. Hachette). — Woechter, *über Ehescheid b. d. Rœm.*, p. 18 à 57 (éd.
1822) — Hasse, *Güterrecht der Ehe.*, § 13 et s.

constitution de la *manus*. Nous aurons à revenir sur ce dernier point.

8. — Si primitivement la *manus* et le mariage ne furent pas deux institutions très distinctes, il est certain que plus tard on les sépara très nettement et qu'elles eurent chacune une constitution spéciale, une existence particulière. C'est la loi des XII Tables qui nous révèle ce progrès du droit en nous indiquant l'existence de mariages *sine manu* (1). On peut par conséquent affirmer que la distinction du mariage et de la *manus* est antérieure au iiie siècle de Rome puisque la loi des XII Tables date de l'an 304 et que les décemvirs inventèrent fort peu et légiférèrent plutôt la coutume (2).

Le mariage *sine manu* a donc été introduit dans le droit comme la *manus* elle-même : par l'usage. Mais s'il est assez facile d'apercevoir son origine, il l'est moins d'apercevoir quelle a été sa cause. Nous avons vu, en effet, dans la *manus*, un remède efficace aux inconvénients du mariage libre ; nous avons montré combien ce dernier était contraire au caractère romain par ses conséquences désorganisatrices. Nous devrions présumer dès lors qu'il a été banni pour toujours du droit romain et voilà un texte qui nous révèle son existence au iiie siècle. U. C.

Y avait-il donc des cas dans lesquels les patriciens(3)

(1) Gaïus, I, 111. — Cfr. Gelle, *Nuits att.*, III, 2. — Macrobe, *Sat.*, liv. I, cap. 3. — Cicéron. *Top.* III.

(2) Contrà Ginoulhiac, *De la dot.*, p. 86. Pour lui, les décemvirs ont pris le mariage libre de toutes pièces dans les lois de Solon (?)

(3) Je ne parle ici que des patriciens, car à cette époque de Rome, la question ne se pose pas pour les Plébéiens, ils n'avaient pas la *ma-*

avaient trouvé intérêt à marier leurs filles *sine manu* ?—
Il y en avait au moins un. C'était, pensons-nous, quand
la femme était *sui juris*.

Dans cette hypothèse, la famille de la femme avait
grand intérêt à ce que *la manus* ne fut pas constituée.

Remarquons d'abord que de tels mariages durent être
rares à l'origine. Il fallait que la jeune fille eût perdu et
son aïeul et son père. Dans ce cas, elle avait hérité comme les autres enfants et elle possédait par conséquent
une part du patrimoine familial. Or, si la jeune fille
n'avait rien en propre tant qu'elle était encore en puissance, et si c'était alors l'intérêt des agnats de la voir
passer dans une famille étrangère pour n'avoir pas, plus
tard, à subir son concours sur l'héritage paternel, il n'en
était plus de même quand, après la mort du *paterfamilias*, la fille *sui juris* avait obtenu sa part dans la succession des ancêtres. Car, en se mariant, elle emportait
alors ses biens avec elle ; elle diminuait ainsi le patrimoine des agnats et lésait leurs intérêts. Ceux-ci en
étaient trop soucieux pour ne pas chercher à éviter un
pareil résultat ; ils voulurent empêcher la fille de passer
sous la puissance d'un autre qui eut acquis en même
temps tous ses biens, et ce fut là, je pense, la source
du mariage sans *manus*.

On sépara les deux institutions ; *la confarreatio* devint indépendante des *justæ nuptiæ*. La femme pourra
se marier, mais elle restera unie à sa famille comme
avant son mariage par les liens du sang et par les liens

nus, même pas les *justæ nuptiæ*, il n'y a donc pas à se demander
s'ils employaient des mariages *sine manu*.

du droit civil. Les agnats conserveront leurs droits à
son hérédité ; à sa mort, ses biens retourneront à la
famille dont le patrimoine conservera ainsi son intégrité. Telle fut, à notre avis, la cause première du mariage *sine manu* chez les patriciens.

Cette modification dut être facilement introduite et
acceptée d'autant mieux, que la femme *sui juris*, déli-
vrée par conséquent de la puissance paternelle, ne
devait pas se soucier de retomber sous celle de son
mari.

9. — Nous nous rendons compte à présent de la cause
de la *manus* et de celle du mariage libre. Les textes
nous apprennent qu'il y avait avec la *confarreatio,*
deux autres modes de *conventio in manu*. Expliquons
historiquement et philosophiquement leur apparition et
leurs causes.

S'il est vrai que l'esprit du droit vient de la nature
intime et du caractère d'un peuple, et que les institutions se forment selon son origine, changent et se mo-
difient selon son histoire, il faut admettre que la diversité des modes de constituer une institution aussi
importante que la *manus* n'a pas été créée d'un seul
coup et sans de grandes crises dans la nation.

Chaque mode peut se rattacher à un fait important
de l'histoire romaine.

La *confarreatio* correspond aux premiers temps de
Rome, à l'époque où le droit était encore entre les mains
des Pontifes, et la *confarreatio* gardera toujours l'empreinte de son origine sacrée.

A l'*usus*, correspondent la naissance et les premiers

empiètements de la classe inférieure, la plèbe, dont nous allons examiner l'évolution.

A la *coemptio* enfin, nous espérons l'établir, correspond l'introduction du divorce dans le droit romain.

Voyons d'abord la cause et la formation de *l'usus*.

Il faut admettre avec la presque unanimité des auteurs modernes que la plèbe s'est formée des habitants des villages voisins de Rome.

Les peuples vaincus du Latium, furent affranchis et formèrent la plèbe. Et, de même que tout affranchi était client d'un patron, de même primitivement tout plébéien était client d'un patricien. (Cicéron, *de républ.* II. 18 — Denys d'H. II. 9).

Le plèbe commença donc à se former dès les premières conquêtes de Rome. Déjà, vers 176, sous Servius Tullius, elle était une puissance avec laquelle il fallait compter.

La société romaine apparaît divisée en deux castes : les patriciens, les plébéiens. Or, il est certain qu'à l'origine, cette dernière classe ne put jouir ni du droit de la famille, ni du culte religieux, ni prendre part *a fortiori* aux choses du droit public (1).

Exclus de la cité, en dehors de laquelle ils habitaient, n'ayant pas de liens de famille autres que ceux du sang, ils ne pouvaient avoir de culte des ancêtres ; pas de Pénates, pas de Larès, pas d'autel, pas de foyer. Ils n'avaient même pas de mariages, mais de simples

---

(1) DENYS D'H. II, 62 et 63. — TITE LIVE I. 39. — HASSE. *op. cit.* p. 37. — PUCHTA. *Inst.* tome I, p. 149 — F. DE COULANGES, *Cité ant.* p. 279 et 289.

unions. « *Promiscua habent more ferarum (1)* » di-
saient dédaigneusement les patriciens. La plèbe était
donc dans un état d'infériorité marquée.

Il se produisit alors ce phénomène qu'on retrouve
partout, même aujourd'hui, lorsqu'une société est expressément ou virtuellement divisée en castes. Les
basses classes devinrent jalouses des classes supé-
rieures. Sans cesse opprimée, la plèbe envie les privilèges des patriciens. Elle copie leurs institutions
en attendant qu'elle puisse se les approprier ;
elle veut être sur un pied d'égalité, elle veut jouir des
mêmes droits ; plus tard même, elle finira par dominer
tout à fait, elle commandera à son tour.

Or, n'ayant ni culte, ni famille, les plébéiens ne
pouvaient employer la *confarreatio* puisqu'elle comprenait des cérémonies religieuses ; et pourtant ils ré-
clamaient le droit d'avoir leurs épouses *in manu* comme
plus tard, ils réclameront le *connubium* et le droit de
cité. Il fallut trouver un autre mode de constituer la
manus. Ce fut l'*usus*.

Arguant, par analogie, de la prescription annale des
res mancipi, on imagina qu'au bout d'un an, le mari
aurait usucapé sur sa femme la puissance de son beau-
père. — Il avait alors son épouse *loco filiæ* et la *manus*
était constituée.

Rien ne s'opposait plus à ce que les plébéiens fissent
emploi de ce mode qui entra dans la coutume entre
l'an 176 et l'an 300.

L'*usus*, créé pour les mariages de la plèbe, ne leur

(1) TITE LIVE IV. 2.

fut cependant pas exclusivement réservé. Il est certain
que les patriciens pouvaient l'employer ; dans certaines
circonstances même, ils ne pouvaient faire usage que de
ce mode de *conventio in manu.*

Nous savons, en effet, que longtemps le mariage entre
les deux classes fut prohibé (1) ; non seulement à cause
de la répugnance des patriciens à mêler leur sang à celui de la plèbe, mais surtout aussi pour ne pas admettre
le peuple aux mystères de la religion et à la participation
du pouvoir.

Puis, on accepta peu à peu qu'un patricien prit pour
épouse une plébéienne, sans permettre la réciproque.
L'exemple de la patricienne Virginia, épousée par le tribun du peuple Volumnius, n'est qu'une exception.

Et alors, dans ces mariages entre patricien et plébéienne, il fallait bien forcément constituer la *manus
usu* puisque l'origine de l'épouse était un obstacle à la
confarreatio. (2).

N'est-ce pas là une autre cause de la création de l'*usus*?
Ne l'imagina-t-on point pour permettre aux patriciens
de faire passer *in manu* leurs femmes plébéiennes ?

On peut le croire ; d'autant mieux que lorsqu'en 309
le tribun Canuléius demandait la concession du *connubium* pour la plèbe, il reconnaissait l'impossibilité d'employer les cérémonies des mariages patriciens quand
l'épouse était plébéienne (3).

(1) Tite Live. IV. 2.

(2) Mommsen. I. 85 note 4.

(3) Tite Live. IV. 6. — Cfr. Labbé. *Nouvelle revue hist.* 1887
page 18.

L'*usus* aurait donc été provoqué par une double cause ; probablement il fut accepté avec faveur puisqu'il satisfaisait d'un côté le désir des plébeins d'avoir aussi eux, la jouissance de la *manus* et qu'il permettait aux patriciens d'avoir *in manu* leurs femmes plébéiennes.

Nous avons montré certains cas dans lesquels le mariage *sine manu* était plus avantageux pour les patriciens ; il faut leur ajouter l'hypothèse que nous venons d'envisager.

En effet, la loi des XII Tables nous indique une façon d'interrompre l'*usus*; or, la présence de ce mode de *conventio* nous autorise à penser que les décemvirs n'envisageaient pas ici le mariage des patriciens. Il est plus vraisemblable de croire qu'il s'agissait du mariage d'un patricien et d'une plébéienne ; autrement on eut employé la *confarreatio*. Et alors, nous comprenons à merveille l'intérêt qu'il pouvait y avoir dans ce cas, à empêcher l'accomplissement de l'*usus*. Soit parce que les parents de la jeune fille voulaient le retour des biens qu'elle avait emportés, soit surtout parce que le mari ne se souciait pas d'introduire une plébéienne dans sa famille agnatique.

Quoi qu'il en soit, nous voyons maintenant à Rome au commencement du IVe siècle, deux sortes de mariages : le mariage *cum manu* qui était la règle, le mariage *sine manu* qui était moins fréquent. Nous savons de plus que la *manus* était constituée de deux façons, dont nous avons essayé d'éclairer les causes : *farreo*, mode spécial aux patriciens ; *usu*, mode commun aux deux castes, mais employé surtout par les plébéiens.

10. — Les choses durent se maintenir un certain temps dans cet état ; mais les textes contemporains de Cicéron nous révèlent l'existence d'un troisième et dernier mode de constitution de la *manus*.

De même que nous avons trouvé dans l'histoire et la philosophie du droit, un aide précieux pour expliquer la formation et l'apparition des deux autres modes, de même nous allons rechercher quel fait historique ou qu'elle évolution morale a pu amener la *coemptio*.

La *coemptio* est certainement intervenue entre le ive et le viie siècle de Rome puisque rien ne nous révèle son existence lors de la loi des XII Tables, en 304, et que vers 690, Cicéron en parle comme d'une institution déjà ancienne, qui commence à se détourner de son but primitif en servant à constituer la *manus* fiduciaire. — Or, dans cette période ainsi limitée, on relève un fait de haute importance dans l'histoire des institutions romaines en même temps qu'un indice de la prochaine décadence des rigoureux principes d'autrefois.

En 523, Spurius Carvilius Ruga répudie sa femme stérile et introduit ainsi le divorce à Rome (1).

Nous n'avons pas l'intention de rechercher quelles ont été les causes de la décadence des mœurs romaines. *Non est hic locus*, et de plus sur ce point, Montesquieu (2) n'a laissé que bien peu à glaner. Nous voulons seulement en deux mots donner le résultat de réflexions particulières pour la facilité de ce qui va suivre.

Par ses conquêtes, Rome s'était accrue en population

(1) Aulu Gelle. IV. 3.
(2) Montesq. *Grandeur et décadence des Romains.*

et en puissance; mais ces mêmes conquêtes introduisirent dans la ville le luxe et le goût des richesses en y apportant les dépouilles des nations vaincues.

Jadis, les citoyens, occupés sans cesse à guerroyer, n'avaient pas le loisir de songer aux douceurs de l'opulence acquise par leurs victoires; mais du jour où l'on eut une armée régulière, chargée de veiller à la sûreté de la République et à celle des citoyens, ceux-ci, désœuvrés, voulurent jouir de leurs femmes et de leurs richesses; ils ne tardèrent pas à s'amollir dans des raffinements de toute sorte et les vieux Romains prirent le deuil de la patrie.

Les mœurs s'éloignent de plus en plus de leur austérité primitive; l'émancipation des femmes commence.

On comprend très bien alors que la sévérité et la rigueur des premières institutions de Rome ne se trouvaient plus d'accord avec les mœurs faciles de l'époque. On s'explique les adoucissements successifs et continus qui vinrent enlever au droit civil sa rudesse antique, laissant toujours subsister la forme, mais dénaturant complètement le fond. L'indissolubilité du mariage heurtait et gênait les désirs dépravés de l'époque; on ne voulait plus de l'*individua consuetudo*; il fallait des unions passagères où hommes et femmes ne cherchaient que la satisfaction de leur volupté.

La société était bien mûre pour le divorce dont l'usage fut rapidement généralisé.

Il dut en résulter de graves difficultés.

Le mariage était, en effet, une condition essentielle d'existence de la *manus*. Si donc il était dissous, la *manus* devait aussi être dissoute; or, elle était indis-

soluble ! ! (1) Il fallut créer des modes de dissolution.
Pour la *confarreatio*, on imagina la *diffarreatio*, aussi
longue, aussi compliquée de rites religieux, aussi difficile d'emploi que la *confarreatio*. Elle ne se prêtait
donc pas aux exigences de la multiplicité des divorces ;
il fallait un mode de dissolution rapide et commode à
employer.

Et puis, la *manus* pouvait être constituée *usu;* il n'y
avait là aucun moyen de la dissoudre ; la propriété avait
été usucapée, donc acquise *in æternum* (2).

On se trouvait par conséquent en face de cette situation : d'un côté, la *manus farreo* très difficile à dissoudre ; de l'autre, la *manu usu*, indissoluble.

Et pourtant le divorce obligeait à sa dissolution. La
sagacité des jurisconsultes romains était trop ingé-
nieuse pour ne pas trouver un moyen de résoudre la
difficulté.

Les anciens modes de *conventio in manu* se prêtent
mal ou ne se prêtent pas à la dissolution ? Eh bien !
sans rien créer, on en trouvera un nouveau, facile à
constituer, facile à dissoudre.

Les jurisconsultes romains nous donnent ici un
exemple de leur habileté merveilleuse à tirer parti
d'une vieille institution pour lui faire produire, sans en

---

(1) DENYS d'H., II. 25 —GELLE, X, 15 — Servius. *ad Œneiden*, IV,
29.

(2) En effet, dans aucun texte, dans aucun auteur, il n'est fait men-
tion d'un mode de dissolution propre à la *manus* constituée *usu*. A
la *confarreatio* correspond la *diffarreatio* ; à la *cœmptio*, la *remancipatio* ; à l'*usus* ?... Rien.

changer la forme, un résultat différent. Ce que le consentement mutuel créait, le dissentiment mutuel pouvait le détruire, constitution et dissolution faciles par conséquent.

Au lieu donc de faire intervenir pour la *manus*, les rites religieux, au lieu de laisser usucaper la *patria potestas* par le mari, on va constituer la *manus consensu*. Ce nouveau mode, tiré d'une institution ancienne la *mancipatio*, fut la *coemptio*.

Le père vendait fictivement sa puissance à l'homme qui prenait sa fille pour épouse. La *manus* était ainsi constituée par une sorte de *mancipatio*; il suffisait d'une autre *mancipatio*, d'une *remancipatio* pour la dissoudre. Le divorce pouvait, dès lors, être librement employé.

La cause de la *coemptio* est donc liée à notre avis, à l'apparition du divorce ; il faut lui rattacher également la naissance des modes de dissolution de la *manus*.

Nous savons que nous ne présentons ici qu'une conjecture, mais il est impossible de faire autrement pour les points aussi reculés du droit romain. Notre but a surtout été de soutenir ces considérations, conformément à l'esprit et à l'histoire du droit romain.

Il est difficile de nier cependant qu'il n'y ait pas une corrélation étroite entre l'origine des modes de dissolution de la *manus* et le divorce. Pourquoi, avant la dissolution du mariage, aurait-on songé à dissoudre la *manus* ? Les anciens auteurs nous répètent qu'elle était indissoluble. — De plus, la vogue qu'eût la *coemptio* est indiscutable; la preuve en est dans l'*usus* et la con-

farreatio qui tombèrent rapidement en désuétude, l'une se retirant dans le droit sacré, l'autre *partim legibus partim ipsà desuetudine oblitteratum est* (Gaïus. I. 111).

Et d'où vient cette extension toujours croissante de la *coemptio*, sinon de ce qu'elle se prête admirablement aux unions passagères d'alors ? Comment une femme aurait-elle voulu constituer la *manus usu*, c'est-à-dire, par une durée d'un an quand chaque année un nouveau mariage suivait pour elle la dissolution de l'ancien.

« *Illustres quœdam ac nobile feminœ nec consulum* « *numero, sed maritorum annos suos computant, et* « *exeunt matrimonii causà, nubunt repudii.* » (Senèque).

Il faut donc reconnaître que la vogue de la *coemptio* vient de ce qu'elle était tout en harmonie avec le divorce. De là à penser que peut-être l'apparition du divorce provoqua celle de la *coemptio*, il n'y avait qu'un pas. Nous l'avons fait, présentant une théorie peut-être hardie, mais plus intéressante à présenter que la recherche d'arguments nouveaux à l'appui de systèmes anciens.

Quoi qu'il en soit, avec le relâchement des mœurs et des principes du droit, de l'ancienne unité de la famille il ne restait plus que l'apparence. La femme, lasse du joug qu'elle subissait et qu'elle avait à plusieurs reprises essayé de secouer, arrive à peu près à ses fins. La *manus* l'assujettit à son mari ; elle va faire en sorte, grâce aux subtilités ingénieuses des jurisconsultes, de trouver dans la *manus* même un moyen de se débarrasser des incapacités dont la frappe le droit civil, à l'aide de la *manus* fiduciaire, elle pourra tester, changer des tuteurs sévères pour de plus complaisants, par la *manus* elle ira même jusqu'à pouvoir se débarrasser comme d'un objet fastidieux du culte des ancêtres.

11. — C'est à ce moment, un peu avant Cicéron, soit vers 650, que la *manus* nous apparaît avec sa physionomie la plus complète.

A ce point de vue, elle est arrivée à son apogée. Cicéron en parle souvent, il commente ses modes de constitution (1), il signale la *manus* fiduciaire comme une institution récente (2). Même avant cette époque, le jurisconsulte Scœvola, maître de Cicéron, avait traité notre sujet et son autorité faisait loi sur ce point (3).

Ainsi, vers le milieu du VII siècle, la *manus* se montre complète avec ses trois modes de constitution : la *confarreatio*, l'*usus* un peu en désuétude et la *coemptio*. Elle a ses modes de dissolution : la *diffarreatio* et la *remancipatio* Elle présente enfin des applications détournées sous le nom de *manus fiduciaire*.

12. — Sa désuétude fut plus rapide que ne l'avait été son apogée.

Le luxe avait amené le relâchement des mœurs. A celui-ci succéda une débauche effrénée (4) dont le nom de Messaline évoque les honteux souvenirs. — Le mépris et le dégoût du mariage en résultent ; les

---

(1) Cicéron, *Top.*, III. — *pro Flacco*, 34.

(2) *Pro Murená*, c. 12.

(3) Voy. Gelle, *N. att.*, III, 2.

(4) Baudrillart, *Luxe des femmes à Rome sous l'Empire; Sciences morales*, tom. XCV, p. 35.

maris ne prennent plus leurs femmes que pour leur argent. (1) Et les femmes qui n'ont eu qu'un seul époux sont des exceptions telles qu'on le grave sur leur tombeau :

« *Conjugi piœ, inclitœ, univirœ.* »

Le mariage n'était plus qu'un prétexte à une effroyable corruption ; la Grèce et l'Orient vaincus envoyèrent à Rome leur luxe monstrueux, leur volupté raffinée ; ce fut leur vengeance. L'empire romain, gangrené de toutes parts, marchait rapidement à sa ruine.

On comprend alors que la *manus*, fille des austères principes du vieux droit civil, n'ait pu subsister au milieu de cet immense effondrement.

L'abandon des anciennes croyances que sapait en outre le christianisme naissant, la ruine de l'ancienne organisation de la famille, la disparition de la nécessité de conserver le patrimoine et le culte familial, tout cela entraînait la *manus* dans sa chute (2), puisque c'était la désuétude de causes dont elle n'était que l'effet.

Du jour où s'écroula la centralisation énergique qui groupait tous les pouvoirs entre les mains du chef de famille, la *manus* n'eût plus sa raison d'être et elle disparut à son tour.

On ne peut assigner de date à cette disparition car la désuétude d'une institution vieillie ne se produit que

_____

(1) Aussi les femmes prennent-elles soin de stipuler le retour de leurs biens en cas de divorce.

(2) M. DE FRESQUET, *loc. cit.*, pense au contraire que la disparition de la *manus* vient du progrès du principe de l'égalité entre époux (?)

peu à peu ; pour avoir le plus de précision possible, nous allons indiquer les causes et l'époque approximative de la disparition de chaque mode de *conventio in manu* en particulier.

L'usus disparut certainement le premier (1). « *Partim legibus sublatum est, partim ipsâ desuetudine oblitteratum est* » (Gaïus I, 111). Ses longueurs, ses complications et l'impossibilité de sa dissolution tendaient à le faire reléguer dans le domaine de l'histoire. Une fois la *cœmptio* trouvée, *l'usus* n'avait plus à être employé ; des lois vinrent achever de le rendre inutile. On s'accorde à admettre que ce furent *les lois caducaires* ; en effet, dans les textes, on les désigne souvent par la seule dénomination de *Leges* ; or, Gaïus dit : *partim legibus*. Et comme de plus, ces lois touchaient profondément au mariage, elles ont vraisemblablement pu toucher aussi à la *manus*.

Nous pouvons placer la disparition de *l'usus* vers l'an 757 ou 762 de Rome.

Cette disparition fut suivie de près par celle de la *confarreatio*, dont il est possible de donner la date exacte. La *confarreatio* sortit du domaine du droit en 776 ; sans doute, elle fut plus longtemps en usage, on la trouve parmi les cérémonies du mariage des prêtres bien après la date ci-dessus, mais elle n'était alors qu'une formalité sacrée ; elle ne produisait plus aucun effet juridique ; elle ne constituait plus la *manus*.

Voici d'ailleurs l'explication de cette restriction de la *confarreatio* aux *sacra*.

(1) Cfr. Boecking, *de manc. causâ*. — Zimmern, *Rechtsgeschichte*, tome I, p. 840, note 3.

Le célibat, on le sait, et même le veuvage étaient interdits aux flamines ; ils devaient être mariés. En 743, un patricien, devant être flamine, voulut se marier et ne trouva pas de femme qui acceptât de se soumettre à la *confarreatio*. Pour faciliter ce mariage, Auguste décida que la *confarreatio* n'aurait d'effet que *ad sacra*. Mais cette disposition n'était pas générale, car, en 776, sous Tibère, il fallut remplacer Servius Maluginensis, flamine Dialis décédé. On ne trouva personne issu ou marié *farreo*. Tibère alors, généralisant la disposition particulière d'Auguste, décida qu'à l'avenir la *confarreatio* n'aurait plus d'effet que *ad sacra* (1). On doit dire par conséquent que la *confarreatio* disparut du droit en 776, puisqu'à cette époque, elle cessa de produire des effets juridiques.

Quant à sa disparition du droit sacré, elle dut arriver avec celle du paganisme lui-même, sous les empereurs chrétiens.

Des trois modes de constitution de la *manus*, la *coemptio* subsista le dernier. Elle n'avait ni les complications de la *confarreatio*, ni les incommodités de l'*usus* ; elle avait été créée au contraire, on se le rappelle, pour faciliter et la constitution et la dissolution de la *manus* ; de plus, elle présentait diverses utilités sous la forme *fiduciaire*, tout contribuait à lui donner un plus long usage, ce qui arriva.

Il est impossible de fixer la date exacte de sa disparition, sa désuétude fut sans doute lente et progressive.

---

(1) *Voy*. le récit de *Tacite* : annales, IV, 16.

On peut affirmer cependant que la *coemptio fiduciaire* disparut la première.

Car, en 794, la loi Claudia rend inutile la *coemptio tutelæ mutandæ*. Car, en 870, le sénatus-consulte d'Hadrien, donnant aux femmes la capacité de tester, rend inutile la *coemptio testamenti faciendi* ; car enfin Gaïus ne mentionne pas la *coemptio sacrorum interimendorum* et qu'à son époque, le culte des ancêtres était le temps passé. Ne nous dit-il pas, en effet, en parlant des *sacra* : « *Quorum illis temporibus summa observatio fuit.* » (II. 55).

La *coemptio matrimonii causâ* survécut certainement elle dut s'en aller, elle aussi, avec la *manus*, à mesure que les idées de la religion nouvelle pénétrant les mœurs et les institutions, relevant la femme de son abaissement, devaient par là même faire délaisser la *manus*.

Celle-ci n'existait probablement plus sous Constantin, vers 1064. En tous cas, en 1191, dans le Théodosien, on n'en retrouve plus aucune trace.

13. — Nous en avons fini avec notre première partie. Nous avons voulu présenter une étude de la *manus* en négligeant le côté juridique : nous avons cherché à y faire l'histoire de cette institution sans l'étudier en elle-même, en nous attachant seulement à expliquer les différentes phases de son évolution.

Pour cela, il fallait s'inspirer du caractère romain, de l'esprit du droit, du changement des mœurs et des usages, des crises et des faits importants de l'histoire romaine.

. Il est évident, en effet, qu'en étudiant minutieusement le milieu dans lequel une institution a vécu, on trouve souvent l'explication de modifications, d'innovations ou de désuétudes que l'étude des textes seule est insuffisante à expliquer.

Nous avons alors pensé qu'examiner de près comment l'histoire de Rome avait pu influer sur l'évolution de la *manus*, éclairerait et faciliterait l'étude de l'institution elle-même.

En un mot, il fallait voir le côté externe et le côté interne de notre sujet.

Et l'étude était intéressante, car la *manus* a précisément reçu une empreinte marquée des différentes périodes d'apogée et de décadence du peuple romain. On y voit son début exclusivement religieux, la *manus* est d'abord un acte sacré ; puis la plèbe devient partie importante de la nation et la *manus* perd de son austérité primitive ; le divorce, le relâchement des mœurs commandent un nouvel adoucissement ; et, de modifications en modifications, on arrive à la période où tout se désagrège et s'écroule ; la femme ne veut plus tomber sous la puissance d'un mari qu'elle méprise, et la *manus* s'éteint peu à peu jusqu'à ce que le christianisme vienne lui porter le coup définitif.

Il nous faut maintenant quitter le domaine de la conjecture et entrer dans l'étude stricte de l'institution et des textes. Plus d'affirmation qui ne soit soutenue par la citation d'un auteur ; nous allons suivre le droit pas à pas sans essayer d'établir de théories sur des hypothèses vraisemblables. Cette partie sera la plus longue.

DEUXIÈME PARTIE

ÉTUDE DES TEXTES

CHAPITRE PRÉLIMINAIRE

SECTION I

Polérgomènes

14. — « *Earùm personarum quœ aliœ juri subjectœ* « *sunt, aliœ in potestate, aliœ in manu, aliœ in mancipio sunt.* (Gaïus, I. 49) »

Ce passage de Gaïus nous indique qu'il y avait à Rome trois sortes de puissances ; les jurisconsultes

---

(1)   TEXTES CITÉS

Gaïus, I, 49. 55. 108. 109. — II. 86. 90. 96. — Servius, ad OEneiden, IV, v. 373. — Ulpien, XI. 5. — XIX. 18. XXIV 23 et 24. Tite Live, XXXIV. 7-17. — Fr. Vat. §§ 54 et 300.

                  AUTEUR CITÉ

Dirksen, Manuale, s. v. *manus* (p. 569).

les ont presque toujours citées dans le même ordre : *potestas, manus, mancipium* (1).

On peut en induire que la *manus* est une puissance placée après la *patria potestas*, avant le *mancipium*.

Ce second rang, ainsi attribué à la *manus* nous autorise à penser qu'elle était inférieure en quelque point à la *patria potestas*, qui occupe le premier.

Ce n'était pas pour sa nature juridique ou les prérogatives attachées à l'institution, car sous tous ces rapports, nous le verrons, la *manus* est aussi énergique que la *potestas*. Elle occupait la seconde place simplement parce que son champ d'application était plus restreint. Alors que la *potestas* pouvait s'étendre sur les hommes et les femmes, les femmes seules étaient soumises à la *manus*. « *Sed in potestate quidem et* « *masculi et feminœ esse solent ; in manum autem* « *feminœ tantum conveniunt.* » (Gaïus, I. 109).

Cette puissance que les maris acquièrent sur leurs épouses est une institution du pur droit civil des Romains (I. 108).

Or, il en est dit autant de la *potestas* ; (Gaius I. 55), mais nulle part cette qualité n'est attribuée au *mancipium*.

15. — Nous devons donc penser que la *manus* eût, avec la *patria potestas* une certaine analogie qu'elle n'avait pas avec le *mancipium*. Et ce sera là notre

---

(1) ULPIEN, XIX, 18 ; XXIV, 23, 24. — Fr. VAT, §§ 51 et 300. — GAÏUS, II, 86, 90, 96. — III. 163. — Cfr. DIRKSEN, *manuale*, s. v. *manus*, p. 569.

point de départ. Non seulement nous admettrons une similitude entre la *manus* et la puissance paternelle, mais nous irons jusqu'à avancer, et nous prouverons, qu'au fond ces deux institutions étaient identiques.

La *potestas*, c'est la puissance paternelle exercée par le père.

La *manus*, c'est la puissance paternelle exercée par le mari.

Et nous formulons ainsi notre principe : *La manus est la patria potestas transférée par le père de la femme au mari,* qui avait alors son épouse *loco filiæ.*

16. — Soutenons maintenant cette affirmation, d'arguments et de preuves. Nous disons que dans la *manus*, la puissance paternelle est exercée par le mari sur sa femme ; il est vis-à-vis d'elle comme un père.

. . Il devra logiquement s'en suivre que la femme sera pour lui comme une fille.

De plus, pour expliquer l'acquisition, par le mari, de cette puissance, nous avons admis qu'elle lui était cédée par son beau-père (1).

Il en devra résulter :

1° Que le beau père n'aura plus aucun droit sur sa fille puisqu'il a tout cédé au mari.

2° Que le mari doit avoir sur sa femme les droits d'un père sur ses enfants.

Telles sont les premières conséquences logiques de notre système; voyons si elles sont corroborées par le droit.

(1) « Droit de marier la fille, c'est-à-dire de *céder à un autre la « puissance* qu'on a sur elle » (de COULANGES, *op. cit.*, p. 99).

Nous nous placerons pour cela à l'origine du droit romain, la *manus* étant née tout à fait aux premiers temps de Rome. Cette remarque très importante doit être entendue pour tout le cours de cet ouvrage : toutes les fois que nous disserterons de la nature de la *manus*, nous nous supposerons à son origine. Plus tard, en effet, il y eut des modifications telles qu'elles dénaturèrent le caractère primitif de notre institution.

Le premier point qui s'offre à notre étude est de voir si la femme *in manu* avait bien vis-à-vis de son mari la condition d'une fille.

Les preuves abondent ; nous allons en présenter trois sortes, tirées des textes, du point de vue rationnel, des principes du droit.

a. Ainsi la femme *in manu* venait à l'héritage de son mari en concours avec ses propres enfants ; ainsi elle pouvait avoir un pécule consenti par son mari comme un fils de famille en pouvait avoir un consenti par son père. Enfin les textes répètent à chaque pas que la femme *in manu* était *loco filiæ* ; ce seul argument suffirait à prouver que la puissance maritale était au fond une puissance paternelle.

Une preuve aussi convaincante peut être tirée de ce fait que le mari avait sur sa femme *in manu* les droits exorbitants d'un père.

Par exemple, dans le premier état du droit, le père pouvait abandonner noxalement ses enfants et même les vendre. A l'origine de la *manus*, il n'est pas douteux que le mari n'ait eu sur sa femme les mêmes droits (1).

_____

(1) Cfr. Ulpien, XI, 5.

b. On peut envisager aussi l'évolution de la puissance maritale et celle de la puissance paternelle. Elles sont absolument identiques ; mêmes adoucissements, mêmes progrès, même désuétude.

A l'origine elles sont l'une et l'autre rigoureuses et absolues. Puis, on constate les mêmes tempéraments aux mêmes époques ; par exemple, le droit de vie et de mort fut retiré vers le même temps au père comme au mari ; de même le droit de vente, et l'abandon noxal. Enfin ces deux institutions primitivement exorbitantes, dépouillées peu à peu de toutes leurs prérogatives, finirent par disparaître ensemble sous les Empereurs chrétiens.

Ne peut-on pas croire qu'une identité de nature causa cette identité d'évolution ?

c. Il est un autre argument tiré des principes du droit.

Dans la *coemptio fiduciaire*, dans la *remancipatio*, le *coemptionator* ne pouvait libérer directement la femme de la *manus*. Il fallait qu'il la mancipât à un tiers qui pouvait alors l'affranchir.

Pourquoi cette double opération ? Une vente, puis une *manumissio*.

Pourquoi le *coemptionator* n'aurait-il pas directement libéré ?

L'explication est facile avec notre théorie. Le père, en effet, ne pouvait affranchir directement ses enfants de la puissance paternelle. Il devait les manciper à un tiers qui les affranchissait.

Or, nous avons soutenu que le mari avait acquis sur sa femme la puissance paternelle. Il arrive alors logiquement qu'il ne peut pas *directement* l'en affranchir.

Il lui faut d'abord la manciper à un tiers de la même façon que le père mancipait ses enfants pour les libérer de son pouvoir.

Nous trouvons encore là une preuve de l'identité de nature des deux institutions.

Sans nous attarder à en présenter davantage, nous nous en tiendrons là (1) ; nous admettrons pour toute la suite de cette étude, que la *manus* n'est que la puissance paternelle exercée par le mari.

SECTION II

Etymologie et terminologie

SOMMAIRE

17. Etymologie. — 18. Terminologie. (2)

17. — Presque tous les peuples ont pris la main pour symbole du pouvoir. Elle termine le sceptre du roi ;

---

(1) Peut-être aurait-on pu ajouter un argument de linguistique ; on trouve assez souvent, en effet, les mots *potestas* et *manus* employés comme synonymes. Ainsi, Servius Honoratus, ad OEn. IV, *v*.373 dit : « *Mulierem, coemptione facta, in potestatem viri cessisse.* » (Cfr. TITE LIVE XXXIV. 7).

(2)   TEXTES CITÉS
L. 2 § 1. D. de orig. juris. — 1. 1 § 2. Code VII. 40. — Gaius, I. 109 et s. 118. — II. 98. — Ulpien, XI. 5. — XIX. 18 § 6. — Instilutes, I. 12. — Collatio, tit. XVI. c. 6. — Servius, ad OEn. IV. v. 373. — Cicéron, Top. c. 3. — pro Flacco. c. 34. — Gelle. N. att. XVIII. 6. — Tite Live, liv. XXXIV, c. 2.

                AUTEURS CITÉS
F. de Coulanges, Cité ant. p. 95. — Cuq, 2ᵉ fascic. p. 720. — Bœcking, de manc. causâ p. 117. — Jacob Grimm, de la poésie dans le droit, p. 25. — Balhorn Rosen, sur le dominium, p. 43 et 81. — Huschke, Etudes de dr. rom. p. 190. — Gans, Commentaire de Gaïus. p. 162. — Egger, op. cit. p. 7 et 8. — Grupen, *de uxore romanâ* c. II § 1 et s., — Brockdorff, Comment. de Gaïus. p. 131 à 144.

on la retrouve sur nombre de palais ou de temples et dans tous ces endroits, elle signifie : puissance.

Les Romains, dont les cérémonies étaient remplies de symboles et qui recherchaient des rites propres à frapper l'imagination, prirent eux aussi la main pour symbole du pouvoir ; de même qu'ils avaient pris la lance pour symbole de la propriété parce que par la lance, ils avaient tout conquis.

Toutes les fois qu'il s'agit d'exprimer un pouvoir, une puissance, nous trouvons, en effet, le mot *manus* soit en entier, soit comme simple racine : *mancipium, mancipatio, emancipatio, manumissio*, et peut être même *Mânes*, soit parce que ces ancêtres ont eu la puissance familiale, soit parce qu'ils ont encore sur la famille le suprême pouvoir (1).

18. — Ce sens large, attribué au mot « *manus* » explique bien les différentes acceptions qu'ont pu lui donner les auteurs. Car, malgré la précision et le soin méticuleux habituels des jurisconsultes romains, on rencontre parfois chez eux le mot *manus* exprimant un pouvoir tout différent de la puissance maritale, son sens propre (2).

(1) Cfr. sur cette étymologie de la *manus*.

F. DE COULANGES, op. cit. p. 95. — CUQ, *Inst. jurid.* p. 720. — IHERING, III. 191. — BŒCKING : *de manc. causâ*, p. 117. — JACOBUS-GRIMM : *De la poésie dans le droit*, p. 25. — BALHORN-ROSEN : *sur le Dominium*, p. 43 et p. 81. — BROCKDORFF : *Comment. des Inst. de Gaïus*, p. 131 à 144 (éd. de 1824).

(2) Cfr. les exemples recueillis par :

Egger : Uber das Wesen... Ehe mit *manus*. p. **7** et p. **8** (éd. de

Ainsi :

Le pouvoir royal : « *omniaque manu a regibus rege-bantur.* » (l. 2. § 1. D. de orig. juris).

Le pouvoir familial : « *Majores nostri voluerunt feminas in manu esse parentum, fratrum, virorum.* » Tite-Live, liv. XXXIV. ch. 2).

Dans cet exemple, la puissance paternelle, la tutelle et la *manus* proprement dite sont, on le voit, désignées par le même mot (1). Ce qui prouve surabondamment que *manus* était souvent entendu dans le sens large de pouvoir quel qu'il fût.

Allons plus loin.

Dans certains passages où il est indubitablement parlé de la puissance maritale, on trouve pour l'exprimer le mot : *potestas*, ou même : *mancipium* au lieu de : *manus*.

Ainsi Aulu Gelle : « *Matremfamilias appellatam esse solet quæ in mariti manu mancipioque esset.* » *N. att.* XVIII 6.

Et Servius : « *... mulierem, coemptione factâ, in potestatem viri cessisse.* » (*Ad Œneiden,* IV, v. 373).

Les auteurs ci-dessus ne sont pas, il est vrai, des jurisconsultes ; mais ce fait montre bien que dans la langue latine courante, *manus* et *potestas* étaient synonymes ; c'était toujours l'idée de pouvoir.

L'acte par lequel une femme passait sous la puissance du mari est désigné dans les textes par : « *in*

1833). — GANS : Scholien zù Gaïus, p. 162. — GRUPEN, *de uxore romand,* ch. 2, § 1 et s.

(1) Cfr. § 6. Inst. I, 12 — l. 1. § 2. Code VII. 40 (*manui paterna*).

manum convenire » ou « *in manum conventio* » (1).

Dans un seul endroit, Gaïus dit : *in manum recipere* (II. 98), Servius donne aussi : *in potestatem viri cedere*, et *in potestatem viri transire* (suprà, loc. cit.)

Une fois la *manus* acquise au mari, la femme était dite : *in manu*. Gaïus écrit à chaque instant : *in manu esse*, sans ajouter : *mariti*. — On trouve aussi dans Ulpien : *in manu habere* (XIX. 18).

On désignait alors l'épouse par les mots de « *Uxor in manu* » ou « *materfamilias* ainsi que le montre ce passage de Boëce (ad Cic. Top.) : « *Quæ autem in manum convenerunt per coemptionem, eæ matresfamilias vocabantur* » (2).

On appelle quelquefois le mari, *coemptionator* ou *coemptor* (Ulp. XI. 5. — G. I. 118).

Ce nom, tiré d'un mode spécial d'établissement de la *manus*, la *coemptio*, ou *coemptio* désigna indistinctement par la suite tout mari ayant sa femme *in manu* quelle que fut la façon dont la *manus* avait été constituée (3).

Nous en avons fini avec le préliminaire.

Nous passons maintenant à l'étude de la constitution, des effets et de l'extinction de la *manus*.

---

(1) Voy. COLLAT, tit. XVI, c. 6. — GAÏUS, I, 109 et s. — CIC. *Top.*, III et *pro Flacco*, 34, etc.

(2) Cfr. GELLE, *N. att.*, XVIII, 6. — CIC. *Top.* III.

(3) Cfr. pour le point de vue terminologique : HUSCHKE, *Études de droit romain*, p. 190.

CHAPITRE PREMIER

SECTION I

Conditions communes aux trois modes

SOMMAIRE

19. *Jus civitatis.* — 20. Consentement. — 21. *Justum matrimonium.* — 22. Intervention d'un mode de constitution (1).

19. — Quel que fut le mode de constitution employé, l'établissement de la *manus* exigeait toujours quatre conditions générales :

1° L'homme et la femme devaient respectivement avoir le *jus civitatis.*

Institution du pur droit civil, la *manus* n'était pas possible qu'entre époux tous deux citoyens romains. Un pérégrin ne pouvait donc pas avoir sa femme *in manu* et une pérégrine ne pouvait passer sous la *manus* de son mari, fut-il citoyen romain.

Huscke, *de privilegiis Fescenniæ Hispalæ*, (p. 8) doute

(1)   TEXTES CITÉS.

Gaïus, I. 137ª — 195ª — III. 41. — Coll. IV. 2 § 3 et 7.

AUTEURS CITÉS.

Huscke : *De privilegiis* Fesc. Hispalæ, p. 8. Scholion Bobiense od orat. Flacc. Ciceronis, chap. 34.

qu'une affranchie puisse « *convenire in manum* ». Ce point est cependant certain, car Gaïus (III. 41) dit en parlant d'un affranchi : « ..... *uxore, quæ in manu ipsius est* ». On conçoit d'ailleurs facilement un affranchi ayant sa femme *in manu*; il suffit de le supposer citoyen romain. Nous concluons de là, et par similitude, qu'une affranchie peut *convenire in manum*, si elle est citoyenne romaine. Rien ne s'y oppose et Gaïus (1. 195ª) appuie singulièrement cette opinion en donnant l'exemple d'une *coemptio* faite par une affranchie avec l'autorisation du patron.

De même, nous connaissons le cas de Valeria, affranchie de Flaccus, qui était également *in manu* (1).

Rien n'empêche donc qu'une affranchie passe *in manu* si elle a le *jus civitatis*. Huschke, d'ailleurs, pour soutenir son système s'appuie sur cet argument assez pauvre : que ni Ulpien, ni Gaïus, traitant la succession des affranchis, n'ont envisagé le cas où ils sont *cives romani*.

Ce n'est pas étonnant, car dans cette hypothèse, la succession des affranchis n'offre rien de particulier. Elle est réglée comme celle des ingénus ; les jurisconsultes cités n'avaient donc pas à s'en préoccuper.

20. — 2º Avec le *jus civitatis*, il fallait le consentement du père (2) ou, à son défaut, des tuteurs agnats et celui de la fille.

La nécessité du consentement du père ou des agnats

---

(1) Cfr. *Schol. Bob. ad orat. Flacc. Cic.* ch. 34.
(2) *Collat*, IV, 2, § 3 et 7, « *eo auctore* ».

s'impose. Autrement, il eut été facile de se débarrasser de l'autorité paternelle, de briser les liens d'agnation, de dissiper le patrimoine familial.

Malgré le père, la fille aurait pu *in manum convenire* et par là, changer de famille ; la *patria potestas* était alors illusoire et les intérêts familiaux dépourvus de toute sauvegarde.

Plus délicate et plus discutable est la question de la nécessité du consentement de la fille.

Une distinction chronologique nous parait la solution la plus satisfaisante. Pour l'expliquer, il nous faut d'abord remarquer la marche, l'évolution que nous présentent toutes les institutions du droit romain.

A l'origine, nous voyons toujours l'institution dans son entière intégrité, avec ses conséquences rationnelles, même quand elles aboutissent à un résultat contraire à l'équité.

Le droit romain est alors d'une implacable logique. Bientôt on s'aperçoit que l'équité doit passer avant le droit strict et le préteur fait fléchir les rigoureux principes du droit civil pour permettre des solutions plus équitables. — A l'adoucissement enfin succède l'abus et l'institution tombe en désuétude.

Cette évolution se retrouve pour la plupart des institutions du droit romain et nous en avons précisément ici un exemple.

Quand la *patria potestas* existait dans toute sa plénitude et dans toute sa rigueur, que le père avait sur ses enfants droit de vie et de mort, droit de vente, etc..., il serait puéril de soutenir qu'il n'avait pas le droit de donner *in manu* sa fille sans son consentement.

Mais plus tard, des adoucissements et des tempéraments furent apportés à la *patria potestas* ; nous voyons par exemple que le père ne pouvait plus, sans le consentement de sa fille, la donner en adoption et briser les liens d'agnation qui la rattachaient à sa famille naturelle.

Or, nous l'avons déjà montré, la *manus* et l'adoption, ont eu une évolution similaire, parceque toutes deux avaient pour base la transmission du pouvoir paternel. Nous admettons donc parfaitement qu'à cette époque, le consentement de la fille fût également exigé pour *convenire in manum*, car si le père ne pouvait sans ce consentement briser les liens d'agnation et donner en adoption sa fille, pour quelle raison lui permett re de passer outre et de briser les liens d'agnation, malgré la fille, en cas de *manus*.

On peut donc admettre que, primitivement inutile, le consentement de la fille devint nécessaire pour sa *conventio in manum*.

21.—3. Une troisième condition nécessaire à l'établissement de la *manus* était l'existence antérieure d'un *justum matrimonium*.

La manus fiduciaire fait exception à ce principe. Mais dans la *manus matrimonii causâ*, seul objet de cette étude, il fallait toujours le mariage pour pouvoir établir ensuite la *manus* ; et même, quand le mariage était dissous par le divorce, la femme pouvait forcer le mari à dissoudre aussi la *manus* (1) puisqu'il

(1) Voyez notre explication du texte de GAïUS, 1, 137 au paragraphe « *Remancipatio* » (ch. III). — Cfr. ESMEIN, *op. cit.*, p. 124 et s. « Le divorce ne put, pendant longtemps, être demandé que par le mari. »

manquait alors une des conditions nécessaires à son existence.

Remarquons que ce résultat n'eut lieu que fort tard, car le premier divorce est du VIᵉ siècle; nous reviendrons d'ailleurs sur ce point.

22. — 4. Enfin, pour que la *manus* fut établie, il fallait qu'un de ses trois modes de constitution fut intervenu entre les époux.

SECTION II

Confarreatio.

SOMMAIRE.

23. Origine et caractère religieux de la *confarreatio*. — 24. Eléments de la *confarreatio*. — 25. Motif de sa longue durée. — 26. Etait-elle réservée aux patriciens? — 27. Causes de la désuétude de la *confarreatio* (1).

23. — « *Olim, tribus modis in manum conveniebant.*» (G. I. 110).

Dès le premier mot de cette phrase de Gaïus, nous apprenons l'origine reculée des cérémonies constitutives

---

(1)   TEXTES CITÉS

Gaïus : I, 110-112. — Aulu-Gelle : XIII,14. — Ulpien : IX,1. — : Boëce : *ad Cic. Topica* II, c. 3. — Tacite : Ann. IV, 16. — Servius : *ad Œn.* IV, 103 et 374. — Denys d'Hal. : II, 25. — Pline : Hist. nat. XVIII, 3, 10.

AUTEURS A CONSULTER

Cuq. *Inst. jur* : p. 206 et 207. 209. — F. de Coulanges : *Cité ant.* p. 46 et 48 -- 279 et 280 (éd. Hachette). — Esmein : *Revue de dr. et de jurisp.* 1883. p. 1 et suiv. — de Fresquet : *Revue historique*, 1856, étude sur la *manus*. — Münter, *de matrim. in specie confarreato.* (éd. Gœttingue). — Grupen, *de uxore rom.* p. 108 et suiv. — Hasse, *op. cit.* § 19. — Wœchter, *op. cit.* p. 19 et s. — Brockdorff, *Commentaire des Institutes*, p. 403. - Heinecci, *op. cit.* p. 124 et s. (éd. de Mühlembruch) — Kurtze : *Excursus*. p. 583 et 584.

de la *manus olim*. La fin du passage nous indique en même temps que la *manus* était une institution absolument distincte et indépendante du mariage puisqu'elle avait trois modes de constitution spéciaux et particuliers (1).

Nous discuterons un peu plus loin l'ordre chronologique de leur apparition ; pour le moment, nous les citerons dans l'ordre de Gaïus, ce sont : *l'usus*, la *confarreatio*, la *coemptio*. Mais, comme à notre avis la *confarreatio* fut créée la première, c'est par elle que nous allons commencer.

Les textes qui nous en parlent, sans être très rares, ne sont pas nombreux ; ce sont surtout des passages d'auteurs littéraires, et deux jurisconsultes seulement Gaïus et Ulpien la mentionnent sommairement dans leurs écrits.

Le silence des auteurs juridiques, la brièveté de Gaïus et d'Ulpien ne nous surprennent pas ; *la confarreatio* n'offrait pour eux d'autre intérêt que celui de l'histoire. Gaïus, en effet, écrivait vers le milieu du x⁰ siècle de Rome, sous Marc Aurèle ; à cette époque, *la confarreatio* n'existait plus au point de vue du droit civil puisqu'en 776, Tibère avait décidé qu'elle n'aurait d'effet que *ad sacra*. Elle sortait alors du domaine juridique et les jurisconsultes du temps de Gaïus, *a fortiori* ceux du temps d'Ulpien, devaient-ils la considérer plutôt comme une institution du droit sacré que comme une institution du droit civil romain (2).

(1) En ce sens, Cuq, *op. cit.*, p. 206 et 207 ; (exposé et discussion de la controverse à ce sujet).

(2) C'est ainsi qu'elle nous est représentée Com. I, § 112 : « *quod jus etiam nostris temporibus in usu est : nam Flamines...* »

Faut-il aller jusqu'à prétendre avec Boëce (1) que la *confarreatio* fut toujours réservée aux seuls pontifes? Non certainement.

Sans doute, du temps de Boëce, la *confarreatio* était complètement retirée dans le droit sacré et spécial aux Flamines, mais des preuves surabondantes démontrent que les patriciens en firent longtemps un usage habituel; nous allons même voir que primitivement elle leur fut exclusivement réservée. Boëce a parlé d'après l'état de choses dont il était contemporain.

24. — Nous ne nous attacherons pas à décrire minutieusement les rites de la *confarreatio*. La reconstitution en a souvent été tentée et ce n'est pas avec les faibles lumières d'un disciple que l'on peut espérer faire mieux que les maîtres(2). D'ailleurs quel intérêt y aurait-il à répéter les détails de la cérémonie du sacrifice, de la stipulation(?) qui le suivait, du partage du pain de froment épeautre(3) *farreus,* d'où le nom de *confarreatio ?* Ces notions sont trop connues pour que nous devions nous y attarder. Disons seulement avec Gaïus (1. 112) que la *confarreatio* était un mode de constitution de la *manus* comprenant.

1° *Sacrificium solemne.*

2° *Oblatio panis farrei.*

(1) Boetius, *ad Cic.* Top. II. c. 3.

(2) Nous croyons donc devoir renvoyer sur ce point aux remarquables travaux de MM. de Coulanges, Ihering, Cuq et autres qui ont épuisé les moindres détails du sujet : ce n'est guère cependant que de la conjecture.

(3) « *Far* » est un froment spécial (Pline, *Hist. nat.* XVIII. 10).

3° *Certa verba*

4° *Decem testes*

5° *Complura prœtereà*, phrase qui a donné libre carrière aux conjectures et aux commentateurs.

Lorsque les rites de la *confarreatio* avaient été accomplis, les paroles (stipulation ?) prononcées, la femme était *in manu mariti* et la *manus* ainsi constituée de la façon la plus énergique (1) fut longtemps indissoluble (Denys d'Hal. II. 25).

25. — Si la *confarreatio* avait eu pour seul effet de faire passer la femme sous la *manus* de son mari, son existence eut probablement été de moins longue durée ; ses complications, qui provoquèrent en partie, à mon avis, les autres modes de dissolution, eussent suffi à la faire disparaître.

Mais elle avait une autre utilité, plus grande d'une certaine façon que l'établissement de la *manus* ; elle était indispensable au culte religieux, elle était une condition inéluctable du pontificat de Jupiter.

C'est ce motif qui occasionna la longue durée de la *confarreatio*, qui la fit vivre aussi longtemps que le paganisme ; elle n'était plus du domaine du droit, mais elle existait toujours, se remémorant ainsi sans cesse à l'esprit des jurisconsultes comme une institution vieillie et abandonnée.

Sans cette utilité religieuse, son souvenir ne serait peut-être pas parvenu jusqu'à nous.

Tacite (Ann. IV. 16) rappelle en deux mots l'histoire de la *confarreatio* : « *nam patricios, confarreatis nup-*

_____

(1) « *Nihil religiosius confarreationis vinculo erat* » (PLINE, *Hist. nat.* XVIII, 3).

*tiis genitos, tres simul Flamines nominari solebant....
neque adesse ut olim eam copiam, omissâ confarreandi
consuetudine aut inter paucos retentâ.* »

Et ceci est corroboré par Gaïus (I. 112).

Il y avait autrefois grande abondance de ces patriciens issus *confarreatis nuptiis* ; mais la *cœmptio* est
venue avec ses rites faciles, son emploi commode et
avantageux ; les coutumes d'autrefois se perdent, les
mœurs s'avilissent, les anciennes croyances s'écroulent
et on a peine à trouver des patriciens réunissant les
conditions voulues pour être flamine de Jupiter.

Il faut encourager à l'usage de la *confarreatio*, et les
paroles que Tacite met dans la bouche de Tibère expliquent les motifs du sénatus-consulte de 776 et son effet
restrictif.

La *confarreatio* vécut aussi longtemps que le paganisme, parce que tant qu'il y eût un flamine de Jupiter, il dut être issu *confarreatis nuptiis.* Voilà pourquoi
Gaïus et Ulpien ont envisagé ce mode plutôt comme du
droit sacré que du droit civil, voilà pourquoi on a pu
croire que c'était un mode de mariage particulier aux
flamines diales. En réalité, et au point de vue du droit,
la *confarreatio* est le mode d'établissement de la *manus* qui disparut le premier.

26. — Nous avons remarqué au commencement de
cette section l'erreur de Boëce qui refusait à tous autres
qu'aux pontifes l'usage de la *confarreatio.* On rencontre
sur le même point une controverse importante : la *confarreatio* était-elle pratiquée exclusivement par les patriciens, ou les plébéiens en ont-ils eu aussi l'usage ?

On peut, je crois, se rattacher hardiment à la première proposition : la *confarreatio* n'a jamais été d'un emploi général; justifions cette théorie.

Tout d'abord, nous le savons, la *confarreatio* remonte à la plus haute antiquité, « *horridam antiquitatem* » selon l'expression de Tacite à ce sujet (1). Denys d'Halicarnasse (2) prétend que Romulus en aurait arrêté les rites et que le symbole du pain d'épeautre y aurait été introduit parce que cette variété de froment est la plus ancienne des graines !... Enfin tous les auteurs admettent presque unanimement que la *confarreatio* fut le premier mode de *conventio in manu* (3).

Pendant les premiers temps de Rome, la ville ne contenait que des patriciens; la plèbe n'était pas encore formée. A cette époque du moins, il est bien évident que seuls les patriciens usaient de la *confarreatio*. Puis, tandis que la cité s'étend sur le plateau du Palatin, d'autres familles se groupent peu à peu sur le Capitolin; c'est la plèbe.

Comment comprendre qu'on ait reconnu à cette plèbe, qui n'est pas encore admise dans la ville, le droit d'employer la cérémonie la plus sacrée, qui confère les droits les plus exorbitants, les privilèges les plus enviés?

Comment admettre que les patriciens si fiers de leur race, si jaloux de leurs privilèges aient abandonné au

---

(1) TACITE. *Annales*. IV. 16.

(2) DENIS D'HAL : II. 25.

(3) KURTZE, *Excurus*, p. 583. — ESMEIN, La *manus, la pat. Rev. gén. de dr. et de jur.* 1883, p. 1 et s. — CUQ, *op. cit.*, p. 206 et 207.

vil plébéien l'institution qui donnait accès au pouvoir suprême du pontificat?

Et quand bien même la plèbe aurait empiété sur ce terrain, quand même elle aurait eu la permission d'employer la *confarreatio*, comment en aurait-elle connu les rites? qui lui aurait dévoilé les jours fastes où elle devait intervenir? Car le droit resta longtemps celé, accaparé par les pontifes et tenu soigneusement secret. Tout prohibait l'admission de la plèbe à une institution qui en lui ouvrant le pontificat (auquel elle n'est jamais arrivée) lui aurait dévoilé tout ce qu'on lui cachait avec un soin jaloux.

De plus on se heurte à des impossibilités radicales. Si l'on admet que les plébéiens pouvaient accompagner leurs unions de *confarreatio*, comment expliquer la parole dédaigneuse du vieux patricien : « *Connubia promiscua habent more ferarum?* » Et d'ailleurs la *confarreatio* faisait passer la jeune fille dans la famille juridique de son mari, elle l'initiait à un culte, il lui fallait approcher l'autel; or, dans la plèbe il n'y avait ni famille juridique, ni culte domestique, ni autel (1). Les plébéiens n'avaient aucun des éléments juridiques ou sacrés nécessaires à l'accomplissement des cérémonies de la *confarreatio*; comment alors auraient-ils pu l'employer?

On objecte que Denys dit « à l'origine *tous* les mariages étaient accompagnés de *confarreatio*.» Sans doute, car à l'origine, les plébéiens n'avaient que des unions,

(1) GELLE, XIII. 14. — DENYS D'HAL. II. 9. — DE COULANGES, *op. cit.* p. 279 et 280.

more ferarum (1), et le mariage légitime était la condition nécessaire de la *manus*. « *Tous les mariages* » ne peut donc s'appliquer qu'aux mariages des praticiens et l'objection devient un argument en notre faveur.

Enfin, il est bien certain qu'après Cicéron, les patriciens seuls employaient la *confarreatio*, et encore ceux-là seulement qui ambitionnaient le sacerdoce, (ce qui causa l'erreur de Boëce.)

Si les patriciens avaient primitivement eu le privilège de la *confarreatio*, abandonné par la suite aux plébéiens, comment expliquer que plus tard notre institution soit redevenue exclusivement patricienne.

Nous croyons donc pouvoir conclure que jamais les plébéiens ne purent acquérir la *manus farreo*, mode réservé aux seuls patriciens. La lutte acharnée de ces derniers pour conserver leurs privilèges, les impossibilités matérielles à l'accomplissement des cérémonies par les plébéiens, les objections que soulève la théorie opposée, tout détermine notre conclusion dans le sens indiqué.

27. — Il ne nous reste plus maintenant qu'à expliquer d'un mot la désuétude de la *confarreatio*.

a. La première raison en est dans les difficultés et les complications des rites, dans la difficulté de sa dissolution ; la *coemptio* était à côté avec ses avantages séduisants ; peu à peu on prit celle-ci, on délaissa l'autre.

b. L'indifférence religieuse contribua aussi à ce délaissement ; notre mode, en effet, était plutôt d'origine sacrée

_____

(1) DE COULANGES, *op. cit., loc. cit.*

que d'origine juridique ; les idées religieuses se confi-
nant lentement dans le monde du sacerdoce, la *confar-*
reatio suivit ce mouvement de recul et ne s'étendit plus
au delà.

c. Notons aussi la répugnance croissante des femmes
à tomber *in manu mariti*. Elles rejetaient l'emploi de
tout mode d'établissement de la *manus, à fortiori* la
confarreatio le plus sévère de tous.

d. J'indiquerai enfin comme cause de désuétude de
la *confarreatio*, le christianisme naissant et d'une extension aussi rapide que considérable. Il remplaçait le
paganisme par le culte du vrai Dieu ; celui de Jupiter
allait s'écrouler comme les autres et emporter avec lui
la dernière utilité de la *confarreatio*.

SECTION III

L'usus.

SOMMAIRE

28. Cause et nature de l'*usus*. — 29. Absence trinoctiale. — 30. Désuétude de l'*usus* : a. *partim ipsâ desuetudine*; b. *partim
legibus* (1).

28. — Pendant longtemps, *l'usus* fut pour les commentateurs un sujet d'incertitudes et d'hésitations.

(1)   TEXTES CITÉS

AULU-GELLE, *N. att.*, III 2. — CICÉRON, *pro Flacco*, c. 34. —
GAÏUS, I, 111. — II, 90. — I, 6. D, XLI, 3. — I, 15. D, XLIV, 3.

AUTEURS CITÉS

ACCARIAS, tome I, p. 247, note 1. — DEMANGEAT, t. I, p. 311 et
suiv.

Cependant, à l'aide des textes cités en tête de cette section, on était arrivé par d'habiles conjectures à une reconstitution probable de l'*usus* quand vint la découverte du manuscrit de Vérone. Le § 111. I de Gaïus montrait à la fois la perspicacité des commentateurs dont elle confirmait les suppositions, et la cause du silence des jurisconsultes romains ; l'*usus* était rarement employé et avait eu une rapide désuétude (l. 111 *in fine*)

Quel était donc ce mode de constitution de la *manus* et surtout pourquoi son emploi était-il restreint ?

L'*usus* était une sorte d'usucapion de la femme ou plutôt du pouvoir sur elle par la possession continue d'un an.

Au bout d'un an de cohabitation, la *manus* était constituée.

Ce mode, nous l'avons vu en étudiant le côté philosophique de notre sujet, fut vraisemblablement créé par les plébéiens et pour leur usage. Empêchés d'employer la *confarreatio* et voulant cependant avoir leurs femmes *in manu*, comme les patriciens, ils trouvèrent l'*usus* (1).

Rien ne s'opposait, en effet, à ce qu'ils acquissent la puissance sur la femme par usucapion. Si l'on remarque que les patriciens pouvaient constituer la *manus*

---

(1) BOECE fournit une présomption favorable à notre hypothèse ; il dit que les femmes *coemptione in manu conventæ* étaient appelées *matresfamilias* (ad Cic. Top., c. 3). Celles *in manu, usu* n'avaient pas droit à ce titre. L'*usus* était donc un mode peu estimé ; ne serait-ce pas à cause d'une origine plébéienne ?

farreo, si l'on se rappelle leur répugnance à se servir des institutions plébéiennes, on peut penser que les plébéiens seuls employaient couramment l'*usus*. De là, une première restriction à laquelle il faut ajouter cette autre que les filles *sui juris* ne pouvaient tomber *in manu, usu*. Nous verrons ce point tout à l'heure, mais nous comprenons déjà qu'une institution d'un champ aussi limité devait facilement se perdre devant une autre plus commode, d'un emploi facile, général, et arrivant au même résultat ; ce sera la *coemptio*.

L'*usus* étant une usucapion, on en saisit la nature et les conséquences ; elles sont copiées sur l'usucapion du droit civil. Les conditions juridiques en sont les mêmes : la possession, c'est la cohabitation annuelle ; le juste titre est figuré par les *justæ nuptiæ* et enfin la continuité est expressément indiquée par Gaïus « *quæ anno continuo perseverabat* « (I. 111). Et il ajoute un mot très important : « *velut annia possessione usucapiebatur*. »

L'usucapion n'est que simulée, car si la femme eût été réellement usucapée comme une chose, elle ne serait pas tombée *in manu*, elle serait devenue *serva*.

Nous qui avons admis que la *manus* était la *patria potestas* transférée, nous comprenons, sans difficulté, que le mari usucapait *le pouvoir* sur son épouse et non pas sa personne même, et que celle-ci tombait alors *in manu* et non pas *in servitute*. Par le même motif, nous comprenons à merveille le § 90, II de Gaïus, où il écrit au sujet des femmes *in manu* « *quia ipsas non possidemus*. » Évidemment, la *manus* n'est pas l'acquisition

de la femme, mais du pouvoir qu'avaient sur elle ses
propres parents (1).

29. — L'année nécessaire à l'accomplissement de
l'usucapion devait être comptée *de die ad diem* et non
de momento ad momentum. (Cfr. : 1. 6. D. XLI. 3. —
1. 15 pr. D. XLIV. 3).

Si, par répugnance ou par intérêt, les époux ne voulaient pas que la *manus* fut constituée, il leur suffisait
d'interrompre l'usucapion. Pour cela, la femme s'absen-
tait trois nuits consécutives du domicile conjugal.

La loi des XII Tables a fixé ce point ; a-t-elle innové,
a-t-elle plutôt réglé un usage encore mal établi? Cette
dernière solution nous plairait davantage, mais l'absence
de textes et l'époque reculée de cette loi ne permet pas
une affirmation catégorique.

Il fallait, bien entendu, le consentement des époux
et si un mari eut séquestré sa femme pour l'empêcher
d'accomplir le *trinoctium*, la *manus* n'aurait cependant
pas été constituée. De même, *a contrario*, une absence
fortuite de l'épouse n'aurait pas interrompu l'usucapion.

Aulu-Gelle, dans le chapitre intitulé « *Quid L. Mu-*
« *cius scripserit super ea muliere quam maritus non*
« *jure usurpaverit* » consacre toute une page à démontrer comment il faut compter les trois nuits pour qu'elles
soient complètes. Nous ne reproduisons pas ce commentaire du calendrier romain ; nous croyons d'un intérêt

_____

(1) Même chose dans la *coemptio* : on n'y vendait pas la femme qui
fut devenue *serva*. On vendait la puissance sur elle et elle tombait
alors *in manu*.

plus grand l'explication de la désuétude de *l'usus* d'après
le § 111 : « *sed hoc totum jus, partim legibus subla-*
« *tum est, partim ipsa desuetudine oblitteratum est* ».

30. — Les causes qui firent disparaître *l'usus* sont de
deux sortes : la loi, sa propre désuétude.

a. Désuétude : Les motifs en sont faciles à énumérer ;
ce mode humiliait la femme en la mettant presque au
rang des choses ; il était extrêmement incommode puisqu'il fallait un an pour qu'il s'accomplît, et d'un autre
côté, si l'on ne voulait pas de *manus*, il obligeait encore
la femme à une absence de trois nuits. Si l'on joint à
tous ces motifs l'origine plébéienne de *l'usus* qui suffisait
à en écarter les patriciens, le champ d'application restreint dans lequel il était confiné (1), c'est plus qu'il n'en
faut pour expliquer le « *partim ipsa desuetudine* » de
Gaïus.

b. La loi : On comprend moins bien ce que le célèbre
jurisconsulte a entendu par *Legibus*. Il est très proba-

(1) L'emploi restreint de *l'usus* résulte de ce qu'il n'était guère
en usage que dans la plèbe et de plus qu'il n'était possible qu'aux
femmes *alieni juris*.

Car, pour passer *in manu*, la femme a besoin de l'autorisation de
son père ou de ses tuteurs, intéressés qu'ils sont à la conservation de
leur patrimoine. Si donc une fille est *sui juris*, il lui faut le consentement de tous ses tuteurs et ce consentement doit être donné *in ipso
actu*, chose impossible dans *l'usus* qui dure un an, (ACCARIAS, I. p.
247, n. 1).

Cfr : Cicéron, p. Flac. 34, où il est prouvé que Valeria, affranchie
de Flaccus, n'a pu tomber *in manu* faute du consentement de ses
tuteurs. « *Nihil enim potest de tutele legitima sine omnium tu-
torum auctoritate deminui.* » Cfr. : DEMANGEAT. I. p. 311 et s.

ble que ce sont là les lois *Julia* et *Pappia Poppæa*, qui modifièrent si profondément le mariage et les institutions qui s'y rattachent.

Cela me paraît d'autant plus vraisemblable que ces lois étaient souvent désignées par le simple mot *Leges* dans les textes et l'on peut parfaitement lire ainsi le § 111 : *partim Legibus*, en l'appliquant aux lois Caducaires.

A leur époque enfin, la *coemptio* florissait, l'*usus* s'éteignait peu à peu et le législateur put se permettre de trancher hardiment dans une institution incommode qui n'avait plus sa raison d'être.

SECTION IV

La Coemptio.

Sommaire.

31. Origine de la *coemptio*. — 32. Formalités de la *coemptio*. — 33. Pouvait-on forcer les tuteurs à donner leur consentement ? — 34. Nature de l'opération juridique accomplie dans la *coemptio*. — 35. A. 1re opinion : Achat réciproque de la personne des époux par eux-mêmes. — Réfutation. — 36. B. 2e opinion : Achat de la femme par le mari, et d'avantages divers par la femme. — Réputation. — 37. C. Opinion soutenue (1).

31. — Dans presque toutes les législations primitives, le mariage est une vente : le mari achète sa femme

(1)   Textes cités :

Gaïus : I. 113, 115, 192, 123. — Collatio : IV. 2 § 3, 7. — Servius : ad OEn., IV. 104. — ad Georg., 1. 31. — Arnobius : Disput. adv. gent., IV, 140. — Cicéron : pr. Flacco, c. 34 — de oratore, I. 56. —

à ses beaux parents, c'est lui qui fournit une dot.

Aujourd'hui, sauf dans quelques pays à demi civilisés, on pratique le contraire.

Les formalités du mode qui nous occupe ressemblent beaucoup à celles d'une vente. C'est comme une mancipation où le père serait : mancipant; la fille, mancipée; et le mari, acquéreur. Les Romains ont-ils emprunté cet apparat au mariage primitif, et la *coemptio* est-elle un souvenir du temps où la femme achetait son mari? Je ne le crois pas. Cette réminiscence de l'antiquité se serait reflétée dans les modes plus rapprochés d'elle qui précédèrent la *coemptio* et où l'on ne voit rien de semblable. D'autre part l'origine de la *coemptio* et de ses rites nous semble venir plus naturellement de la cause que nous lui avons attribuée dans notre première partie et sur laquelle nous revenons brièvement.

Plaçons-nous au vi⁰ siècle de Rome. Le peuple romain, enivré par ses conquêtes et les richesses qu'il en avait rapportées, s'est départi de son austérité primitive, les mœurs se relâchent, peu à peu la religion perd son autorité si puissante et le droit civil adoucit jusqu'à l'extrême la rigueur de ses institutions. La *manus*, une des plus anciennes et des plus sévères, pèse lourdement sur la noblesse et la frivolité des Romains d'alors.

Boëce : ad. Cic. Top., c. 3. — Plutarque : Quæst. rom., c. 30. — Nonius : de propriet, XII. 50, — Festus : s. v. emere — s v. abemito, p. 4. — Isidore Hisp. : Origines, V. 24.

AUTEURS A CONSULTER :

De Fresquet : Revue hist. 1856, loc. cit., suprà. — Orelli : Inscript. collat. t. II. p. 351 n⁰ 4859. — Grupen : Inscriptions, p. 105. — Burckardt ; Hist. du droit rom. t, II, § 106. — Huschke : Studien, p. 290.

On trouve la *confarreatio* trop compliquée, trop austère, et deux siècles après, Auguste ne trouvera plus un seul mariage accompagné de *manus farreo*. L'*usus* est de basse origine, ses longueurs le rendent peu pratique, il abaisse la femme qui, commençant à secouer le joug, ne veut plus *convenire in manum usu*.

Enfin surtout, la *manus* constituée par un des deux modes ci-dessus est d'une dissolution sinon impossible, au moins très difficile. Or, en 523, le divorce vient de naître ; il a rapidement pénétré les mœurs et le goût du temps demande une dissolution facile du mariage et de la *manus*. Les modes de constitution existants sont pleins de difficultés et d'une quasi indissolubilité gênante ; on va en créer un autre qui présentera tous les avantages ; par lui, la *manus* sera facile à constituer, facile à dissoudre.

Mais il ne faut pas renverser les coutumes anciennes ; le résultat doit être atteint sans brusquerie, sans aller contre les usages établis.

Les jurisconsultes romains n'innoveront pas. Fidèles à cette subtilité sophistique inhérente à leur caractère, merveilleusement servis par leur esprit ingénieux, ils emploieront un expédient à eux coutumier : *détourner une ancienne institution de son sens primitif*.

La mancipation adroitement modifiée devint la *coemptio* ; le père allait vendre la puissance paternelle comme une *res mancipi*, et la *manus*, alors constituée comme par mancipation pourrait se dissoudre facilement par une remancipation. Les époux n'avaient plus à redouter une indissolubilité gênante ; et nous, nous comprenons pourquoi la *coemptio* a l'apparat d'une vente sans que ce lui soit un reflet du mariage des temps bibliques : c'est qu'elle est tirée de la *mancipatio*.

Voyons en les formalités.

32. — Avant la découverte du palimpseste de Vérone, on avait cependant pu se faire une idée assez exacte de la *coemptio* à l'aide de certains passages d'auteurs, tels que Cicéron, Boëce et Servius.

Ce dernier notamment en parlait en deux endroits d'une façon précise (1). Il en ressortait que la *coemptio* était une institution relative au mariage et qu'elle ressemblait à la mancipation ; Cicéron et Boëce ajoutaient à ces points acquis que c'était un mode constitutif de la *manus*.

On était alors à peu près fixé quand les § 113, 115, 123, du Ier Commentaire élucidèrent complètement la question.

En groupant les textes relatifs à la *coemptio*, on y discerne les éléments suivants :

Les assistants étaient :

1° Le mari et la femme,

2° Le *libripens* avec la balance et le poids d'airain.

3° Cinq témoins, qui représentaient sans doute comme dans la mancipation les cinq catégories du peuple romain. Car la *coemptio* qui brisait des liens agnatiques, qui modifiait les familles, le culte, l'hérédité, était un

_____

(1) Servius, ad OEn. IV. 104 : « *Coemptio enim est ubi libra atque œs adhibetur et mulier atque vir inter se quasi coemptionem faciunt* ».

Ad Georg. I. 31 : « *Teque sibi generum Thetys emat omnibus uniis* » — « *Emat ad antiquum nuptiarum pertinet ritum quo se maritus et uxor invicem coemebant, sicut habemus in jure.* »

acte important (1) et devait être fait en présence de tout le peuple symbolisé par les cinq témoins.

4° On peut ajouter les parents des époux ou du moins le père de la jeune fille, sa présence étant nécessaire pour le consentement et les formalités *per œs et libram*.(2)

5° On est également sûr que des paroles certaines intervenaient entre les époux. Cicéron le dit explicitement : « *Neque illud est mirandum qui quibus verbis coemptio fiat.* » (*De oratore*, I. 56)

Toutefois ce n'étaient pas les mêmes paroles que dans la mancipation ; la condition d'une femme *in manu* est, en effet, bien différente de la condition d'une femme mancipée, comme l'écrit Gaïus (I. 123) et cette différence vient précisément des paroles prononcées dans la *coemptio*. Je croirais volontiers à une double stipulation parceque cela s'accorde avec le caractère de réciprocité de la *coemptio* et avec un passage d'Arnobius(3) : « *habent interpositis stipulationibus sponsas.* »

La *coemptio* se composerait donc de deux phases :

(1) J'ajoute à l'appûi de cette assertion que la *coemptio* était souvent consignée et relatée dans une inscription, faits confirmants son importance. Je cite deux inscriptions qui ont une même formule, consacrée par un usage fréquent : CONS. AUG. PUB. CLAUD. QUÆS. ANTONINAM. VOLUMNIAM. VIRGINEM. VOLENTEM. AUSPI. E. PARENTUM. SUFF. COEMIT. ET. IIII. FASC. IN. DO. DUXIT. (Grupen, p. 105).

COS. TIT. A. D. V. KAL. OCTOB. PUB. CLAUD. TULLIAM. VIRGINEM. VOLENTEM. AUSPICATO. E. PARENTIBUS. COEMIT. (Orelli. II. n° 4859. p. 351).

(2) Les deux inscriptions ci-dessus le démontrent à l'évidence ; et un texte vient encore corroborer ce point : Collatio, IV. ch. 2 § 3 et c. 7 « *eo auctore* ».

(3) ARNOBIUS, *Disput. adv. gentes* : IV. p. 140.

une stipulation mutuelle dans laquelle on se promettait de se prendre réciproquement pour époux (*coemere* ?); puis, les formalités de la mancipation par lesquelles le père de la femme cède au mari sa puissance paternelle sur celle-ci, qui devient *loco filiæ* vis-à-vis de son époux; la *manus* est constituée.

Ces deux phases, indiquées par les textes déjà cités, auxquels on peut joindre Boëce (*ad cic.* Top. c. 3) et Plutarque (*Quœst. rom.* c. 30) ont inspiré à l'éminent romaniste allemand Huschke (1) une reconstitution détaillée de la *coemptio*. Ce passage, d'une vraisemblance remarquable, mériterait d'être reproduit en entier, mais nous devons nous borner au principal :

« Les personnes nécessaires réunies, le mari disait à la femme : « *Visne tu mihi ita ex jure Quiritium materfamilias esse, ut ubi ego Gaïus* (2), *tu Gaïa sies* ? »

Respondebat mulier : « *Volo.* »

Tum uxor iisdem verbis : « *Visne tu mihi ita ex jure Quiritium paterfamilias esse ut ubi ego Gaia, tu Gaïus sies* » ?

Et ille contrà : « *Volo.* »

Le mari, touchant alors la femme avec la *festuca* (2ᵐᵉ phase) prononçait alors la formule : « *Te ego ex jure Quiritium matremfamilias* (3) *meam esse aio, estoque mihi empta hoc œre libraque œnea.* »

(1) Studien. p. 290.

(2) Plut : « οπου Γαιος, συ εγω Γαια. »

(3) Boëce ajouterait à la vraisemblance de la reconstitution. *Quœ autem in manūm convenerant per coemptionem*, dit-il, *ex matresfamilias vocabantur; quœ vero usu vel farreo minime.* (loc. cit.)

Le silence du père impliquait son consentement.
Huschke partage l'opinion admettant une vente de la
femme ; nous en montrerons plus loin l'impossibilité.
Remarquons maintenant qu'il n'y a pas là achat à proprement parler ; on n'a pas donné au père une certaine
somme pour prix des avantages par lui cédés ; il y a
seulement acquisition à la suite d'une stipulation et
acquisition réciproque, d'où le mot *co-emptio*.

Nous avons vu en énumérant les conditions communes aux trois modes de *conventio in manu* comment le
consentement de la jeune fille, nullement requis à l'o-
rigine, finit par être exigé.

Dans la *coemptio* il le fut probablement toujours
car si *l'usus* et surtout la *confarreatio* remontent aux
temps originaires droit civil et de ses rigoureuses, conséquences, il n'en est pas de même de la *coemptio* qui est
beaucoup plus récente. Elle naquit à une époque où le
droit considérablement adouci accordait aux enfants
une certaine personnalité.

33. — Si la fille était *sui juris*, il lui fallait le consentement de tous ses tuteurs (1). La *coemptio*, en effet,
mettait fin à la tutelle et chaque tuteur ne pouvait en
être dépouillé malgré lui ; elle pouvait en outre porter
atteinte à l'intégrité du patrimoine familial et nuire
aux intérêts agnats auxquels il appartenait ; rien de plus
logique donc que la nécessité de leur consentement.

Mais si les tuteurs ou l'un d'eux refusaient de consentir à la *conventio in manum*, la jeune fille pouvait-elle

(1) Cicéron, pr. Flacco. 34. « *Coemptione? Omnibus ergo aucto-
ribus !* » Cfr. Gaïus I, 115.

forcer le consentement ou devait-elle subir l'effet prohi-
bitif du refus ? *Quœri solet*! et cependant le § 192, I, de
Gaïus paraît bien trancher la difficulté :

« La tutelle perpétuelle des femmes fut inspirée beaucoup moins par l'intérêt du pupille que par celui du tuteur ». Ces derniers, d'une avarice toute romaine,
voulaient bien plutôt protéger un patrimoine à eux
destiné que sauvegarder les intérêts de la fille *sui juris*
aussi, tous les actes par lesquels la femme eut pu diminuer ce patrimoine avaient-ils soigneusement été soumis à leur *veto*. Point de doute que dans les premiers
temps du droit civil, on ne pouvait les forcer à donner
leur consentement ; et s'ils se refusaient à la *conventio
in manum* de leur pupille, elle était obligée de respec-
ter leur décision.

Mais avec les adoucissements du préteur et le désagré-
gement progressif des vieux principes du droit, on recon-
nut par trop exorbitant le droit que s'étaient arrogés les
tuteurs ; on dut commencer par permettre aux pupilles
de forcer leur consentement dans les cas où l'acte désiré
ne préjudiciait pas à leurs intérêts. — C'est à cet état
du droit qu'écrit Gaïus et il énumère trois catégories
d'actes pour lesquels le pupille ne peut forcer le consentement du tuteur :

Ad testamentum faciendum.

Ad res mancipi alienandas.

*Ad obligationes suscipiendas, eaque omnia ipsorum
causa constituta sunt ut, quia adeos* (les tuteurs) *intes-
tatarum mortuarum hereditates pertinent.... minus
locuples ad eos hereditas perveniat.*

Gaïus n'indique pas la *conventio in manum* parmi

les actes soumis à la sanction irréfragable du tuteur ;
il faut en conclure que la fille *sui juris* avait pour cet
acte le droit de forcer leur consentement. Et cependant
la *manus* leur est préjudiciable ! ! Comment expliquer
cette exception du droit en sa faveur ?

Nous en offrons une raison vraisemblable sans prétendre l'imposer. Rationnellement, il semble bien que
si dans les premiers temps on voulait éviter à tout prix
le morcellement des biens familiaux, le tuteur devait
avoir le droit de s'opposer non pas au mariage mais à
la *conventio in manum* de la fille *sui juris*.

Sinon, la protection du patrimoine eut été illusoire.
Mais la Cité devient plus forte, elle englobe les uns
après les autres tous les peuples du Latium, le goût de
la mollesse et l'émancipation de la femme commencent.
A ce moment le patrimoine des familles est trop considérable pour être intégralement conservé.

De plus, les mariages deviennent moins nombreux,
car avec l'usage du divorce, on ne veut plus que des
unions passagères et surtout stériles.

D'un côté la femme essaie de secouer le joug de la
tutelle et elle finira par y réussir.

De l'autre, l'État manque de citoyens et les lois
caducaires viennent inviter au mariage par l'appât du
gain. Cette mesure servait l'État, mais elle était opposée aux intérêts des tuteurs, car les mariages de leur
pupille leur enlevaient une partie du patrimoine qui
leur appartenait en temps qu'agnats. Ils étaient donc
portés à refuser leur consentement à la *conventio* qui
allait partiellement les dépouiller. Mais l'intérêt de l'État
était aussi en jeu ; il dut passer avant celui des parti-

culiers et ce fut cette cause sans doute qui permit d'obliger les tuteurs à consentir à la *manus*.

Quel autre motif, sinon l'intérêt d'Etat, eût été assez puissant pour qu'on portât atteinte à l'autorité paternelle ou agnatique, une base du droit romain??

Nous le croyons d'autant plus volontiers que Gaïus écrit dans ce même § 192 : « pour les trois actes où l'autorisation du tuteur est obligée, on peut passer outre *prœterquàm si magna causa interveniat.* »

Peut-être le jurisconsulte pensait-il alors à la *manus*.

Ce que nous avons dit pour la fille s'applique également au fils de famille. Ainsi, le *coemptionator* en puissance paternelle devait avoir le consentement de son père.

34. — Il ne nous reste plus, pour en finir avec la *coemptio* qu'à discuter une question d'importance plutôt théorique, mais qui a profondément divisé les auteurs :

« *Quelle est la nature de l'acte juridique accompli dans la coemptio.* »

Il est un premier point sur lequel tout le monde est d'accord ; il y a dans la *coemptio* un caractère de réciprocité ; il doit intervenir entre les époux un acte réciproque.

On ne s'entend plus aussi bien quand il s'agit de déterminer la nature de l'acte en question.

Si l'on interroge les jurisconsultes à cet égard, on constate que Gaïus seul en a parlé ; et encore le passage est-il illisible par endroit (I. 115) Giraud, adoptant la restitution de Studemund donne : « *asse emente mulierem eo.* » De leur côté, MM. Pellat, Garsonnet, Girard donnent chacun une version différente. Il est difficile, par conséquent, de faire de ce texte douteux la base solide d'une argumentation ; nous ne nous en servirons donc qu'à titre accessoire.

Puisque les jurisconsultes ne peuvent nous renseigner, passons aux littérateurs.

Quatre d'entre eux, dont les travaux sont plutôt des commentaires, donnent des renseignements assez détaillés mais confus parfois. L'époque postérieure à laquelle ils ont écrit explique ce manque de clarté ; la *manus* était alors disparue et la tradition, en le leur apportant, avait pu en altérer le souvenir.

Voici les quatre textes sur lesquels se sont édifiées plusieurs opinions :

1° Servius, *ad Georgic*. I. 31. « *Emat ad antiquum nuptiarum pertinet ritum, quo se maritus et uxor invicem coemebant, sicut habemus in jure.* »

2° Nonius, *de proprietate serm* XII. 50 : « *assas tres ad maritum veniens solebat adferre ; atque unum, quem in manu tenebat, tanquàm emendi causà marito dare ; alterum, quem in pede habebat, in foco Larium familiarium ponere.* » .....

3° Boëce, *ad Cic Top*. 3 : « *Coemtio certis solemnitatibus peragebatur et sese in coemendo invicem interrogabant, vir ità : an sibi mulier materfamilias......,. Item mulier interrogabat :..... »*

4° Isidore, Origines, V. 24 : « *Antiquus nuptiarum ritus erat quod se maritus et uxor invicem emebant ne videretur ancilla uxor.* »

35. — D'après ces textes, une première opinion se forma (1) qui prétendit voir dans la *coemptio* un achat réel (!?)

(1) Soutenue en Allemagne notamment par Burckardt, (*Hist. de Droit rom.*, § 106) et en France par Troplong, (*Cont. de mar.*, préface).

et réciproque : achat de la femme par le mari et *achat du mari par la femme* !!

Et voici comment ses partisans raisonnent :

Le mari achète réellement sa femme.

Celle-ci devrait donc être *loco servæ.*

Et pourtant elle ne l'est pas, elle doit être l'égale du mari : « *Ubi tu Gaïus, ego Gaïa.* »

Isidore donne l'explication de la difficulté : la femme achetait à son tour le mari, *ne videretur ancilla.* Il y avait donc bien achat réel et réciproque des époux. Le mari achetait sa femme pour acquérir sur elle la *manus,* et la femme achetait le mari pour ne pas être son esclave, *co-emptio,* achat réciproque.

Réfutons cette première opinion :

Et d'abord, si le résultat cherché dans l'acquisition réciproque était l'égalité, il faudrait reconnaître à la femme autant de droits sur le mari que celui-ci en a sur sa femme. Or, si la condition de la femme est égale à celle du mari au point de vue de l'ordre intérieur et privé (ce qui n'est pas prouvé), il est sûr que, précisément au point de vue juridique, la condition de la femme est bien inférieure à celle du mari ; l'argument porte à faux.

Mais, objecte-t-on, et la phrase :

« *Ubi tu Gaïus, ibi ego Gaïa.* » Pour notre part, nous ne trouvons pas forcément dans ces mots une marque d'égalité ; il est tout aussi exact d'y voir un signe de soumission ou d'affection : Je t'accompagnerai partout où tu voudras aller, *ubi tu Gaïus, ego Gaïa.*

Sans doute, il faut le reconnaître, le texte d'Isidore semble indiquer un achat réciproque ; mais Isidore vivant au vii° s. de l'ère chrétienne ne connaissait les institutions romaines que par ce qu'il en avait pu lire. Or, la *manus* était déjà imparfaitement connue au temps d'Ulpien qui en dit peu de choses et de Paul qui n'en parle pas du tout.

On n'en trouve plus trace sous Constantin; par conséquent à l'époque d'Isidore de Séville, il devait y avoir comme un voile épais sur ce point. Et trouvant forcément des obscurités, l'écrivain cherchait à les éclairer, en donnait l'explication qui lui semblait la plus vraisemblable et arrivait souvent à une erreur.

La meilleure preuve qu'Isidore parle de la *coemptio* sans bien la connaître, c'est l'analyse de la phrase qu'il y consacre; elle est bourrée d'erreurs.

Ainsi il dit: *Antiquus nuptiarum ritus erat...* ; il confond les cérémonies du mariage avec les modes de constitution de la *manus*.

Continuons ; « *quod se maritus et uxor invicem emebant* » il pense donc qu'autrefois tous les mariages se faisaient ainsi ; il est pertinent qu'il ne connait ni l'*usus* ni la *confarreatio*.

Enfin « *ne videretur ancilla uxor* » est aussi faux que le reste, car ce n'est point en vertu d'un achat réciproque que la femme n'est pas *ancilla*. Gaïus nous dit (I. 123) que c'est par l'effet des paroles prononcées dans la *coemptio*. Il me semble difficile d'aller à l'encontre d'un tel argument. — Et puisque l'achat réciproque n'a pas l'utilité que lui attribuent les partisans de cette théorie ; qu'on ne peut lui trouver d'autre explication ; qu'enfin tout repousse l'hypothèse de l'achat réel du

mari par la femme (1), nous rejetterons ce premier système.

36. — Des auteurs, adoptant aussi cette conclusion,
formèrent alors une seconde théorie (2).

Pour eux, le mari achète bien toujours sa femme
mais ne pouvant admettre ce contre sens de l'achat du
mari par la femme et forcés pourtant d'expliquer la
réciprocité qui ressort des textes (*invicem, co-emptio*)
ils ont imaginé que la femme achetait à son tour des
avantages plus ou moins discutables : la protection des
dieux Lares et celle du mari.

Nous rejetterons également cette opinion.

Sans doute elle repousse l'achat du mari par la nouvelle épouse, contredit par la condition de la femme et
tous les principes du droit romain, mais elle a le tort
d'accepter que le mari achète sa femme et nous espérons prouver le contraire.

Pour cela nous avons à faire valoir trois arguments.

1° Il est avéré qu'on ne pouvait pas vendre les ingénus, excepté *trans Tiberim*. Les femmes *in manu* étaient
en général, des ingénues ; elles ne pouvaient donc pas
être l'objet d'une vente et par conséquent, elles n'étaient
point achetées par leur mari dans la *coemptio*.

2° Admettons cependant que la vente d'une ingénue

_____

(1) Dans la *coemptio* fiduciaire que nous n'étudierons pas, la femme
se soumettait à la *manus* d'un tiers qui la remancipait ensuite ; les
rites étaient les mêmes que ceux de la *coemptio matrimoni causâ*.
Est-il admissible alors que la femme achetât celui qui allait la
revendre ?...

(2) DE FRESQUET. *Revue hist. de dr. et de jur.* 1856, *loc. cit.*

eût été licite. Celle-ci fut devenue *serva*, ou tout au moins *in mancipio*, si l'on voit dans la *coemptio* une mancipation déguisée. Or, nous savons que telle n'était pas la condition de la femme *in manu*. (Gaïus I, 123). Elle n'avait donc pas été l'objet d'une vente, l'effet de l'acte étant tout différent.

3° Enfin, si le mari achetait sa femme, il l'aurait en propriété; *a fortiori*, en aurait-il la possession; or, Gaïus dit : « *quia ipsas non possidemus.* »

Ces trois arguments se retournent en objections contre ceux qui admettent l'achat de la femme par son époux; il nous semble pour eux, difficile de les écarter.

37. — Il nous faut maintenant indiquer notre opinion; elle découle logiquement des principes exposés au commencement de cette étude.

Nous avons admis, en effet, que la *manus* ne faisait que transférer au mari la *patria potestas* sur sa femme. Et dès lors, nous avons une solution qui s'impose, ne conciliant peut-être pas tous les textes, *mais n'en contredisant aucun*, et expliquant d'une façon suffisante le caractère réciproque de la *coemptio*.

Il n'y a pas d'achat dans la coemptio, mais seulement une acquisition réciproque, le mari acquérant le pouvoir paternel sur sa femme (loco filiæ), la femme acquérant la parenté agnatique avec sa nouvelle famille, un droit à l'hérédité et surtout le droit au culte des ancêtres de son mari.

Nous ne voyons nulle part, en effet, dans les textes qu'il doive forcément s'agir d'une vente et d'un achat. Tous les commentateurs, ont traduit le mot *emere* par

par acheter, ce qui implique nécessairement le paiement d'un prix.

Or, nous avons remarqué (page 75, nº 32) en décrivant les cérémonies de la *coemptio* qu'il n'y avait précisément aucun prix fourni au père de la jeune fille. Nous croyons donc qu'il vaut mieux traduire *emere* par acquérir, recevoir, et alors les textes peuvent s'entendre dans un sens qui ne contredit nullement notre opinion.

Mais, objectera-t-on, de quel droit traduire « *emere* » par autre chose qu'acheter ?

C'est que dans les premiers temps de Rome, le mot « *emere* » signifiait aussi *prendre et recevoir*. Consultons Festus s. v. «*abemito*» (1), nous lirons : « .... *emere enim antiqui dicebant pro accipere* ! Et sur le mot « *emere* » il ajoute : « *emere antiqui accipiebant pro sumere* ! » Cela n'est-il pas concluant.

En tout cas, on ne peut empêcher de traduire *emere* dans les vieux auteurs par l'action de prendre et recevoir. « *Invicem emebant* » devrait alors s'entendre « *ils se prenaient et se recevaient réciproquement pour épous* ». —

Et comme les auteurs que nous citons ont confondu le mariage et la *manus*, il semble bien que nous donnions là la traduction la plus exacte. Les commentateurs, postérieurs de plusieurs siècles, ont recopié le mot « *emebant* » et l'ont pris dans la signification qu'il avait à leur époque ; d'où leur erreur.

D'ailleurs, avons nous dit, les textes ne contredisent pas à notre interprétation.

Laissons Isidore déjà vu et prenons Boëce, que nous opposent aussi nos adversaires.

ESTUS, *Répertoire*, p. 4.

Son texte ne combat en rien notre proposition : *et sese in coemendo invicem, interrogabant.*

Les partisans des théories opposées scandent ainsi : *et sese, in coemendo, invicem, interrogabant.* Mais rien ne les autorise à placer la virgule en tel endroit plutôt qu'en un autre ; on sait que la ponctuation est plus récente. Nous présentons donc la phrase ainsi ponctuée « *et sese, in coemendo, invicem interrogabant* » et la suite du passage nous donne raison, car c'est précisément l'exposé de l'interrogation réciproque annoncée par le « *invicem interrogabant.* » Dès lors, avec cette lecture, il n'est plus question d'achat réciproque : « *et, en faisant la coemptio, ils s'interrogeaient mutuellement.* »

Nonius est plus explicite ; il entre dans de minutieux détails ; la femme qui se mariait, rapporte-t-il, avait sur elle trois as,... elle en donnait un au mari « *tanquàm emendi causà.* » Vous voyez, nous dit-on, il y a bien un achat. — Non, car le texte dit *tanquàm* ; il y a là seulement *comme* une acquisition.

Or, nous ne nions pas que la femme acquière quelque chose puisqu'au contraire nous posons en principe qu'il y a acquisition réciproque, mais ce n'est pas une acquisition de la personne du mari, contre sens démontré à l'évidence, c'est celle des avantages sus énumérés.

Ensuite, dans la cérémonie rapportée par Nonius, personne ne contestera qu'il ne faille surtout voir une de ces formalités propres à frapper l'esprit qu'on retrouve à chaque pas dans le droit romain.

Le mari faisait l'acquisition non pas de la personne de la femme (*quia ipsas non possidemus*), mais de la puissance du père sur elle ; il fallait donc selon l'esprit romain des rites, des formalités solennelles pour ce transfert. D'où tous les simulacres de la *coemptio* où le mari faisait *comme* s'il achetait la puissance paternelle de son futur beau-père.

De son côté, la femme acquiert aussi beaucoup d'avantages. D'abord, elle obtient la parenté agnatique avec toutes les faveurs qui s'ensuivent ; puis, le droit de réclamer la protection des dieux domestiques au culte desquels elle est désormais initiée.

Ceci est parfaitement indiqué par les symboles que décrit Nonius. De même que la femme offre un as au mari pour simuler qu'elle va acquérir les avantages de l'agnation, elle en offre un aux dieux du carrefour voisin pour qu'ils gardent son logis, et elle en dépose un autre sur l'autel domestique pour montrer qu'elle conquiert sa place au culte des Lares, et qu'elle a maintenant droit à leur protection.

Telle est l'opinion que nous proposons ; elle concilie ces deux exigences des textes : une acquisition, une acquisition réciproque.

Les auteurs n'y contredisent pas ; nous avons vu trois d'entre eux ; il resterait le passage de Servius qu'on explique comme les autres : *se invicem coemebant*, ils se prenaient mutuellement pour époux par la *coemptio*. On ne saurait d'ailleurs induire un achat des textes de Servius, car dans un autre passage, il dit : « *mulier et vir inter se quasi coemtionem faciunt*, ce qui indique bien que dans l'esprit du commentateur de Virgile, la *coemptio* était plutôt une formalité symbolique qu'une mancipation réelle de la personne des époux.

Gaïus lui-même, malgré la diversité des versions qu'on en a données, ne contrevient pas à notre proposition si on le traduit dans le sens indiqué par Festus. De plus, l'auteur des Commentaires n'a jamais pu voir une vente ou un achat dans la *coemptio* puisqu'il dit expressément le contraire (I. 123).

En résumé, dans la *coemptio*, il n'y avait certainement pas d'achat mutuel de personnes. Il n'y avait qu'un symbole marquant la double acquisition qui allait se produire : acquisition de la puissance paternelle sur la femme par le mari ; acquisition des liens agnatiques et du culte familial par la nouvelle épouse. — Pour ces différentes actions toutes incorporelles, on avait emprunté les cérémonies des traditions de choses matérielles, selon la coutume du droit romain d'accompagner les actes juridiques de rites propres à frapper l'imagination et la mémoire pour faciliter la preuve au cas de besoin.

SECTION V

Ordre chronologique des modes de constitution de la manus.

En faisant l'histoire de la *manus*, nous avons indiqué l'ordre chronologique dans lequel ses divers modes de constitution avaient dû apparaître : d'abord, la *confarreatio* qui naît avec la *manus* même ; puis, l'*usus* ; enfin la *coemptio* (2).

38. — La *confarreatio* a certainement été la façon primitive de constituer la *manus*.

A l'origine, le droit était accaparé par la classe la plus instruite, recrutée avec soin parmi les hommes les plus intelligents, par les Pontifes. A eux, mieux qu'aux

(1) **TEXTES CITÉS**

(L. 2, § 6, D, I, 2). — Cicéron, de leg., II, 19. — Denys d'Hal, II, 25. — Tacite, IV. 16. — Gaïus, I, 110. — Arnobius, *Disput. adr. gent.*, IV, *loc. cit.* — Pline, *Hist. nat.*, XVIII, 3, 10.

AUTEURS A CONSULTER

Orelli, nᵒ 2.648. — Puchta, *Inst.* I, p. 142. — Hasse, *Güterrecht der Ehegatten* (édit. Berlin), p. 80. — Hugo, *Civil magazin* 1814 p. 137. — De Coulanges, *op. cit.*, chap. *Le mariage, passim* p. 43 (1).

(2) Cfr. sur ce point ACCARIAS, ORTOLAN, ESMEIN, IHERING, CUQ et tous les autres romanistes qui reconnaissent unanimement que la *coemptio* est venue la dernière.

citoyens occupés sans cesse à guerroyer convenait la
direction des affaires privées de la Ville et la création
des institutions juridiques.

Pourquoi créèrent-ils la *manus* ? Sans doute pour
conserver l'unité de la famille et de son patrimoine de
même qu'ils restauraient par l'adrogation ou l'adoption
celles qui allaient s'éteindre. Le droit romain a donc une
origine essentiellement religieuse; il en est resté des traces
profondes dans les cérémonies et les formalités juridiques. Si l'on avait les moindres doutes à ce sujet, ils
se dissiperaient à la lecture de la loi 2, § 6 D. I. 2, où
Pomponius montre le droit comme l'œuvre des Pontifes ; à celle du § 19. II du *De legibus* de Cicéron où l'on
voit : « *Sœpè, inquit Publii filius, ex patre audivi pon-
tificem neminem bonum esse nisi qui jus civile cognos-
set* » et Cicéron ajoute « *quod cum religione conjunc-
tum est.* » Les prêtres étaient des jurisconsultes et le
droit civil, étroitement lié à la religion (1).

Ce point bien établi, servons nous de ses conséquences.

Puisque le droit a l'origine sacrée qu'on lui connaît,
les institutions primitives romaines doivent avoir un
caractère religieux plus ou moins marqué selon qu'on
s'éloignera plus ou moins des premiers temps de Rome.
Or, des trois modes de *conventio in manu*, lequel
par la complication de ses rites, par l'aspect de ses cérémonies se rapproche le plus du droit sacré ?

C'est sans hésitation la *confarreatio*. Pline (2) ne

(1) Cfr. Puchta, *Inst.* I, p. 142.
(2) Pline : *Hist. nat.* XVIII, 3. 10.

disait-il pas : « *In sacris, nihil religiosius confarreationis vinculo erat* (1). » Et ne sommes nous pas autorisés à conclure que la *confarreatio*, se rapprochant
ainsi de l'origine du droit, est non seulement le plus
ancien mode de *conventio in manu* mais encore une
des plus antiques institutions romaines ? Outre cette
présomption, nous avons Tacite (2) et Denys d'Halicarnasse (3) qui font remonter la *confarreatio* à l'antiquité
la plus reculée, *horridà antiquitate*. — Enfin, la plupart
des auteurs parlant de la création des cérémonies du
mariage, y font entrer (à tort) la *confarreatio* ; nous pouvons donc la placer au premier rang par ordre de date
parmi les modes constitutifs de la *manus*.

39. — *L'usus* vint ensuite, la démonstration en est
facile.

Aucun auteur, aucun commentateur qui ne place
sans hésiter l'apparition de ce mode avant celle de la
coemptio ; la *confarreatio* étant le premier, *l'usus* occupe
forcément la place du milieu, soit la seconde place.

Il est certain, en effet, que *l'usus* existait avant le 4e
siècle de Rome, puisque la loi des XII tables le mentionne, nous avons vu cela dans l'historique. A cette
époque, la *confarreatio* était établie ainsi que nous
l'avons appris par les témoignages des auteurs anciens,
mais la *coemptio* n'existait pas encore ; aucun indice,

(1) En ce sens, ORELLI. Nº 2648 « *sacerdos confarreationum et
Diffarreationum*.
(2) TACITE. IV.16.
(3) DENYS D'HAL. II. 25.

aucune trace ne nous la révèle et j'ai exposé les raisons qui la font supposer postérieure au divorce (VIᵉ s.)

Il ne faudrait pas tirer objection du silence de la loi des XII tables (1) à l'égard de la *confarreatio* et dire : « La loi des XII tables parle seulement de *l'usus* ; donc ni la *confarreatio*, ni la *coemptio* n'existaient. » On peut répondre :

L'argument est vrai en ce qui concerne la *coemptio*, mais pour la *confarreatio*, c'est tout différent, car Tacite, car Denys et autres auteurs de l'antiquité nous indiquent son ancienneté, mais pas un ne parle de celle de la *coemptio*.

De plus, la loi des XII Tables avait été édictée d'après les réclamations des Plébéiens et elle contenait seulement le droit qu'ils pouvaient appliquer. Aussi la *confarreatio*, réservée exclusivement aux Patriciens n'y devait-elle pas figurer. Et je remarque en passant que cette considération ajoute encore à l'autorité de notre théorie émise en faisant l'histoire de la *manus*, à savoir que *l'usus* a sa cause dans les prétentions de la plèbe qui voulait des institutions semblables à celles des patriciens. En effet, si la loi des XII Tables renferme le droit concédé aux Plébéiens, si *l'usus* s'y trouve et que la *confarreatio* ne s'y trouve pas, c'est bien que *l'usus* a été concédé aux Plébéiens, et qu'ils n'avaient pas la *confarreatio*, c'est pour eux et peut-être par eux qu'il fut créé. Or la plèbe est postérieure aux patriciens, et les institutions plébéiennes furent par conséqnent formées après les institutions patriciennes.

(1) Comme le fait une école allemande, Hugo, Hasse, etc., *op. cit.*

L'*usus* est donc postérieur à la *confarreatio*, il est antérieur à la *coemptio*, ce point est généralement accepté.

40. — La *coemptio*, en effet, est plus récente que les autres modes ; nous ne plaçons guère son origine qu'après le divorce de Spurius Carvilius Ruga, et nous avons montré qu'au point de vue philosophique et historique, il était possible avec quelque apparence de vérité, de rattacher au divorce, la cause de la *coemptio*.

Ajoutons y maintenant des considérations juridiques :

a. Personne ne considère la *coemptio* comme aussi ancienne que les deux autres modes.

b. Partout les auteurs et les commentateurs lui assignent la dernière place.

c. A l'heure où la *coemptio* atteignait sa forme la plus complète, la *confarreatio* se retirait du domaine du droit civil et l'*usus* tombait en désuétude. N'y a-t-il pas là un fait remarquable et semblant bien indiquer l'origine plus récente de la *coemptio*? Les deux autres institutions sont usées et vieillies alors que la *coemptio* est en pleine vigueur et a même une forme fiduciaire à côté de son utilité primitive.

La théorie qui classe la *confarreatio,* l'*usus* et la *coemptio* dans l'ordre ainsi énoncé est donc des plus vraisemblables, et des plus accréditées ; nous nous y rattacherons.

Elle se heurte cependant à une dernière objection dont la réfutation terminera cette section et ce chapitre.

L'école allemande déjà citée s'appuyant sur ce que

quelques textes (1) énoncent ainsi les modes de constitution de la *manus : usus, confarreatio, coemptio*, dit « Voilà l'ordre chronologique tout indiqué. En effet, le droit va du simple au compliqué. N'est-il donc pas naturel d'admettre que les textes, citant toujours nos modes dans le même ordre, ont voulu indiquer ainsi celui dans lequel ils étaient apparus dans le droit ». Nous ne le pensons pas et croyons qu'il faut simplement voir dans cet ordre le plus ou moins de vogue, d'emploi et par conséquent de développements à donner sur les différents modes au moment où les auteurs ont écrit. L'*usus* était aboli, on le nommait donc le premier, pour mémoire ; la *confarreatio* existait encore mais dans le droit sacré, on la plaçait ensuite ; car la *coemptio* étant encore en vigueur ; on la citait alors la dernière et on s'étendait sur elle plus longtemps.

41. — Une opinion intéressante et originale pour finir. — Egger (2), s'appuyant sur un texte d'Arnobius loc. cit.) se demande si à chaque mode de *conventio* ne se rapportait pas une sorte spéciale de *Manus* ? Voici le texte :

« *Uxores enim Dii habent, atque in conjugalia fœ-*
« *dera conditionibus veniunt ante quæsitis ? Usu, far-*
« *reo, coemptione genialis lectuli sacramenta condicunt ?*
« *Habent speratas, habent pactas, habent interpositis*
« *stipulationibus sponsas ?* »

Egger interprète alors ainsi : *Sperata*, c'est la femme

1) Entre autres. GAÏUS I. 110.
(2) EGGER : *Uber das Wesen. Ehe mit manus.* (Éd. 1833).

acquise *usu*, espérée pendant un an. *Pacta,* c'est la femme acquise en vertu d'un pacte religieux, *farreo* ; — *Coemptione*, la femme était *sponsa*, acquise en vertu de la *sponsio*. Bien entendu, il ne faut voir là qu'un rapprochement ingénieux ou peut être une facilité terminologique. Au lieu de dire par exemple : *Virginia quæ usuu in manum convenit*, on disait simplement : *Virginia sperata.* »

Ce n'est qu'une conjecture, et que la femme fut *in manu* par l'un des trois modes cités, elle avait toujours la même condition, dont nous allons maintenant nous occuper.

CHAPITRE II

EFFETS DE LA MANUS

SECTION PRÉLIMINAIRE.

42. — La rubrique de notre chapitre II n'est pas rigoureusement exacte. Il eut été mieux intitulé « *Effet de la manus* » car à proprement parler celle-ci n'en a qu'un seul, mais qui en produit un si grand nombre d'autres qu'il est permis pour plus de facilité de dire : les effets de la *manus*. — Nous emploierons cette expression sans perdre de vue pourtant son véritable sens : il n'y a pas plusieurs effets directs et nous avons seulement affaire à des conséquences indirectes de la *manus*. Le transfert au mari de la puissance paternelle sur sa femme, c'est là l'unique effet immédiat de notre institu-

---

(1)   TEXTES CITÉS :

L. 21. D. XLVIII. 5. - - L. 14 in fine D. XXIV. 3. — L. 7 Cod. V. 13. — Gaïus. III. 83. 84. 199. 221. — Instit. IV. 4 § 2. — Gelle : X. 23. — Paul : Sentences, V. 4 § 3. — Valère Maxime, II, c. 9 § 2. VI. c. 3 § 7. — Suétone : Tibère. 35. -- Pline : Hist. naturelle, XIV. 13. — *Collatio*, IV, 2 et § 7.

tion; et de ce théorème découlent de nombreux corollaires.

Remarquons avant de les étudier les conditions dans
lesquelles pouvait se présenter la *manus*.

Elle intervenait soit entre époux *sui juris*, soit entre
époux *in potestate*, soit enfin entre époux dont l'un était
in potestate et l'autre *sui juris*. Cette question n'a pas
grande importance s'il s'agit de la femme.

Qu'elle soit *sui juris* ou *in potestate,* elle passe toujours sous la puissance du mari.

Que son mari soit *sui juris* ou qu'il soit *in potestate,*
elle est également toujours sous la puissance du *paterfamilias*.

Dans l'une et l'autre hypothèse, la femme est toujours soumise à la puissance d'autrui; elle ne peut que
changer de maître. Si son mari est *sui juris,* elle est
loco filiæ; s'il est encore soumis à la *patria potestas,*
elle est *loco neptis*; conséquence toute logique de l'effet
de la *manus*, car si la femme devient la fille de son mari,
elle devient en même temps la petite fille de son beau-
père (1. 21. D. XLVIII. 5).

La question offre plus d'intérêt si l'on étudie la condition du mari.

En effet, si le mari est *sui juris,* il exerce tous les
droits que la *manus* lui confère. S'il est *in potestate*,
il n'en exerce aucun; selon les principes du droit civil,
tout passe au père (1) C'était seulement à la mort de ce

---

(1) Nous voyons là une femme passer sous la puissance d'un autre
que son mari, soumis lui aussi il est vrai à la même puissance. On
retrouve ce cas dans les unions des esclaves et celles des serfs au
Moyen-Age.

dernier que le mari, devenant *sui juris*, pouvait exercer à son tour sur la femme la puissance et les droits qui lui venaient de la *manus*. (1)

Il lui en venait aussi du mariage même et il importe de bien les distinguer.

Par le mariage seul, le mari a droit au respect et à l'obéissance de sa femme ; quippe cum contrà receptam reverentiam quæ maritis exhibendâ est. (2)

Il peut la juger, la châtier, et, en certains cas, la punir de mort (3). Le même pouvoir était parfois accordé au père de la femme, sans qu'il y eût usurpation de pouvoir, car l'honneur des deux familles était intéressé.

Si la femme a été enlevée, le mari a l'action *furti* ou l'action *de exhibenda uxore*, par cela seul qu'il est le mari (4) ; de même, qu'il soit marié *cum ou sine manu*, il peut venger l'injure faite à sa femme (5) ; en ce dernier cas, il y avait même trois actions, une au nom du mari, une au nom de la femme, une enfin pour le père de celle-ci.

(1) Dans notre étude, nous supposerons le mari *sui juris; in potestate*, il faudrait rapporter tout ce que nous dirons au *paterfamilias* puisque c'est lui qui exerce les droits quand le fils est sous sa puissance.

(2) (l. 14 in fine. D. XXIV. 3). Cfr. l. 7 Cod. V. 13 « *et reverentiæ debitum maritali* ».

(3) En ce sens, AULU GELLE. X. 23. — PAUL, Sent. V. 4 § 3, — VALÈRE MAXIME II, c. 9 § 2 et VI, c. 3 § 7. — SUÉTONE, Tibère, 35. — PLINE : *Hist. nat.* XIV, 13. — *Collatio :* IV. 2 et § 7 : « *habet in potestate, aut eↄ auctore in manum convenit, occidendi facultatem lex tribuit eam filiam.* » — Voy. aussi TITE-LIVE XXXIV. 18.

(4) GAÏUS, III, § 199.

(5) GAÏUS, III. 221 — *Institutes :* IV. 4 § 2.

GUÉRY

7

Ces droits, dont la cause est facile à saisir, existant en vertu seulement du mariage, *a fortiori* les avait-on en cas de *manus*, mais ils n'en étaient point le résultat.

Une dernière remarque :

Dans le cours de notre étude nous allons être frappés de la ressemblance de la *manus* avec l'adoption. Les effets des deux institutions sont en similitude parfaite ; il n'est rien là qui nous doive étonner, puisque pour nous le but des deux institutions était semblable : dans la *manus*, on transfère au mari la *patria potestas* sur la femme ; dans l'adoption, on transfère à l'adoptant la *patria potestas* sur l'adopté.

D'un côté et de l'autre, une personne laisse son ancienne famille pour entrer dans une nouvelle ; aussi rencontrerons nous, non seulement des effets, mais même des rites analogues.

Par exemple, la *coemptio* de la *manus* a des cérémonies analogues à celles de la mancipation de l'adoption.

De même encore il y aura au bénéfice du mari une acquisition *per universitatem* des biens de la femme *in manu* selon les mêmes règles que dans l'adrogation (1).

De même enfin, dans l'une comme dans l'autre institution, il faudra briser le lien agnatique qui attachait l'enfant à sa première famille et encourir une *capitis deminutio*.

Ces préliminaires posés, abordons l'étude des effets de la *manus* relativement à la condition de la femme ; nous verrons ensuite les droits acquis au mari.

(1) Gaïus, III. 83 et 84.

SECTION I

Condition de la femme

43. — A l'origine, il n'en faut pas douter, la femme *in manu* eut rigoureusement la condition d'une fille de famille ; l'assimilation devait être complète car l'ancien droit n'admettait aucun tempérament.

Cependant en dehors du droit, la femme avait une situation plus relevée et dans le cercle privé de la famille, l'épouse était entourée de déférence et de considération.

Mais au point de vue juridique, elle avait la condition stricte d'une fille de famille *in potestate*.

Il s'ensuit que dans les premiers temps du droit, la femme *in manu* n'avait rien en propre, ne pouvait rien posséder (2) ; et par conséquent, elle ne pouvait rien donner, ni même s'obliger (3), sauf par ses délits. Cette dernière solution était dictée par l'équité. D'ailleurs, on

---

(1)   TEXTES CITÉS

L. 3 § 4 D. XIII. 6. — L. 3 et 4. D. de injuriis. — L. 3 pr. D. IV. 17, de reg. juris. — L. 14 D. XLIV. 7. — L. 1 § 8 D. XLI. 2. — L. 50 § 1 D. XLI. 2 – Gaïus, II. 87. 90. 96. — III. 114. 163. — Fr. Vat. § 99 — PLAUTE ; Casina, act. II. sc. 2.

AUTEUR CITÉ

ACCARIAS, tome II, p. 228. note 2.

(2) GAÏUS II. 96.

(3) ACCARIAS, t. II. p. 228, note 2. — Fr. Vat. § 99 et l. 3 § 4 D. XIII. 6.

admettait que même l'impubère *pubertati proximus* (1)
et l'esclave (2) s'obligeaient *delicto*; *a fortiori* devait-
on rendre la femme *in manu* aussi responsable.

Des adoucissements furent apportés plus tard à l'incapacité des fils ou filles de famille et durent conséquemment rejaillir sur les femmes *in manu* puisqu'elles
avaient la même condition. C'est ainsi qu'il leur fut
permis d'avoir un pécule, comme l'indique ce passage
de Plaute où Myrrhina dit à sa voisine Cléostrale.

Nam peculi probam nihil habere addecet.
          ..... Clam virum :........
Hoc viri censeo esse omme quidquid tuum, st.

(*Casina*, acte II, s. 2.)

Bien entendu le pécule affecté à la femme fut le pécule
profectice; en effet, le *castrens* ou le *quasi castrens* ne
pouvaient lui être attribués et quand le pécule adven-
tice fut établi la *manus* avait déjà disparu.

44. — Ainsi, la femme, n'ayant rien, ne pouvait
s'obliger; il ne s'ensuit pas qu'elle ne pouvait rien acquérir. Elle en avait la capacité; seulement, toujours
comme une fille, ce qu'elle acquérait passait à son
mari.

Il est même intéressant de remarquer que cette capacité de la femme *in manu* était plus grande que celle de
la femme *sui juris* puisque sans autorisation de tuteurs, elle pouvait recevoir une donation, être instituée
légataire, stipuler et acquérir. Voyons par quels modes
pouvaient se faire ces acquisitions :

(1) L. 3 et 4. D. *de inj.*, et l. 3. pr. D. *de reg. juris.*
(2) L. 14. D. XLIV. 7. *de obl. et act.*

Sur sept façons d'acquérir indiquées par le législateur, il en est quatre dont l'emploi appartenait indiscutablement à la femme. Ce sont : l'occupation, la tradition, l'usucapion et la loi. Aussi nous bornons-nous à les citer pour arriver immédiatement aux trois autres.

Devons-nous reconnaître ou refuser à la femme *in manu* la capacité d'acquérir par mancipation, par *in jure cessio* et par *adjudicatio* ?

La négative paraît *a priori* la seule réponse, car la femme ne peut rien avoir en propre ; comment alors ferait elle valoir un droit de propriété ? — C'est ce que nous dit Gaius (II, 96) pour l'*in jure cessio* : la femme ne peut employer ce mode à cause des paroles qu'il comporte : « *Aïo hanc rem esse meam*). » La femme ne peut être admise à soutenir qu'une chose est sa propriété puisqu'elle ne peut rien posséder.

La femme *in manu* ne pouvait donc acquérir par l'*in jure cessio*.

Elle ne le pouvait pas davantage par l'*adjudicatio* puisqu'il faudrait alors qu'elle fut propriétaire par indivis ; or elle ne peut pas être propriétaire.

Reste donc la mancipation. Un texte de Gaius (II. 87) éclaire la question. Il y est affirmé que les personnes *in potestate* et la femme *in manu* peuvent recevoir par mancipation.

Ainsi la femme ne peut acquérir ni par l'*adjudicatio*, ni par *l'in jure cessio* et elle le pourrait par la *mancipatio* ?..., Cette solution semble bizarre ; pourquoi cette différence ?

Nous croyons la voir dans les paroles qui accompagnent chaque mode d'acquisition.

Dans *l'in jure cessio,* la femme avait à dire : « *Aïo hanc rem esse meam ex jure Quiritium et ecce ei vindictam imposui* ». La femme ici se posait comme revendiquant une chose, fait impossible puisqu'elle ne peut faire valoir aucun droit de propriété.

Dans la mancipation, c'est bien différent ; la femme ne prétend plus exercer une revendication, elle ne fait plus valoir un droit de propriété antérieurement acquis, elle déclare simplement qu'elle acquiert une chose immédiatement, *ipso actu* : « *et ea mihi œre et œneâ librâ empta est.* »

Or, rien n'empêche la femme d'acquérir ; son acquisition passera aussitôt à son mari.

Telle est, à notre avis, la raison de la possibilité pour la femme d'acquérir par mancipation.

45. — Nous voyons donc maintenant la femme pouvant acquérir la propriété à son mari ; quant au point de savoir si elle lui pouvait acquérir la possession, c'était discuté même par les jurisconsultes romains.

Gaïus (II. 90) était d'avis que non, *quia ipsas non poœidemus ;* mais ce n'est là l'opinion que d'un seul jurisconsulte, d'un Sabinien qui par suite était porté à tempérer la rigueur du droit civil. Les Proculéiens, plus rigoureux, mais plus logiques, étaient d'avis contraire. Pour eux, la femme *in manu* était réellement possédée comme la fille de famille dont elle avait la condition. Et comme on acquérait la possession par les fils de famille et les esclaves (1), on devait l'acquérir aussi par la femme *loco filiœ*

(1) L. 1 § 8 et l. 50 § 1 D. XLI. 2.

Nous serions plutôt Proculéien ; d'autant mieux que Papinien (1) admettait l'usufruitier d'un esclave à acquérir la possession par cet esclave.

Et pourtant, il ne le possédait pas puisqu'il n'en était qu'usufruitier. On pouvait donc bien acquérir la possession même par les personnes qu'on ne possédait pas et le « *quia non possidemus* » de Gaïus est certainement discutable.

De même que le mari pouvait acquérir des biens par sa femme, de même il pouvait par elle acquérir des créances, (Gaïus, III. 163). Il faut ici mentionner une singularité du droit faisant exception à cette dernière règle : une femme ne pouvait transmettre à son mari l'action qu'elle avait acquise par une *adstipulatio* (G. III. 114).

Le mari avait enfin certaines actions qui auraient été données à la femme si elle en avait eu la capacité : volait-on ou endommageait-on un bien de la femme, le vol ou le dommage était réputé fait au mari. Et il avait de ce fait les actions *furti*, ou *ex rapinâ* ou *ex damno injuria dato*.

(1) L. 49. pr. D. XLI. 2.

SECTION II

Droits du mari.

I. — Droits sur la personne de la femme.

46. — La puissance du mari sur sa femme *in manu* dut être à l'origine en tous points semblable à celle du père sur ses enfants, aussi exorbitante, aussi complète. Ces deux formes d'une même puissance s'adoucirent peu à peu par le progrès du droit et perdirent en suivant une

---

(1)   TEXTES CITÉS

L. 5 D. XLVII I. 9 de leg. Pomp. de parric. — L. 1 et 9. D eod. tit. — L. 1 § 2 D. VI. 1 de reivind. — L. 37 D. XL. 12 de lib. causâ. — D. XXXIII. 5 — Institutes, IV. 8 § 7.— Gaïus, I 115. 117. 118. 118a.— II. 90. — III. 199 — IV. 80, et I, 130 à 134. — Plutarque : Quest. rom. 22. et Cat. min. 25. (édit. Bryan IV. p. 240). — Tite Live, I. 26. — VIII. 7 et XXXIX, 19 et 18. — Aulu-Gelle : N. att. V. 19 § 9. — Boëce : ad Cic Top. 4. — Valère Max : II, 9 § 2. — Tacite : Ann. I. 10—V. 1. — Dion Cassius : XLVIII (p. 384). — Velleius Paterculus : II. 94. — Appian : de *belli scriv*. ll. 99. — Quintil, Instit. orat. X. 5. — Plaute : *Trucul*. act. IV. sc. 4. v. 803.

AUTEURS A CONSULTER

Gide : Condit. de la fem. p. 132. — Puchta : Instit. t. III. p. 160. — Gans : Scholien. p. 184. — Huschke : de privil. Fescen. Hisp. p. 46 et s. et Studien. p. 219, — Grupen, *de uxore rom.* p. 90 et 91. — Heinecci : Antiq. rom. p. 260 (édit. Mülhlenbruch). — Bœcking *de manc. caus.* p. 80. — Brockdorff : Comment. p. 589 et s. (éd. Berlin).

évolution identique, le caractère absolu et exorbitant qu'elles avaient eu à l'origine.

A l'époque où ils se présentent sous leur physionomie la plus complète, on peut énumérer ainsi les droits du mari sur son épouse *in manu* :

1° Droit de vie et de mort.

2° Droit de propriété, et ses conséquences.

3° Droit d'abandon noxal.

4° Droit de nommer des tuteurs.

5° Droits résultant du mariage même.

Développons cette énumération.

47. — 1° Droit de vie et de mort. — « *Est patri jus vitæ necisque* », dit Aulu Gelle (1) ; la *manus* faisait acquérir au mari ce droit rigoureux du père de famille, nous en sommes sûr, malgré la perte de la VI⁰ Table où ce devait être consigné. On sait même que ce pouvoir fut tempéré plus tard par l'institution d'un tribunal domestique qui jugeait la femme sous la présidence du père ou du mari dont le droit n'était dès lors plus aussi absolu (2).

Valère Maxime (3) nous a conservé un exemple de cette première atteinte à l'autorité maritale, et Pomponia Grœcina nous en fournit un autre. Elle fut condamnée à mort pour superstition (sans doute le christianisme), mais jugée par ses parents et non son mari seul.

Il est présumable que ce droit de vie et de mort du

(1) GELLE : N. att. V. 19 § 9. — Cfr : TITE LIVE, I. 26, exemple d'Horace et VIII. 7 exemple de Manlius. — L. 5. D. XLVIII. 9.

(2) TITE LIVE XXXIX, 18 *in fine*.

(3) VAL MAX : II, 9 § 2.

mari subit les tempéraments successifs apportés au
même droit vis-à-vis des enfants. Non seulement il
disparut, mais encore une peine sévère vint frapper
sous Hadrien, l'homme qui tuait sa femme ou son
fils (1).

48. — 2º Droit de propriété. — A côté du droit de vie
et de mort il faut placer le droit de propriété ; et comme
conséquence, nous reconnaîtrons au mari le pouvoir de
revendiquer sa femme suivant la loi 1 § 2 *de reivin-
dicatione.*

Puis, l'émancipation de la femme survenant, il parut
avilissant pour elle d'être revendiquée comme une chose.
La revendication fut alors remplacée par un interdit
exhibitoire pour le cas d'enlèvement ou de recel (2 et
la puissance du mari en fut notablement amoindrie ;
la propriété de sa femme lui échappait.

Une autre conséquence du droit de propriété était
pour le mari la faculté de vendre sa femme ; cela subsista longtemps sans doute car Gaïus en parle expressément (I. 117 et 118). Les mœurs, il est vrai, répudiaient
une pareille action et corrigeaient la rigueur du droit ;
on ne vendait guère les personnes que fictivement pour
les libérer de la puissance qu'on avait sur elle (I. 118 ª).
— Aussi ne faut-il pas exagérer l'horreur que peuvent
inspirer les conséquences rigoureusement logiques des
principes du vieux droit romain ; presque toujours elles
étaient tempérées par la coutume. Bien que la loi le

(1) L. 1 et 9, D. XLVIII, 9, *de leg. Pomp. de parric.*
(2) Cfr. GAIUS III, 199.

leur permît, des créanciers ne se partagèrent jamais le cadavre d'un débiteur.

Le droit de vente fut pourtant exercé ; le plus souvent sans doute dans les familles pauvres que la nécessité y poussait, car le même fait se retrouve de nos jours chez certaines peuplades de l'Afrique centrale ou la vente des enfants et des femmes est un moyen de se procurer des ressources.

L'histoire romaine nous offre cependant quelques exemples de maris mancipant leur femme sans qu'on en puisse voir la raison dans l'indigence. Ainsi Caton d'Utique mancipa son épouse Marcia à Hortensius (1) et Néron sa femme Livie à Octave-Auguste (2) : *Despondente ei Nerone.*

Si malgré ces exemples, on doutait encore du droit de vente attribué au mari sur sa femme *in manu*, un passage de Plutarque (3) lèverait les derniers doutes. Il relate une peine portée contre le mari qui vendait sa femme. Les biens en étaient confisqués et donnés moitié à la femme, moitié au temple de Cérès. La vente de l'épouse existait donc et était valable car si elle eut été nulle, l'épouse vendue fut retournée sous la domination

---

(1) PLUTARQUE, *Cat. min*, c. 25 (édit. Bryan IV, p. 240).

(2) TACITE, Ann. V, 1. — *Dion Cassius*, l. XLVIII, p. 384. — Cfr. TACITE, Ann. I, 10. — VELLEIUS PATERE, II, 94. — APPIAN, *de Bellis civ.* II, 99. — QUINTIE, *Inst. or.* X, 5. — Voyez aussi BOECKING, *de mancip. causâ*, p. 80. — HUSCHKE, *Studien*, p. 249. — HEINECCI, *Antiquit. rom.*, p. 260 (édit. Mühlenbruch). Il est à remarquer que les deux femmes ainsi mancipées étaient toutes deux enceintes. Faut-il voir là une sorte d'adoption avant la lettre?...

(3) PLUTARQUE, *Quœst. rom.* 22.

de son mari; dès lors, tout ce qu'elle acquérait passait
à ce dernier et la moitié de biens qu'on lui donnait
aurait par là même fait retour à celui auquel on les
confisquait; une telle mesure eût été par trop dérisoire.

La femme vendue ne devenait pas *loco servæ,* mais
in mancipio (1); son acquéreur avait droit à son travail
et à ses acquisitions; il pouvait aussi l'affranchir.

49. — 3° Droit d'abandon noxal. — Quand une fille
s'obligeait *delicto,* le *paterfamilias* avait la faculté de
l'abandonner noxalement. Nous reconnaîtrons au mari
le même droit sur sa femme *in manu* puisqu'elle est
loco filiæ.

Ce point fut vivement discuté avant les reconstitutions de Studemund; il ne l'est plus aujourd'hui, voici
pourquoi :

Gaïus, après avoir posé en règle générale (IV, 80)
qu'on peut abandonner noxalement les personnes *in
potestate* ajoute cette exception : on ne peut pas abandonner noxalement les personnes *in manu mancipiove
quand on agit contre elles ex contractu.* Voilà l'exception; en conséquence si l'on agit contre elles pour tout
autre motif, le droit commun s'applique et l'abandon
noxal est permis.

Certains auteurs n'admettaient pas cette lecture de
Huschke, notamment Lachmann qui lisait; *aut ex
maleficio.* Il interprétait alors le texte de la façon suivante : on ne peut abandonner noxalement les femmes

_____

(1) L. 37, D. XL, 12, *De litter. caus.* — *Contrà,* PUCHTA, *Instit.*
tom. III, p. 160.

in manu poursuivies *ex contractu* ou *ex maleficio*.
Malheureusement, Studemund renverse cette version ;
le texte porte en effet : « *ut cum judicio legitimo con-*
tractu earum ageretur. » — (Édit. Krueger et Studemund. 1877). Le doute n'est plus possible ; si l'on agit
ex contractu, l'abandon noxal est interdit ; mais si l'on
agit *ex maleficio* contre la femme *in manu,* il n'est plus
d'exception, on revient à la règle générale des personnes
in potestate et l'abandon noxal est autorisé.

Nous admettons d'ailleurs, suivant toujours le même
système que l'abandon noxal de la femme comme celui
des filles de famille dut s'éteindre avec la rudesse primitive des mœurs et qu'il disparut avec le progrès de
la civilisation (1).

50. — 4º Droit de nommer des tuteurs.

Il existait, à Rome, une tutelle perpétuelle des femmes
(G. I. 114) . Elle s'exerçait seulement sur les femmes
sui juris, la tutelle n'ayant pas de raison d'être sur des
personnes *alieno jure.* Elle était instituée, en effet,
pour empêcher la femme de dissiper son patrimoine et
de léser ainsi les intérêts des agnats auxquels il devait
revenir ; or, si le père de famille ou le mari étaient là,
la précaution devenait inutile et la tutelle impossible.
Aussi Boëce (2) écrit-il ; « *Feminæ perpetuâ tutelâ*
continebantur a quâ recedebant, quæ in manum viri
convenissent. » — A la dissolution de la *manus,* la
femme devenant *sui juris* tombait sous la tutelle de ses

(1) Voy. *Institutes* IV, 8, § 7. *Cum in filiabus...*
(2) BOÈCE, *ad Cic. Top.* 4. — Cfr. G. I, 115.

agnats les plus proches, en général ses propres enfants
dont elle était comme la sœur. Ou bien si elle sortait
de la *manus* par remancipation, son tuteur était celui
auquel elle était remancipée. Or , le mari avait par
une prérogative de sa puissance maritale le droit de
soustraire sa femme à cette tutelle légitime, d'écarter
les tuteurs agnats et de choisir les tuteurs qu'il lui convenait ; il pouvait aussi se borner à désigner le tuteur
qui devait remplacer les agnats s'ils venaient à manquer.

Cette dérogation importante aux principes du droit
civil peut se justifier par le désir du législateur de donner entière liberté au chef de famille pour conserver la
puissance et le patrimoine familiaux.

Elle lui permettait aussi de remédier à l'incapacité
possible des tuteurs agnats, par exemple s'ils étaient
impubères. Aussi retrouvons nous le même droit comme
apanage de la puissance paternelle, et, selon notre théorie,
il ne fut acquis au mari que parceque l'effet de la *manus*
lui faisait acquérir cette même puissance.

Le § 144 du 1ᵉʳ Commentaire de Gaïus est un aide puissant pour notre système; ainsi que le § 140 du même
livre : « *Uxori quœ in manu est, proinde ac filiæ, item
nurui quœ in filii manu est, proinde ac nepti tutor
dari potest.*

Cette citation est d'une clarté qui se passe de toute
analyse. De même qu'il était permis aux parents de
nommer des tuteurs à leurs enfants, de même il était
permis au mari de nommer des tuteurs à son épouse
puisqu'il avait acquis sur elle la *patria potestas* (1).

_____

(1) Le texte précité a rejeté net l'opinion de Savigny qui (avant la

EFFETS DE LA MANUS

51. — Mais à côté de ce droit se place une institution
corrélative bien autrement importante, car elle est en
opposition heurtée avec les principes les plus essentiels du droit romain. C'est *l'optio tutoris, le libre choix
laissé à la femme de désigner son tuteur*! !

Cette institution sur l'apparition de laquelle nous
nous expliquerons tout à l'heure fut introduite assez
tard dans le droit ; sa nature, son caractère de décadence
portent à le croire. Et Gaïus fournit une présomption
dans le même sens. Il traite, en effet, minutieusement
la matière (I. 130 à 153) comme le ferait un contemporain ; et comme il ne dit nulle part que *l'optio tutoris*
eut été applicable à la fille de famille ou à l'impubère
nous en bornerons les effets à la femme *in manu*.

Les plus anciens vestiges de *l'optio tutoris* se trouvent dans Plaute (1), ce qui ferait remonter l'institution au milieu du vi⁰ siècle U. C., Plaute étant mort en
570. A cette époque, *l'optio tutoris* apparaît comme une
grave exception ; c'est une faveur très rare accordée à
la femme qui a fait preuve d'un grand mérite. Ainsi
quand Fescennia Hispala eût dévoilé les turpitudes
lascives des mystères des Bacchanales, on décida qu'elle
avait bien mérité de la patrie, et, en la comblant de
faveurs, on lui accorda entre autres privilèges : *l'optio
tutoris* (2).

lecture de Studemund) soutint l'impossibilité de donner des tuteurs
testamentaires à la femme *in manu*.

(1) PLAUTE ; TrucuI. act. IV, sc. 4, vers 803 *(meistutorem ou
mánstutorem)*.

(2) Cfr. TITE LIVE XXXIX. 19. — HUSCHKE, de priv. Fes. Hisp., p.
46 et s. — GRUPEN, *De uxore romaná*, p. 90 et 91. — BROCKDORFF,
Comment. p. 589 et s. — GANS, Scholien, p. 285.

Peu à peu, l'influence des femmes grandit avec la licence ; ce qui était exceptionnel devint plus fréquent, car le mérite étant plus rare était plus facilement récompensé ; l'*optio* fut probablement enfin reçue comme un usage. « *Recepta est autem tutoris optio*, dit Gaïus (I. 150) qui traite lumineusement toute cette matière ; il indique d'abord en quelle forme se donnait l'*optio* dans un testament. Les tuteurs que la femme se choisissait en vertu de ce privilège étaient appelés *optivi* par opposition à ceux qui lui étaient donnés par testament, appelés *dativi* (1). Puis Gaïus nous apprend l'existence de deux sortes d'*optio* (I. 151 à 155).

Non seulement il existait l'*optio tutoris angusta*, c'est-à-dire le droit pour la veuve de se désigner elle-même un tuteur, mais, si son mari lui avait donné l'*optio plena*, la femme allait jusqu'à pouvoir en choisir un autre à la mort éventuelle du premier. Bien plus, elle pouvait changer son tuteur pour un autre simplement parcequ'il cessait de lui plaire ; elle avait même la faculté d'en choisir un pour telle action déterminée, malgré la présence de l'autre.

Nous avons là un exemple frappant de la décadence progressive du droit romain, de l'influence pernicieuse de la femme au point de vue de la conservation du vieux droit civil. Cette évolution est des plus intéressantes.

La constitution de la société et de la famille anciennes, l'esprit aristocratique du peuple romain en même temps que son organisation autoritaire et conservatrice, avaient amené la tutelle des femmes. — On sentait bien cepen-

(1) Peut-être appliquait-on les règles relatives aux choix donnés par legs. (Tit. V. D. XXXIII. 5).

dant ce qu'il y avait d'humiliant pour elles dans une
pareille mesure et lorsque certaines se distinguaient par
un service signalé rendu à la Patrie, on les relevait de
leur infériorité.

Parmi les faveurs alors accordées, une des plus enviées
mais des plus rares, fut certainement *l'optio tutoris* ;
et tant qu'elle n'intervint que comme récompense, elle
ne peut être envisagée comme décadence du droit. —
Mais la population de Rome augmente, on trouve des
cas où la femme aura pour tuteurs ses enfants impubères, ce qui est logique mais contraire au bon sens. On
fait fléchir sans doute alors les principes du droit civil :
malgré la présence d'agnats, il est vrai impubères, le
mari pourra nommer par testament à sa femme un tuteur étranger qui veillera sur elle et sur les biens familiaux.

Puis la *tutelle dative* entre lentement dans les mœurs;
on s'accoutume à voir le mari désigner un tuteur à sa
femme. D'un autre côté *l'optio tutoris* est connue de
ces dernières. On a récompensé certaines d'entre elles
pour montrer la confiance que leurs vertus ont inspirée; on les a laissées libres de se choisir des tuteurs.
Toutes les femmes veulent maintenant qu'on ait aussi
confiance en elles; elles pousseront leurs maris à leur
donner *l'optio* au lieu de leur nommer un tuteur; leur
influence triomphe, le droit fléchit tout à fait et *l'optio
tutoris* devient journellement usitée. Et voilà le vrai
symptôme de décadence. Car donner à une épouse le
droit de désigner son tuteur d'après sa seule volonté,
c'était lui permettre d'engager et de dissiper ses biens,
de léser les agnats, de diminuer le prestige et la puissan-

ce de la famille. Il est évident, en effet, que la femme devait choisir le tuteur qu'elle pensait être le plus facile pour ses volontés, le plus complaisant pour ses caprices.

Mais comme il est difficile de s'arrêter dans la voie des abus, on en arriva au dernier degré. Puisqu'on permettait à la femme de se choisir un tuteur, il n'y avait pas de raisons, pour l'empêcher de s'en désigner un autre à la mort éventuelle du premier. Et alors est instituée l'*optio plena*. La tutelle des femmes avait vécu ; toute puissance sur elles devenait illusoire.

Telle est l'évolution intéressante que nous voulions essayer de reconstituer ; elle est commune à beaucoup des institutions du droit romain. On la condenserait en cette formule :

Le goût du luxe rapporté des conquêtes causa l'influence de la femme, avec laquelle la mollesse s'empara des Romains. Et l'austérité du vieux droit civil n'étant plus d'accord avec les mœurs efféminées et licencieuses du temps, le vieux droit sombra au milieu de l'effondrement de toute règle et de tout principe.

52. — 5° Droits relevant du mariage lui-même. Ces droits ont été énumérés dans la section préliminaire, je ne les citerai donc pas à nouveau. Il est bien clair que s'ils appartenaient au mari par le seul fait du mariage, *a fortiori* lui appartenaient-ils quand il avait sa femme *in manu*.

53. — Il nous reste pour en finir avec les droits du mari sur la personne de sa femme à réfuter une théorie de Gide, d'après laquelle le mari dans la *manus* n'aurait aucun droit sur la femme elle-même, mais seule-

ment sur ses biens. Nous présentons cette réfutation
plutôt pour être complet que pour établir le mal fondé
d'une théorie depuis longtemps rejetée par tous les auteurs. Elle est exposée dans « l'Étude sur la condition
de la femme ».

M. Gide ne s'y préoccupe pas des nombreux textes
qu'on peut lui opposer, il ne cherche ni à les concilier,
ni à les réfuter. Il expose simplement son opinion,
étayée seulement par deux textes, et nous allons voir
lesquels.

Le premier, c'est le § 80 du Commentaire IV où l'on
rencontre une lacune de vingt lignes (!) et dont le reste
a été lu de plusieurs façons différentes par les romanistes. Il est dangereux de faire d'un pareil texte la base
d'une opinion qui prête si largement à la critique. Nous
le laisserons de côté.

Le second et dernier texte sur lequel M. Gide s'appuie est le § 90 du Commentaire II.

La mari, dit-il, n'a par la manus aucun droit sur la
personne de sa femme puisque nous lisons dans le § 90
« *quia ipsas non possidemus* »

Soit ; Gaïus, en faisant son merveilleux manuel donne
son avis sur un point difficile, et, pour lui, la femme
in manu n'est pas possédée. Seulement, il ajoute un
corrélatif bien puissant. « *quæri solet* » ; la question
est controversée. Ainsi, même à l'époque de Gaïus, la
question était discutée ; le *quia non possidemus* n'est
pas un principe établi et admis, c'est simplement l'opinion d'un groupe ou peut être d'un seul jurisconsulte.
Que M. Gide se soit rangé à l'avis de ce dernier, fort
bien ; mais que de cette opinion discutable et discutée,

il veuille faire une règle de droit et l'imposer, c'est aller trop loin, croyons-nous.

Nous nous rendons bien compte qu'à l'époque de Gaïus la *manus* ne donnait plus beaucoup de droits sur la personne même de la femme. Le droit de vie et de mort avait disparu et probablement l'abandon noxal, car l'émancipation et la dignité des femmes y étaient entièrement opposées.

Par le même motif, on dut écarter le droit de propriété ; la revendication fut remplacée par un interdit exhibitoire. Nous admettons donc volontiers que Gaïus ait pu refuser au mari des droits sur la personne de la femme *in manu*. Mais enfin ce n'est là qu'une opinion et, de plus, à cette époque *la manus touchait à sa fin*. Or, se placer à la désuétude d'une institution pour en étudier les effets est tout au moins imprudent.

M. Gide lui-même a bien senti que c'était là un point faible de sa théorie, car il écrit (p. 132) : « la *manus* ne produisait pas de droits sur la femme « du moins dans « la dernière forme qu'elle a revêtue » ; c'est admettre implicitement qu'il n'en a pas toujours été ainsi et que par conséquent, dans le premier état du droit, la *manus* produisait réellement effet quant aux personnes.

Et sans cela, comment expliquer l'effet de la *capitis deminutio* entraînée par la *manus*. Il n'aurait donc existé que quant aux biens et non sur la personne ; cela n'a point de sens.

Et Gaïus, et Ulpien même, qui lui était postérieur, ne nous répètent-ils pas que la femme *in manu* était *loco filiæ* ; ceci constate bien un droit sur la personne, je pense.

Et puis, si la *manus* n'avait d'effet que quant aux biens, à quoi bon trois modes de constitution [différents ; une simple mancipation eut suffi à accomplir leur transfert. Or, il faut bien admettre que les formalités des modes de constitution avaient quelque autre utilité.

Enfin Gide dit : « Comme le patrimoine de son mari s'est ainsi confondu avec le sien [par la *manus*], tous les agnats de son mari pourront lui succéder *et elle leur suc-cèdera à son tour*. »

Si la *manus* ne produit qu'une association de biens, nous comprenons que les agnats du mari deviennent héritiers des biens de la femme puisque ceux-ci font corps avec le patrimoine du mari, leur agnat.

Mais nous ne comprenons plus que la femme doive succéder aux agnats ; en vertu de quoi ? Il n'y a entre elle et eux aucun lien, aucune parenté, puisque M. Gide prétend que l'effet de la *manus* s'est borné aux biens. — Et cependant la femme succède aux agnats du mari, on en convient, et il faut admettre alors qu'il n'y a pas eu par la *manus* un simple rapport entre biens, qu'il y a encore eu un rapport entre les personnes.

Le *quæri solet* de Gaïus devient même une confirma-tion de notre opinion. Car, s'il y avait controverse, c'est que l'autre théorie était contestée et la nôtre soutenue ; c'est qu'une classe de jurisconsultes s'y rattachait, n'ad-mettant pas qu'on privât la *manus* de ses effets *inter personnas*. C'est que cette école enfin, opposée à celle dont Gaïus était le disciple, ne voulait pas admettre tous les adoucissements, tous les tempéraments successifs apportés au droit civil, qui détruisaient en même temps que sa rigueur, il est vrai, son ancienne logique et son

implacable austérité. Pour eux, la femme était *loco filiæ* ;
donc, logiquement, le mari devait avoir sur sa femme
tous les droits d'un père sur sa fille et par conséquent,
ils devaient rejeter énergiquement ce droit mitigé qui
faisait de la femme une indépendance rivale et même
victorieuse de l'ancienne puissance du père de famille
romain.

L'opinion de M. Gide ne saurait donc s'admettre ;
elle heurte tous les principes, elle est en désaccord
avec les textes. Peut-être a-t-elle été vraie ; ce fut au
moment où la *manus* disparut.

II. DROITS SUR LES BIENS DE LA FEMME.

SOMMAIRE.

54. Division et principe fondamental. — 55. A. Les conséquences sur
les biens et créances acquis avant la *manus* ; effet de la *capitis
deminutio*. 56. Idem, relativement aux dettes préexistantes. — 57.
B. Biens advenant à la femme pendant la *manus*. — 58. C. Retour
des biens (1).

54. — La femme *in manu* étant soumise au pouvoir
de son mari, ne peut rien avoir en propre ; ce qu'elle

(1)   TEXTES CITÉS.

L. 1 pr. D. VII. 4. — L. 1 § 3 D. VII.4. — L. 3 pr. D. VII. 4. — L.
10 D. IV. 5. — 1. 7, D. IV 5. — L.2 § 2 D. IV. 5 — 1. 2 § 1. D. IV. 5.
— L.2 § 5 D.IV.5. — L. 6 § 2 D.VII. 1. — L.21 D.XVI.3. — L. 56.
pr. D. XLVI. 1. — Gaïus. I. 162. — II. 95, 98. — III. 82.83.84.104.
114. — IV.38.80. — Cicéron, Top. 4. — Ulpien : XI. 13. — Paul,
Sent : III.6 § 28. — Fr. Vat. § 61. — Gelle, N. att : IV. 3. — XVII.
6. — Plaute, Asinaria, act. I. sc. 1. v. 72.

AUTEURS A CONSULTER :

De Fresquet, rev. hist. 1856, loc. cit. — de Savigny, Système, tom.
II, p. 84 et s. — tom. II, p. 70, 82 et 499. — Puchta, Institutes, tom.
II, p. 460 (§ 220).

avait au moment de la *conventio*, ce qu'elle aura peut-
être ensuite, tout passe à son mari ; la femme n'a rien
et ne peut rien avoir, voilà le principe.

Il faut maintenant pour étudier ce point de notre sujet, le subdiviser en biens existant avant et en biens
survenant après la *manus*.

55. — A. Biens existants au jour de la *conventio in
manu*.

« *Si cui heredes facti sumus, sive quem adrogave*
« *rimus, sive quam in manum ut uxorem receperi-*
« *mus, ejus res ad nos transeunt.* » (Gaïus, II. 98).

Par l'effet de la *conventio in manum*, une succession *in
universum* se produit donc en faveur du mari ; il acquiert
les biens de sa femme, comme l'adrogeant ceux de
l'adrogé (1). Comme tout ce qui a trait aux institutions
constitutives de la famille romaine, cette succession
n'a pas été introduite dans le droit par une loi, mais
par la coutume (Gaïus, III. 82).

Le mari va acquérir *omnes res corporales aut incor-
porales quæque eis debitæ sunt* (Gaïus, III. 83). De là,
si la femme avait une servitude sur un fonds du mari,
ou réciproquement, cette servitude s'éteignait par confusion. De même, les créances que la femme pouvait
avoir contre le mari, ou réciproquement, étaient éteintes.

Mais nous savons que la *conventio in manum* em-

---

(1) Cfr. *Cic. Top.* c. 4.) *Omnia quæ mulieris fuerunt, viri fiunt,
dotis nomine.*) Nous avons déjà établi un parallèle entre ces deux
institutions; nous n'avons qu'à constater une fois de plus leur similitude dont nous connaissons la cause. Gaïus affirme encore cette
idée, III, 83.

porte *capitis deminutio* (1) ; la personnalité de la femme
va donc être changée ; à son ancien état juridique s'en
substitue un nouveau et cela produit des effets importants. Pour les examiner, nous allons emprunter à
Gaïus sa division et nous placer successivement au
point de vue des biens de la femme et au point de vue
de ses dettes.

α. Des biens et créances.

Après avoir indiqué la *successio in universum* ou-
verte au profit du mari, Gaïus ajoute : *exceptis iis
quæ per capitis deminutionem pereunt, quales sunt
ususfructus, operarum obligatio libertorum quæ per
jusjurandum contracta est, et lites quæ continentur
judicio legitimo.*

Trois sortes de droits, nous le voyons, ne sont pas
transmis au mari à cause de l'effet extinctif de la *capitis deminutio*: deux sont clairement désignées ; la troisième est douteuse par suite d'une lacune d'environ
quinze lettres qui a donné lieu à de nombreuses reconstitutions.

Prenons le premier droit, l'*ususfructus*. La *capitis
deminutio* l'a éteint puisqu'il est un droit attaché à la
personne, finissant avec elle et que cette personne
n'existe plus (2).

La femme ne pourra donc pas transmettre l'usufruit
à son mari. Elle ne pourra pas transmettre non plus
l'action de l'usufruit, *non solum usumfructum amitti*

(1) ULPIEN XI, 13. — GAÏUS I, 162.
(2) Cfr. l. 1, pr. D. VII, 4. — Fr. VAT. § 61. — PAUL, *Sentences*,
III, 6, § 28.

*capitis minutione constat, sed etiam actionem de usu-
fructu* (L. 1 pr. D. VII. 4).

Il est cependant certains modes de constitution de
l'usufruit, d'après lesquels l'extinction n'en est pas définitive. Si la *capitis deminutio* l'éteint, ce n'est que
momentanément, il pourra revivre ensuite. Ainsi, s'il a
été légué *in singulos annos vel menses, vel dies,* l'effet
extinctif ne portera que sur un an, un mois ou un jour.
(l. 1 § 3, D. VII, 4) De même si le legs est ainsi fait :
« *quoties quis capite minutus erit, ei lego.* » ou « *quo-
tiens amissus erit.* » (l. 3. pr. D. VII. 4).

L'usufruit revivra donc et le mari pourra l'acquérir
par sa femme, car on acquiert l'usufruit par les personnes *quas juri alieno subjectas habemus.* (l. 6, § 2 D.
VII. 1).

L'usage et l'habitation sont-ils atteints par la *capitis
deminutio ?* Non, la femme pourra les transmettre à
son mari *quia in facto potius quam in jure consistit*
(l. 10, D. IV. 5)

La seconde sorte de droits que la femme ne peut
transmettre à son mari, c'est l'*operarum obligatio
libertorum quæ per jusjurandum contracta est.* Et
ceci, toujours en vertu de la même raison, ils étaient
attachés à la personne, ils ne pouvaient exister qu'entre
patrons et affranchis. Ils ne pouvaient donc pas passer
à une autre personne ; bien plus, un simple particulier
n'aurait pu s'engager à rendre ces services, son engage-
ment eût été nul ; il n'était valable qu'entre patrons et
affranchis. (l. 56 pr. D. XLVI. 1).

Le mari n'acquérait donc pas les droits de patronat

sur les affranchis de sa femme ou si celle-ci était affranchie, la *manus* la libérait envers son patron.

Enfin le dernier exemple cité par Gaïus est douteux par suite d'une lacune ; nous adopterons la restitution de Studemund qui lit : *quæ continentur legitimo judicio.*

Ce doit être l'obligation née de la *litis contestatio* que Gaïus entend ainsi. Dans les *judicia imperio continens*, elle n'avait la durée que d'une magistrature, mais dans les *judicia legitima*, elle était perpétuelle. Il faudrait donc dire que la femme obligée de suivre un procès par la *litis contestatio* en était libérée par la *conventio in manu,* et conséquemment son mari, parce que son ancienne personnalité juridique, seule obligée, était éteinte.

Voilà tout ce que Gaïus nous indique comme exception à la règle d'acquisition *per universum* par le mari des biens de la femme. Ce ne sont là que des exemples et ce texte n'est pas limitatif ; la preuve est que Gaïus (III. 114) cite un autre cas (déjà cité par nous p. 103, n° 45) celui de la femme qui a fait *adstipulatio* : l'action de l'*adstipulator* ne passe pas au mari. Pourquoi ? Gaïus observe que c'est une particularité sans explication.

β. Des dettes.

. Nous nous trouvons ici en présence d'un résultat tout opposé au précédent. Tout à l'heure, tout passait au mari, sauf quelques droits éteints par la *capitis deminutio* ; ici, la *capitis deminutio* éteint tout, sauf quelques dettes qui vont passer au mari (1).

(1) Cfr. les intéressants développements de SAVIGNY, *Système*, tom. II, p. 70, 82 et 499. — PUCHTA, *Institutes*, tom. II, § 220.

Toutes les dettes, en effet, ne sont pas éteintes. Ainsi les dettes d'une hérédité passent au *coemptionator* parceque c'est lui qui succède directement au défunt, *directo jure tenetur*. (Gaïus, III. 84). La femme elle, est libérée parce qu'elle a cessé d'être héritière d'après le droit civil; c'est le mari qui hérite à sa place. Ce résultat est des plus conformes à l'équité; autrement le mari aurait eu tous les avantages de l'hérédité sans en avoir les charges. Il est d'autres exemples de dettes qui passent au mari. La loi 2, (*de capite min.*), indique celles nées d'un délit, auxquelles la loi 7 (*eod. tit.*) ajoute encore : « *injuriarum et actionum ex delicto venientium obligationes cum capite ambulant* ». Le mari en était donc tenu.

La *capitis deminutio* n'éteignait pas non plus l'action *depositi directa*, sans doute parce que la bonne foi était seule considérée (l. 21, D. XVI. 3). M. de Savigny en donne cette autre raison que l'action *depositi directa* résulte plutôt du fait que du droit (1).

Les obligations éteintes par la *capitis deminutio* ne sont éteintes que civilement; il subsiste une obligation naturelle (l. 2, § 2, D. IV. 5). Et alors, de cette conséquence logique mais rigoureuse de l'effet extinctif de la *capitis deminutio*, il résultait pour les femmes une grande facilité de se débarrasser de leurs créanciers. Elles n'avaient qu'à *convenire in manum*; aussi le préteur, toujours soucieux de tempérer les rigueurs du droit civil et de le concilier avec l'équité, finit par donner aux créanciers des actions utiles en vertu des-

(1) *Système*, tom. II, p. 84 et s. — Cfr. l. 10, D. IV, 5.

quelles ils pouvaient poursuivre leurs droits, comme
s'il n'y avait pas eu *capitis deminutio* (G. IV. 38) (l. 2,
§ 1 D. IV. 5). Et même, si le mari ne défendait pas sa
femme contre leur action, le préteur allait jusqu'à permettre aux créanciers de faire vendre les biens qu'elle
aurait eus, si elle n'avait pas été soumise *alieno juri*.

Ces actions étaient perpétuelles (l, 2. § 5. D. IV. 5)

Tel était l'effet de la *capitis deminutio* quant aux
biens et quant aux dettes. En principe, tous les biens
passaient au mari ; toutes les dettes étaient éteintes ;
nous venons de voir le préteur corriger ce résultat injuste et rigoureux. Il nous reste à voir les droits que le
mari avait sur les biens advenant à la femme pendant
la *manus*.

57. — B. *Biens advenant à la femme pendant la
manus.* — La solution est ici des plus faciles ; la femme
étant *loco filiæ*, tout se passera comme pour une fille de
famille. Tout ce que la femme *in manu* acquèrera, sera
immédiatement transmis à son mari. Ce dernier ne
pourra donc consentir aucun avantage à sa femme, car
ce serait comme s'il se consentait à lui-même un droit
de propriété ou de servitude (Gaïus. III. 104.). — Nous
avons vu en étudiant la condition de la femme qu'elle
pouvait acquérir à son mari la propriété, le *jus heredi-
tarium* et même la possession, bien que ce fut discuté ;
d'ailleurs, du jour où il fut permis de l'acquérir *per
extraneam personam*, la question ne se posa plus pour
la femme *in manu* (Gaïus. II. 95).

Quant au point de savoir si l'on pouvait faire un legs
valable à une femme *in manu* en instituant son mari

héritier, nous renvoyons à l'Appendice où nous avons groupé tout ce qui, dans la matière des *Successions*, était relatif à la femme *in manu*.

58. — C. Retour des biens. — « On dit que dans les « 500 ans qui suivirent la fondation de Rome, on ne « connut à Rome ni dans le Latium aucune action, au- « cune caution *rei uxoriæ*. En effet, elles n'étaient pas « nécessaires, car le divorce était inconnu ; aussi Ser- « vius Sulpicius dans son livre sur la dot, a-t-il écrit « que les *cautiones rei uxoriæ* ne parurent nécessaires « que quand Spurius Carvilius Ruga, *vir nobilis*, eut « divorcé avec sa femme, 523 ans p. U. C. » (Aulu-Gelle IV. 3. — XVII. 6).

Pendant les cinq premiers siècles de Rome, le mariage étant indissoluble, la *manus* durait jusqu'à la mort. La question du retour des biens ne s'agitait pas, car si la femme prédécédait, ses biens restaient à son mari et passaient à ses enfants ; si le mari mourait le premier, la femme héritait seule ou en concours avec ses enfants, dont elle était considérée comme la sœur. — Plus tard, nous l'avons vu, l'emploi du divorce se généralisa et la *manus* put alors se dissoudre du vivant des époux. Cette dissolution n'entrainait pas la perte des droits constitués sur les biens de la femme au profit du mari ; aussi ce dernier gardait-il tout, et il arrivait alors que la femme était complètement dépouillée, que des maris peu scrupuleux s'enrichissaient par des divorcés successifs. Ce résultat était inique et on se préoccupa de le modifier.

Le plus souvent, la femme *conveniens in manum*

avait encore son père ou ses agnats; ceux-ci, en donnant
la dot, en stipulèrent le retour en cas de dissolution du
mariage et partant, de la *manus*; on suivait alors la règle des contrats *verbis* et on agissait *ex stipulatu* pour
la réclamer (1). Lors donc que la femme avait encore
son père ou ses agnats, le retour des biens ne présentait aucune difficulté.

Mais si la femme apportait elle-même ses biens, ce
qui dut arriver plus rarement, de quelle façon pouvait
se faire la restitution?

Il est inadmissible que ce put être en vertu d'une
stipulation; car la *conventio in manum* fait passer au
mari tout ce qui appartient à la femme. Or, si la femme
avait une action *ex stipulatu* pour réclamer sa dot,
cette action passant au mari devait s'éteindre par confusion et une fois éteinte ne pouvait plus revivre. La
femme ne pouvait donc pas réclamer sa dot en vertu
d'une stipulation, mais comme il est certain qu'elle

(1) A partir du moment où le retour des biens fut assuré, il se produisit dans le droit un mouvement contraire. Jusque-là, en effet, la
femme craignant d'être dépouillée, n'osait pas demander le divorce;
et c'est peut-être pour cela que le mari eut primitivement seul le
droit d'envoyer le *repudium*. (Cfr. DE FRESQUET, *Revue hist.* 1856,
loc. cit.) Mais, plus tard, lorsque la dissolution de la *manus* obligea
au retour des biens, lorsque les actions *rei uxoriæ* ou *ex stipulatu*
furent introduites pour forcer le mari à rendre ce que la femme avait
apporté, ce fut lui qui n'osa plus divorcer. Il se mariait, en effet, le
plus souvent pour la dot. Juvénal et Plaute le répètent fréquemment
dans leurs écrits. Le pouvoir du mari était paralysé par la crainte
qu'on ne lui enlevât la dot:

« *Argentum accepi, dote imperium vendidi* »
(PLAUTE, *Asinaria*, I, 1, v. 72).

avait un moyen de la réclamer, on a cherché comment, et plusieurs systèmes ont été présentés.

Les uns voient des actions utiles ; d'autres pensent que la restitution était stipulée par un *servus publicus* comme dans l'adrogation des impubères ; cette théorie est conforme au droit romain étant donné surtout la similitude continuelle de l'adrogation et de la *manus*.

Peut-être pourrait-on dire par analogie avec ce qui se passe dans la *manus* fiduciaire, qu'on admettait, à la dissolution de la *manus*, que cet état n'avait jamais existé et qu'alors les biens faisaient retour. Cette solution me paraîtrait conforme à l'esprit du droit romain qui nous en donne de fréquents exemples, ainsi la fiction du *postliminium* ; ainsi le cas cité par Gaïus (III. 84) où le préteur permet aux créanciers de faire vendre les biens de la femme comme si la *manus* n'avait pas existé. (G. IV, 80).

Dans ce dernier cas, il faudrait admettre que le mari, selon le droit commun, n'était pas tenu de rendre les fruits, car il avait eu à supporter les frais du mariage.

APPENDICE

Des successions en ce qui concerne la femme in manu.

59. — La *manus* faisait acquérir à la femme le *jus agnationis* avec la famille du mari (2).

Or, l'introduction de la femme dans la famille agnatique avait surtout comme conséquence de lui donner les droits héréditaires dans sa nouvelle famille et de les lui faire perdre tous dans son ancienne. Ce résultat était voulu, car de chaque côté, les patrimoines familiaux restaient ainsi intacts, et le prestige et la fortune n'en étaient pas amoindris.

Le principe, base de toute cette matière, est toujours le même. Et c'est forcé puisque nous étudions les diverses

(1)   TEXTES CITÉS :

Gaïus I. 114. 115ª. 118. 136. — II. 124. 139. 158. 159. — III. 3. 14. 15. 23. 40. 46. — L. 1. D. XXXIV. 7. — L. 1 § 6. D. XXXVIII.6. — Cicéron, Topiques. c. 4. — *Institutes*. pr. II. 12. — pr. III. 7. — Ulpien, XXIII § 2 et 3. — XXVIII § 3. — XXIV. § 23. 24. — XXVII. 1. — XXIX. 1 et 5. Servius, ad OEn. IV. 104. ad Georg. I. 31.

(2) Dans la *manus* fiduciaire, cela n'existait pas ; la femme ne devenait ni l'héritière du *coemptionator*, ni ne rompait son testament, comme elle l'eût fait si elle fut devenue agnate (G. II. 139). Il fallait le mariage pour que la femme fut *loco filiæ* (G. I. 118) ; et la preuve, c'est que si elle fait la *cœmptio* fiduciaire avec son mari en dépit de la règle ordinaire, elle devient *loco filiæ* tout le temps que dure cette *manus* (G. 115ª in f.) parce qu'il y a eu mariage.

conséquences d'un seul et même effet : le transfert de la
puissance paternelle par la *manus*. Nous le répétons
souvent sans doute, mais nous y sommes obligés comme
tous ceux qui ont écrit sur la matière, les auteurs romains tous les premiers (1).

Nous allons examiner les conséquences de la *manus*
au point de vue successoral, tant pour la femme que
pour le mari. Nous verrons d'abord l'hérédité *ab intestat*, puis l'hérédité testamentaire.

I. HÉRÉDITÉ AB INTESTAT

60. — La loi des XII Tables fixait ainsi l'hérédité :
d'abord, les héritiers siens et nécessaires ; puis, les
agnats ; enfin, les gentiles.

A. Occupons-nous d'abord de la succession à la femme
in manu.

Deux cas peuvent se présenter.

La femme prédécède ou elle survit.

Si elle prédécède, pas de difficulté ; nul ne peut lui
succéder puisque, soumise *alieno juri*, elle n'avait aucun bien à elle ; ceux qu'elle avait possédés étaient pas-
sés à son mari, comme s'il eût hérité d'elle vivante (2). —

Mais la femme a pu survivre ; elle est alors ordinairement devenue *sui juris*, et quand elle meurt à son tour,
il peut être procédé à sa succession. Car elle a des biens,
elle a hérité de son mari, nous allons le voir tout à
l'heure.

---

(1) Pour ne citer que le seul Gaïus : I, 144. 115ᵃ. 118. 136 — II.
139. 159 — III. 3. 40. etc...

(2) Servius, *ad Œneid.* IV. 104. — *Ad. Georg.* I.3 1.

La succession de la femme sera donc dévolue selon
les principes des XII Tables. Or la femme n'a pas d'héritiers siens puisqu'elle est *initium et finis familiæ suæ* ;
ses biens seront alors dévolus à ses plus proches agnats,
c'est-à-dire non seulement à ses propres enfants mais
encore à ceux de son mari, s'il y en avait d'autres lits (G.
III. 14.) Il pouvait arriver même que le fils de la femme
in manu fut sorti de la famille avant la mort de sa mère
et qu'une émancipation, par exemple, l'eût rendu *capite
minutus*. Il n'acquérait alors rien de l'héritage de sa
mère, tout passait aux enfants du premier lit. — Même
résultat si le fils était prédécédé laissant un enfant, ce
petit-fils venait en concours avec les enfants du premier
lit et les biens leur revenaient comme agnats les plus
proches. — (G. III. 15).

Enfin à défaut d'enfants, la succession revenait aux
agnats par degré de proximité ; et à défaut d'agnats, aux
gentiles. Aucun texte n'indique cette solution, elle se
déduit des principes.

Telles sont les deux formes de la succession *ab intestat* à la femme. Il reste à montrer un progrès intéressant du droit relativement à la succession *ab intestat*
à la femme *in manu*.

La femme prédécédant, le mari, avons nous dit, conservait les biens qui s'étaient fondus dans son patrimoine. Cela changea avec l'usage de la dot ; on consi-
déra que les biens apportés par la femme *in manu* étaient
comme une sorte de dot, *cum mulier in manum convenit, viri fiunt dotis nomine* (1) ; et alors, au moment

(1) Ce qui a fait dire à CICÉRON : *dotis nomine,* ce qui empêche

de la *conventio in manum*, le père de la fille, ses agnats ou un tiers constituant s'assuraient par une stipulation ou un contrat de fiducie la restitution des biens à la mort de la femme. — La solution dans le dernier état du droit était par conséquent absolument différente de ce qu'elle avait été à l'origine ; au prédécès de sa femme, le mari était forcé de rendre les biens qui lui avaient appartenu. L'usage de la dot tendait donc à la disparition de la *manus*.

Voyons maintenant les droits successoraux de la femme dans l'hérédité *ab intestat*.

61. — B. La femme, en effet, avait acquis des droit à la succession de ceux qui étaient devenus ses agnats.

α. En premier lieu, elle était héritier sien de son mari puisqu'elle était *loco filiæ* ; elle concourait à ce titre avec ses enfants ou petits enfants ; seule, elle avait l'universalité de la succession. Cela se passait ainsi quand le mari prédécédait *sui juris*. S'il était en puissance à son décès, la femme n'héritait pas puisqu'il ne possédait rien, mais elle conservait ses droits à la succession du *paterfamilias* comme une petite fille, *loco neptis*.

que les biens de la femme *in manu* soient une dot réelle au lieu d'être considérés comme une dot, c'est cette différence :

Dans le régime dotal, l'épouse a un patrimoine indépendant de celui de son mari, patrimoine qui est l'objet d'une protection toute spéciale et dont la femme reste comme propriétaire. Or la femme *in manu* apporte bien un patrimoine, ressemblance avec le régime dotal, mais ce patrimoine se confond avec celui du mari, différence essentielle.

Le préteur, dans l'hérédité *ab intestat*, permit à la femme *in manu*, comme à la fille dont elle avait la condition, de repousser l'hérédité et de laisser vendre les biens (Gaïus II, 158 et 159)

β. En second lieu, la femme héritait des enfants du mariage, les siens ou ceux d'un autre lit, à titre de sœur consanguine, pourvu toutefois que ceux-ci n'eussent pas d'héritiers siens, qui l'auraient alors primée, car elle n'était que la plus proche agnate (G. III. 3. 14)

Elle ne pouvait hériter de ses neveux ou petits neveux car l'hérédité n'était pas déférée aux femmes au delà d'un certain degré de consanguinité (G. III. 14.23).

En résumé, pour la succession *ab intestat*, la femme *in manu* perdait tous ses droits successoraux de fille dans son ancienne famille, et elle les acquérait dans la famille de son mari. Les liens du sang n'étaient rien, les liens civils étaient tout.

Ce résultat finit par sembler rigoureux avec le progrès du droit et le préteur dut encore songer à l'adoucir ; il donna à la femme *in manu* la *bonorum possessio unde cognati* vis-à-vis de son ancienne famille ; et, même après la dissolution de la *manus*, même le lien agnatique rompu avec les agnats du mari, il lui fut donné la *bonorum possessio unde tabulas*, ou *unde liberi* comme à un enfant émancipé.

Cette solution, peut-être plus équitable, n'est pas en harmonie avec les principes du droit civil, car le lien d'agnation étant brisé, sur quoi peut-on baser *juridiquement* les droits successoraux de la femme?

On peut voir peut-être dans cette réforme du préteur, une mesure ou un remède aux abus du divorce, la femme même répudiée conservant un droit à la succession du mari.

II. — HÉRÉDITÉ TESTAMENTAIRE

62 — Nous n'avons pas à envisager l'hypothèse d'un testament de la femme, car, du vivant de son mari, elle ne pouvait pas tester (1). (Instit. pr. II. 12).

Occupons-nous seulement de l'effet de la *manus* par rapport au testament du mari.

La femme, *loco filiæ*, est héritier sien et nécessaire.

Il fallait qu'elle fut instituée ou expressément exhérédée.

Si elle était omise, le testament était rompu ; et elle concourait avec les héritiers siens pour une part virile ou pour la moitié si c'étaient des *extranei* (Gaïus. II. 124).

Si le testament était déjà fait lors de la *conventio in manum*, il était rompu comme par la survenance d'un héritier sien (Gaïus. II. 139. — Ulp. XXIII. 2 et 3.) Même solution pour le testament du beau père, si le fils qui avait la femme *in manu* prédécédait ; la femme étant *loco neptis*, le testament du père était rompu à moins qu'elle n'y fut exhérédée ou instituée (Ulp. XXIII. 2 et 3).

La femme avait aussi la *querela inofficiosi testamenti* et la *bonorum possessio contrà tabulas*. (Ulp. XXVII. 3. Cfr. l. 1 § 6, D. XXXVIII. 6).

(1) Elle ne le put probablement pas même après sa mort, à moins qu'elle ne fut remancipée. Il existait, en effet, une *coemptio testamenti causa* fiduciaire.

63. — Il nous reste pour en finir avec la matière des successions à examiner deux points dont l'un fut le sujet d'une vive controverse parmi les jurisconsultes romains

A. Pouvait-on faire un legs valable à une femme *in manu* en instituant son mari héritier? (G. II. 244).

Les principes conduisent à la négative puisque ce serait comme si le mari se payait le legs à lui même. Mais allons plus loin et supposons que la femme soit sortie de la *manus* avant le *dies venit*; *quid*? — La règle Catonienne conduit encore à la négative puisqu'elle réputait nuls les legs qui n'auraient pas été valables au moment où ils étaient faits (l. 1 pr. D. XXXIV. 7).

Cette solution parut rigoureuse aux Sabiniens; car Gaïus nous apprend que Sabinus et Cassius la tempérèrent en admettant qu'on pouvait léguer valablement sous condition à la femme *in manu* pourvu qu'elle fut sortie de la *manus* avant l'accomplissement de la condition. Les Proculéiens, au contraire, fidèles observateurs du droit civil n'admettaient pas plus la validité du legs conditionnel que celle du legs pur et simple.

Leur avis ne prévalut pas, car Ulpien (XXIV. 23) dit: « *Ei qui in potestate, manu, mancipiove est scripti heredis, sub conditione legari potest; ut requiratur quo tempori dies legati cedit, in potestate heredis non sit* »

Enfin, si l'on institue héritière une femme *in manu* et qu'on l'ait chargée d'un legs pour son mari, ce legs est valable. Il disparait si le mari acquiert l'hérédité par sa femme; il lui est payé si la femme est sortie de la *manus* avant l'ouverture de la succession. (G. II. 245. Ulp. XXIV. 24).

64. — B. Le second point dont l'étude finira cette matière, est la succession des affranchis.

Ce que nous avons dit de la succession *de* la femme *in manu* d'un ingénu peut s'appliquer à celle de la femme *in manu* d'un affranchi ; nous ne parlerons que de la succession *à* la femme d'un affranchi, car les droits du patron provoquent quelques particularités.

Dans le premier état du droit, la femme excluait complètement le patron, car la loi des XII Tables le plaçait au rang des agnats, degré primé par celui des héritiers siens comme l'était la femme. (Inst. pr. III. 7. — Gaius, III, 40 — Ulp. XXVII. 1 et XXIX. 1).

Même dans les successions prétoriennes, la femme excluait encore le patron, car elle avait la *bonorum possessio unde liberi* et venait au premier rang. Cet état de choses sembla rigoureux au préteur qui le modifia. (G. III. 40 et 41). Il donna au patron contre les fils adoptifs ou la femme *in manu* de l'affranchi mort *intestat* une *bonorum possessio* pour la moitié ; ce que confirme Ulpien XXIX. 1.

Si l'affranchi laissait un testament, le patron avait la *bonorum possessio contra tabulas* pour moitié (G. III. 46) Ce droit fut étendu par la loi Papia aux descendants mâles et même aux filles du patron, si elles avaient eu trois fils. Cependant cette extension ne saurait s'affirmer, car le texte de Gaïus qui la rapporte est un des plus mutilés (G. III. 46 — Cfr. Ulp. XXIX. 5).

CHAPITRE III

MODES D'EXTINCTION DE LA MANUS

SOMMAIRE :

65. — Il y a deux sortes de modes d'extinction de la *manus* : les modes que nous appellerons de droit commun qui ne sont pas spéciaux à la *manus*, tels que la mort, la *capitis deminutio* et les modes particuliers qui ont été institués pour éteindre uniquement la *manus*.

I. — MODES DU DROIT COMMUN.

Les modes d'extinction du droit commun sont la *mort*

---

(1)   ·TEXTES CITÉS

Gelle. X. 15 *in fine*. — Festus. s. v. *mancipatum*. — Gaïus, I. 137. 140. 115. — Plutarque, Numa. c. 17. — Quœst. rom. 50. — Denys d'Halicarnasse. II. 27. — Servius, ad OEneïd. IV. 29.

AUTEURS CITÉS :

Accarias, tom. I p. 313. ligne 28. — Heinecci, Antiquit. rom. p. 260 (édit. Mühlembruch). — Esmein, revue gén. de dr. et de jurisp. 1883. p. 121 et s. — De Fresquet, rev. histor. 1856. *loc. cit.* — Cuq, *op. cit.* p. 226 *in fine*. — de Coulanges, Cité antique, p. 99.

et la *capitis deminutio* ; le premier est universel, le second l'est moins parce qu'il n'est qu'une mort juridique.

66· — MORT. La mort fut primitivement la seule cause et le seul mode d'extinction de la *manus*. Si la femme prédécédait, la *manus* s'éteignait ; l'état des autres personnes n'était pas modifié, la femme disparaissait de la famille et c'était tout.

Si le mari prédécédait et qu'il fut *alieni juris*, rien n'était changé non plus, même situation, même résultat. La femme restait sous la puissance du *paterfamilias* et l'état d'aucune des autres personnes de la famille n'était modifié. Enfin, si le mari était *sui juris*, la femme devenait *sui juris* à son tour ainsi que ses enfants, et elle héritait comme eux du mari.

Nous remarquerons un point intéressant ; on pourrait croire *a priori* que le mode d'extinction le plus radical de la *manus* était la mort ; il n'en est rien. C'était celui qui produisait les effets les plus restreints.

Sans doute, l'effet était radical pour la partie qui mourait, mais au point de vue de l'état de famille, la mort était le mode d'extinction qui produisait le moins d'effets, ses conséquences se bornaient aux époux.

Ainsi, supposons le prédécès de la femme. Le mari seul voit son état modifié, la dissolution de la *manus* ne touche que lui ; les tiers n'en ressentent aucun effet.

Prenons le cas de prédécès du mari *alieni juris* ; la situation de la veuve n'est pas modifiée vis-à-vis des membres de la famille ; elle reste leur agnate comme avant.

Bien plus énergiques étaient les conséquences de la *diffarreatio* ou de la *remancipatio*; elles atteignaient tous les membres de la famille, nous le verrons tout à l'heure. Les liens agnatiques étaient rompus, les droits successoraux enlevés, la participation aux *sacra* complètement arrachée ; de l'état précédent, rien ne devait plus subsister.

En un mot, quand la femme sortait de la *manus* par sa mort ou celle de son mari, les effets de l'extinction n'atteignaient que les parties ; tandis que toute autre façon de la dissoudre produisait effet au regard des tiers.

La mort était donc le mode qui éteignait le moins complètement la *manus*.

67. — CAPITIS DEMINUTIO. La *capitis deminutio* on le sait, avait trois degrés que nous allons voir rapidement.

Maxima. — C'est le degré le plus fort, résultant de la perte de la liberté, soit *jure civili*, soit *captivitate*. Dans la première de ces hypothèses, la *manus* était éteinte, ce n'est pas douteux, mais on discute la seconde : la captivité entrainait-elle dissolution de la *manus*?

Si le mari demeure captif, oui certainement. Mais s'il revient ? Nous sommes d'avis qu'il faudrait admettre la fiction du *postliminium* et nous dirons que la *manus* subsiste. En effet, le mari est censé ne jamais avoir été captif ; pour quel motif alors la *manus* aurait-elle été dissoute ? A cause de la captivité ? Elle n'a jamais eu lieu ; et il n'est pas d'autres motifs de dissolution existants. Il faut bien admettre l'existence de la *manus*.

Media. — La *media capitis deminutio* était la perte
du droit de cité, de la qualité de *civis romanus*. Or,
l'une des conditions essentielles de la *manus* était qu'on
fût citoyen romain. Si cette qualité faisait défaut, la
manus ne pouvait pas subsister. La *media capitis deminutio* entraînait donc la perte de la *manus*.

Minima. Dans les premiers temps du droit, la *minima capitis deminutio* emporta certainement extinction de la *manus*. On appliquait alors dans toute leur
austérité les conséquences logiques des principes du
droit civil. Or, la personnalité civile disparaissant par
l'effet de la *capitis deminutio*, les liens civils devaient
disparaître, ainsi l'*agnatio*, ainsi la puissance paternelle, ainsi la *manus*.

Si un *paterfamilias* mancipait son fils marié, il brisait donc la *manus* entre celui-ci et sa femme. Or, dans
les premiers temps de Rome, la mancipation du fils
était un fait courant (1), et auquel recouraient peut-être
les pères dans le besoin (2). Trouva-t-on exorbitant que
le père put ainsi briser non le mariage, mais la *manus*
acquise par son fils, ou bien vit-on dans ce résultat
rigoureux, une difficulté, une complication devant laquelle reculaient des pères de famille et qui constituait
par conséquent un empêchement au libre exercice de la
puissance paternelle, il est difficile de se prononcer.
Ce qui est certain, c'est que Numa décida que le père

(1) Argument de la loi des XII Tables.
(2) ACCARIAS, tome I. p. 313, lignes 28 et 29.

qui aurait consenti au mariage *cum manu* de son fils,
n'aurait plus le droit de manciper ce dernier « *patri
posthac, nullum, jus esto vendendi filium* (1). »

En résumé : La *maxima capitis deminutio,* sauf le
cas de *postliminium,* éteint la *manus.*

La *media capitis deminutio* produit le même effet,
sans exception.

Quant à la *minima,* elle entraîna extinction jusqu'à
la réforme de Numa, après laquelle elle laissa subsister la puissance maritale.

II. — Modes particuliers a la manus.

68. — Jusqu'au milieu du VIe siècle de Rome, la mort
et la *capitis deminutio* furent les seuls modes de dissolution de la *manus.* Mais en 523, le mariage cessa
d'être indissoluble, et comme la *manus* ne pouvait
subsister le mariage une fois dissous (2), on se préoccupa des moyens de l'étcindre.

Pour le mariage, on avait le divorce ; pour la *manus,*
on créa la *diffarreatio* et la *remancipatio* : la *diffarreatio* pour la *manus* constituée *farreo,* la *remancipatio*
pour la *manus* constituée *coemptione.*

Et pour l'*usus* ? Nous ne connaissons aucun mode de
dissolution qui correspondit à ce mode de constitution.
Aussi peut-on penser que l'*usus* à la fin du VIe siècle
commençait à tomber en désuétude au point qu'on

---

(1) Plutarque : Numa, c. 17. — Denys d'Halicarnasse, II. 27.

(2) Le divorce ne dissolvait que le mariage, mais il imposait la dissolution de la *manus.* Cfr. Gaïus : I. 137 (*proinde compellere
potest.*)

jugea inutile de créer un mode de dissolution pour
lui.

Un allemand, Heinecci, prétend cependant (1), que
l'*usurpatio* (*trinoctio usurpatum*), la faculté du *trinoctium* doit être rangée parmi les modes d'extinction
de la *manus* ; et que cela correspondrait à l'*usus*. Nous
répondons que le *trinoctium* était un moyen d'empêcher la *manus* de se constituer, mais non pas une
façon de l'éteindre.

69. — *Diffarreatio.*

La *diffarreatio* est peu connue. Gaïus et ses contemporains n'en parlent pas et ils ne pouvaient guère en
parler puisqu'à leur époque la *confarreatio* et par suite
la *diffarreatio* étaient sorties du domaine du droit.
Nous trouvons les renseignements sur ce sujet, çà et
là épars dans les livres des auteurs.

Festus, *s, v. diffarreatio,* écrit : « *Diffarreatio
genus est sacrificii, quod inter virum et mulierem
fiebat dissolutio, dicta diffarreatio, quia fiebat farreo
libo adhibito,* » à quoi la glose d'Isidore ajoute: (*Diffarreatio est inter virum et feminam dissolutio* ». On
sait de plus que ce mode de dissolution avait des cérémonies lugubres (2) et effrayantes tendant à exprimer
le courroux céleste et à en conjurer les effets.

Cette pauvreté de renseignements ne doit pas nous
étonner; selon toute probabilité, la *diffarreatio* fut exces-
sivement rare. Certains auteurs anciens en ont même

---

(1) HEINECCI, Antiq. rom. p. 260 (édit Mühlenbruch).
(2) PLUTARQUE, Quœst. rom. 50: φρικωδη, αλλοκοτα, σκυτρωπα.

ignoré l'existence; Denys d'Halicarnasse, Sabinus disent
que les mariages contractés *farreo* sont indissolubles (1)
et Plutarque nous apprend que Domitien fut le premier
à permettre le divorce aux *Flamines*.

Or, il n'y avait guère que ceux-ci à pratiquer encore
la *confarreatio*; ce mode de constitution était donc rare;
combien alors devait l'être davantage la *diffarreatio*.

Toutes ces raisons expliquent le peu d'usage de la
diffarreatio et le silence des auteurs à ce sujet (2).

70.— *Remancipatio.*

Le texte de Gaïus (I. 137) relatif à la *remancipatio*
est fort mutilé, mais en recourant aux principes, on
arrive à la reconstituer presque complètement.

Pour dissoudre la *manus*, il faut libérer la femme de
la puissance maritale; il faut donc rompre le lien qui unit
ainsi les époux. Or, la femme avait vis-à-vis de son mari
la condition d'une fille, il est vraisemblable alors que
tout se passera comme s'il s'agissait de libérer une fille
de la puissance paternelle. Et en effet, il va y avoir
comme une émancipation de la femme.

Pour émanciper les fils, il fallait trois mancipations,
mais on admet que pour les filles une seule suffisait;
on mancipera donc une fois la femme et la *manus* sera
détruite.

Et Gaïus (I. 137) corrobore ces conjectures. Le mari,
jouant le rôle du père mancipant, mancipait sa femme

(1) Cfr. GELLE : X. 15 *in fine* « *matrimonium Flaminis* » et
Servius, ad. ŒEn. IV. 29.

(2) Cfr. CUQ, *op. cit.*, p. 226.

à un tiers, avec l'autorisation du *socer*, s'il était en puissance. Ce tiers affranchissait ensuite la femme, qui devenait *sui juris* ; la *manus* était éteinte. — Il y avait donc, par conséquent deux phases dans la remancipation : une *mancipatio*, une *manumissio* ; la première suffisait à dissoudre la *manus* (1). La femme choisissait la personne à laquelle elle voulait être remancipée (2) ; Ordinairement, après un divorce, elle se retirait chez ses parents qui l'avaient mancipée au mari dans la *coemptio* ; celui-ci la leur *remancipait*, d'où le nom de *remancipatio*. De plus, le père en transférant son pouvoir à l'époux ajoutait le plus souvent un pacte en vertu duquel au cas de dissolution sa fille lui serait remancipée ; ce n'était pas tant pour recouvrer sa fille que pour les biens qu'il lui avait donnés lors de son mariage (Gaïus, I. 140).

On peut se demander pourquoi le mari, au lieu de manciper sa femme à un tiers qui l'affranchissait, ne l'affranchissait pas directement lui-même sans être obligé de recourir à un tiers et à une mancipation.

La réponse est un nouvel argument pour montrer la similitude de la *manus* et de la puissance paternelle. En effet, le père de famille ne pouvait directement affranchir ses enfants ; il n'avait pas sur eux le *mancipium* ; il fallait donc qu'il les mancipât, et le tiers ainsi investi du *mancipium*, affranchissait.

Eh bien ! Pour la *manus*, c'était la même chose. Le mari, ayant sa femme *loco filiæ*, ne pouvait directement

(1) Cfr. Festus. *S. V. mancipatum* (Peut-être verrait-on dans cette mancipation de la femme par le mari un vestige du droit de vente qu'il avait autrefois.

(2) Gaïus, I. 115.

l'affranchir de la *manus*. Il était obligé comme le père de famille de la manciper d'abord à un tiers.

Ceci n'est qu'un point de départ; on va plus loin et on se demande si, après la remancipation de la femme à ses parents, ceux-ci la mancipaient de nouveau au mari pour qu'il acquit ainsi le *mancipium* et put affranchir? L'intérêt de la question est que dans cette hypothèse, le mari aurait eu sur sa femme, les *jura manumissoris*.

Nous ne croyons pas au bien-fondé de cette solution. Est-il rationnel d'admettre que la femme qui venait de subir l'affront d'une répudiation, mais qui avait le droit de choisir son *manumissor*, allait prendre le mari qui l'avait répudiée. Comprendrait-on qu'un mari put conserver quelque droit sur sa femme après un divorce?

Sans doute le père put avoir un tel droit sur ses enfants émancipés, car là, si les liens civils sont brisés, il reste toujours un lien naturel. Ce doit même être la cause que malgré deux ventes suivies de deux affranchissements, le fils retombait encore sous la puissance paternelle.

Mais, entre époux, une fois le mariage dissous par le divorce, quel lien subsiste-t-il? Aucun; il n'est aucune raison d'accorder au mari, les droits du *manumissor*.

Et puis, dans la mancipation du fils ou de la fille; tout dépend de la volonté du père de famille ; il peut manciper ou non, selon son bon vouloir ; il peut donc ajouter une condition, un pacte de fiducie pour avoir les droits du *manumissor*.

Mais dans la *remancipatio*, c'est tout différent. Le mari n'est pas libre ou non de remanciper ; une fois le *repudium* intervenu, il est contraint à la remancipation *repudio misso, (uxor) proinde compellere potest.*

71. — Ceci nous amène à l'examen d'un dernier point, objet d'une vive discusion.

La femme avait elle le droit de demander le divorce, et par là pouvait elle obliger son mari à la remanciper ?

Toute la discussion porte sur l'interprétation d'un texte de Gaïus que nous reproduisons in extenso pour la facilité de ce qui va suivre.

« *Ea vero quæ cum viro suo coemptïonem fecit, si*
« *velit ab eo remancipari, eum nihilo magis potest*
« *cogere quam filia patrem ; et filia quidem nullo modo*
« *potest cogere etiamsi adoptiva sit : hæc autem vi-*
« *rum repudio misso, proinde compellere potest atque*
« *si ei nunquam nupta fuisset* »

Ceux qui n'admettent pas la similitude et même la presque identité de la puissance paternelle et de la *manus* s'appuient sur ce texte pour soutenir leur opinion. La fille, disent-ils, ne peut en aucune façon forcer son père à la libérer de la puissance paternelle ; si la femme était devenue la fille de son mari, sans tempérament, sans modification, si la *manus* eût fait passer sans altération à l'époux la puissance du père, la femme ne devrait pas pouvoir forcer son mari à la libérer de la puissance maritale — Or, elle le peut en lui envoyant le *repudium* (arg. G. I. 137), donc elle n'a pas rigoureusement la condition d'une fille et la *manus* n'a pas transféré la puissance paternelle au mari.

Cette opinion admet, on le voit, que la femme avait

10

le droit de demander le divorce ; qu'elle pouvait par conséquent forcer son mari à la remanciper et que la *manus*
n'opérait pas le transfert de la puissance paternelle.

Réfutons ces divers points :

Nous ne répétons pas ici tous les arguments que nous
avons donnés (1) (page 21, n° 6) ; nous remarquerons
seulement que le texte lui-même contient cette phrase :
eum nihilo magis potest cogere quam filia patrem.
Gaius, pour rendre sa pensée le plus exactement qu'il
pourra, compare la femme à la fille de famille. N'est ce
pas concluant ?

D'ailleurs, étudions soigneusement le texte. En admettant l'opinion de nos adversaires, il présente une
contradiction. Il commence par dire : la femme ne peut
forcer son mari à la libérer, pas plus qu'une fille ne
peut forcer son père. — Puis, il termine en disant : elle
le peut cependant ; elle n'a qu'à lui envoyer le *repudium*
et elle le forcera à la libérer, comme si elle n'avait jamais été mariée.

La contradiction est évidente, mais ce n'est pas Gaius
qui l'a commise ; le texte a été mal traduit. En en
donnant une autre interprétation, tout aussi correcte,
nous allons voir que tout concorde parfaitement. Nous
traduisons :

« La femme qui a fait *coemptio* avec son mari, si elle
« veut être remancipée par lui, ne peut en rien le forcer
« plus qu'une fille son père, même étant adoptive. La
« femme cependant peut. quand le *repudium* lui a été

---

(1) Ces arguments tendent à prouver que la *manus* transfère au
mari la puissance paternelle sur sa femme.

« envoyé, obliger son mari (à dissoudre la *manus*) com-
« me si elle n'avait jamais été mariée »

Avec cette interprétation, il n'y a plus de difficultés.
En principe, la femme ne peut pas plus forcer la main
à son mari que la fille ne le peut à son père. Mais, et
c'est un cas tout particulier, si le *repudium* lui a été envoyé, elle peut forcer son mari à dissoudre la *manus*.
Le texte ne donne pas à la femme la faculté de pouvoir
faire dissoudre à son gré la puissance maritale ; il dit
que si le mari a envoyé le *repudium* et a dissous le mariage, la femme peut l'obliger à dissoudre la *manus*.
Quoi de plus logique ?

Le *repudium* a détruit le mariage ; la *manus*, dont c'est
la condition essentielle, ne peut subsister ; et le mari ne
saurait garder sa femme sous sa puissance. Et s'il tarde
à dissoudre la *manus*, soit pour garder ses droits, soit
plutôt pour garder les biens, la femme, *repudio misso,
proinde compellere potest.*

Mais, objectera-t-on, pour admettre cette interprétation, il faut reconnaître au mari seul le droit d'envoyer
le *repudium* ; car si la femme avait eu le même droit,
il lui était facile de contraindre son mari. — Sans doute ;
le mari eut longtemps seul le droit d'envoyer le *repu
dium*. Cela est surabondamment prouvé par d'éminents
auteurs (1).

Le simple aspect des mœurs du temps nous conduit
à la même solution. Ne savons-nous pas que le divorce

---

(1) Esmein, *revue gén. de dr. et de jur.* 1883, p. 121 et s. —
de Fresquet, *revue hist.* 1856, *loc. cit.* — Cuq, *op. cit.* p. 226
in fine. — de Coulanges, *Cité antique*, p. 99 (éd. Hachette).

dépouillait les femmes, dont les biens restaient au mari parce que la *manus* les lui avait fait acquérir *in universum*. Et alors, au moins jusqu'à la réforme du préteur ne sommes-nous pas sûrs que la femme ne demandait pas la première un divorce qui devait tout lui enlever.

Il en ressort même cette considération. Pendant six siècles, le divorce fut inconnu à Rome, tandis que la *manus* existait depuis l'origine. Il fallut au divorce un certain temps pour pénétrer les mœurs, et la réforme du préteur n'intervint elle-même que lorsque l'usage en fut généralisé. Pendant sept siècles au moins, la femme ne put donc certainement demander la première le *repudium*. Elle ne pouvait donc pas forcer son mari à briser la *manus*, elle avait donc bien encore en ce temps la condition complète d'une fille de famille. — Qu'au temps de Gaius, il n'en ait pas été ainsi, peut-être ! Mais, à cette époque, le vieux droit civil n'existe plus que de nom ; ses institutions sont détournées de leur caractère primitif et nous, qui étudions l'institution peut-être la plus ancienne du droit romain, nous ne pouvons pas la juger d'après l'état où elle se trouvait quand des tempéraments successifs l'avaient presque entièrement abolie. Il faut nous placer à son apogée pour en faire l'étude et à ce moment. la femme avait bien réellement la condition d'une fille de famille, ne pouvant aucunement forcer à dissoudre la puissance maritale que quand le mari avait commencé, en dissolvant le mariage. —

III. — Conséquences de la dissolution de la manus

72. — Les conséquences de la dissolution de la *manus* peuvent se ranger en deux groupes : elles sont relatives aux personnes ou relatives aux biens.

a. Effets quant aux personnes. — La dissolution de la *manus* ne changeait pas sensiblement la condition juridique du mari. Il ne perdait d'abord que ses droits sur sa femme, puis avec le progrès (?) du droit, il perdit en même temps ses droits sur les biens. Mais son état n'était pas modifié.

Tout autrement en était-il pour la femme. La dissolution de la *manus* produisait pour elle un changement d'état important.

Elle ne faisait plus partie de la famille du mari ; tous les liens civils qui l'y rattachaient étaient brisés ; elle n'y était plus agnate ; elle n'y avait plus aucun droit à l'hérédité.

Devenait-elle *sui juris ?*

Il faut distinguer selon le mode par lequel la femme sortait de la *manus.*

Si c'était par *capitis deminutio, media* ou *maxima,* il est clair que la femme ne devenait pas *sui juris.*

Si c'était par la *remancipatio,* ce mode de dissolution comprenant presque toujours un affranchisement, il faut conclure que la femme devenait presque toujours *sui juris.*

Reste enfin le cas de la *diffarreatio* ; sa rareté, et le manque de textes à son égard obligent aux conjectures. Nous pensons donc que dans cette hypothèse, la femme

10·

ainsi répudiée retournait dans sa famille ; elle devait y reprendre sa place, *sui juris*, si son père ou son aïeul étaient décédés, *alieni juris* si l'un d'eux existait encore.

Comme la *remancipatio* était le mode de dissolution le plus usité, on peut décider que le plus souvent la femme était *sui juris*.

b. Effets quant aux biens. — Nous savons que lors de l'établissement de la *manus*, une acquisition *in universum* rendait le mari propriétaire de tous les biens de la femme.

La femme répudiée s'en allait donc complètement dépouillée, car la dissolution de la *manus* ne pouvait éteindre les droits acquis.

Nous savons aussi que des maris peu scrupuleux s'enrichissaient en contractant et brisant successivement plusieurs unions intéressées. —

L'usage apporta une première modification à ce résultat trop inique.

Une des conditions de la *manus* était le consentement du père ou des agnats de la femme. Redoutant l'éventualité d'un divorce, ceux-ci subordonnèrent leur consentement à une stipulation assurant le retour des biens que la femme avait apportés.

Selon l'habitude, le préteur légiféra la coutume en l'étendant. Il accorda une action pour assurer le retour des biens, même si la stipulation avait été omise ; ce fut la *rei uxoriae*, si importante en droit romain.

CONCLUSION

73. — Nous en avons fini avec l'étude de la *manus matrimonii causa.*

Partie de l'origine même de Rome ou tout au moins des temps les plus reculés, sous Théodose la *manus* avait depuis longtemps disparu. Elle n'existait même plus dans le droit sacré.

C'était une de ces choses dont Justinien dit : « *Multa et maxima sunt quæpropter utilitatem rerum transformata sunt.* » (*Præfationes.* D. II. 10)

Et cependant nous ne pouvons admettre qu'une institution d'aussi longue durée et qui occupa une place si essentielle dans le droit romain, n'ait pas laissé de traces, même dans le droit de Justinien. N'est-ce pas un souvenir de la *manus* que cette disposition du Digeste : *(de rerum amot.* 1. 17. pr.) il ne peut y avoir *furtum* entre la femme et le mari, pas plus qu'entre la fille et le père. C'était du moins l'opinion de Sabinus et de Proculéius « *sicuti filia patri faciat* » (1. *in fine* D. eod. tit.)

Faut-il rattacher à la même influence la nullité des donations *inter virum et uxorem* ?

Quoi qu'il en soit, la *manus* était une institution exorbitante, possible seulement chez un peuple primitif ;

elle s'est écroulée peu à peu à mesure que la civilisation romaine grandissait.

La civilisation des peuples, en effet, se mesure sur la condition faite à la femme par ses lois.

Il ne faut pas l'asservissement complet, il ne faut pas la liberté trop grande. La femme considérée comme incapable et d'une personnalité nulle est l'indice d'une nation primitive et presque sauvage.

Sa suprématie, au contraire, est le signe d'une prochaine décadence.

Rome passa par ces différentes phases ; et si, malgré son effroyable corruption, l'empire résista si longtemps à la ruine totale, ne serait-ce pas parce que sur son déclin, une morale nouvelle était venue sanifier et régénérer dans la mesure du possible la société vieillie et usée qui allait s'effondrer !

TABLE DES MATIÈRES

ECONOMIE POLITIQUE

MOUVEMENTS ET DIMINUTION

DE LA

POPULATION AGRICOLE

EN FRANCE

MOUVEMENTS ET DIMINUTION

DE LA

POPULATION AGRICOLE

EN FRANCE

AVANT-PROPOS

La question de la population est à l'ordre du jour.

Elle offre un tel intérêt que les économistes l'ont étudiée, depuis quelques années, avec un soin tout particulier.

Effectivement, la situation est grave ; le niveau de notre effectif national ne monte plus ; il ne reste même pas stationnaire ; depuis trois ans, continuellement il baisse....

On se trouve donc en face d'un réel danger, et, pour le conjurer, les démographes redoublent d'observations et d'étude, et unissent leurs efforts.

Après des ouvrages comme ceux de MM. Levasseur, Van Smissen et Turquan, après des économistes comme MM. Leroy-Beaulieu, Cheysson et Richet, on ne peut espérer apporter aucune lumière nouvelle sur la question envisagée au point de vue général de la population française.

Pour tâcher d'arriver à un résultat utile, il faut se spécialiser.

Et comme la population agricole nous paraissait moins étudiée *au point de vue démographique*, et par là moins connue ; comme nous pensions en outre qu'elle est à l'heure actuelle le seul agent prolifique de notre population, nous nous sommes efforcé de montrer l'importance de son rôle et l'intérêt de son étude sous ce double rapport.

Trop heureux si notre travail pouvait, non pas apporter une entrave à la dépopulation, mais inspirer à de plus autorisés que nous, l'idée d'en chercher un remède pratique et efficace dans l'étude de la population agricole.

G. G.

PREMIÈRE PARTIE

LA POPULATION AGRICOLE EN FRANCE

ET SON ÉVOLUTION

CHAPITRE PREMIER

DÉFINITION ET ANALYSE DE LA POPULATION AGRICOLE

SOMMAIRE

1. Portée exacte de l'expression : *population agricole.* — 2. Critérium : l'exercice de la profession agricole. — 3. Définition de la population agricole. — 4. Sa répartition et sa densité. — 5. Composition. — 6. Des travailleurs agricoles. — 7. Leur répartition au point de vue de la propriété. — 8. Économie comparée.

1. — On emploie couramment pour désigner les habitants de la campagne, les mots : population agricole, population rurale ou population des champs.

Ces trois termes ne sont cependant pas synonymes. Dans le langage usuel leur assimilation n'a pas d'in-

---

BIBLIOGRAPHIE : Rapport sur l'enquête décennale de 1881 (publié en 1888), par M. Tisserand, directeur au ministère de l'Agriculture. — Projet de budget pour 1895, présenté à la Chambre par M. Burdeau, ministre des finances. — DENEUS, *De la réserve héréditaire*, p. 112 et 113. — DE FOVILLE, *le Morcellement*, p. 165 à 179.

convénients ; mais, si l'on étudie d'une façon particulière, technique, la population agricole, il importe de préciser le sens de cette expression, de délimiter exactement sa portée. Autrement, on s'expose à des confusions fâcheuses, nuisant à la clarté de la discussion.

En effet, la population agricole ne comprend pas tous ceux qui habitent la campagne.

Quelles sont alors exactement les personnes qu'on doit grouper sous cette dénomination ? Tel est le premier point à résoudre.

La question est assez complexe et pour l'élucider avec plus de facilité, il nous faut brièvement rappeler les principes.

Les démographes divisent la population en population urbaine et population rurale.

La première comprend sous le nom de communes urbaines les agglomérations de plus de 2000 habitants, c'est la population des villes, nous n'avons pas à nous en occuper.

La seconde, à son tour, englobe sous le nom de communes rurales, les agglomérations de 2000 habitants, et au dessous. C'est assurément la population des bourgs et des villages, c'est la population des campagnes, mais est-ce la population agricole ?

Non ; et voici pourquoi :

La population agricole, son nom l'indique, est la population des agriculteurs ; or, les communes rurales (2000 habitants et au dessous) ne renferment pas seulement des gens s'occupant d'agriculture.

Ceux-ci, avec leurs familles, y sont bien en majorité, mais on y rencontre également un assez grand nombre

d'individus auxquels l'agriculture est parfaitement
étrangère et qui par conséquent ne peuvent être classés
dans la population agricole proprement dite.

C'est ainsi qu'on trouve parmi les habitants des
communes rurales, des gens riches, ayant hôtel à la
ville et château à la campagne ; d'anciens commerçants qui, fortune ou demi fortune faite, se retirent
dans une petite propriété et, vivant en rentiers, se
reposent du tracas des affaires au milieu du calme
des champs.

On rencontre aussi des industriels qui ont établi
leur usine hors des villes à cause de l'insalubrité de
leur industrie ou pour se trouver au centre de la production ; des commerçants qui dans les communes de
1000 à 2000 habitants trouvent une consommation suffisante pour alimenter leur commerce ; on trouve enfin
dans les moindres villages des artisans de première
utilité : menuisiers, charrons, maçons, charpentiers,
dont la profession ne se rattache en rien à l'agriculture.

Or, tous ces gens habitent la campagne, ils font partie de la population rurale, mais on ne peut pas les ranger dans la population agricole.

D'abord, nous le voyons, parceque ces individus ne
sont point des agriculteurs. Si donc, on les comprenait
dans la population agricole, on gonflerait le chiffre de
cette dernière, d'un nombre assez considérable d'individus ne lui appartenant pas. D'où, une situation
erronée ; premier inconvénient.

Ensuite, ce serait exposer à de continuelles erreurs,
les économistes, qui prendraient cette statistique fausse
pour base de leurs raisonnements.

Par exemple, en ce qui nous concerne, ces artisans, ces commerçants, ces industriels, ces rentiers, se déplacent. Les uns vont passer l'hiver à la ville ou se transportent dans des contrées plus tempérées ou plus agréables ; d'autres cherchent ailleurs un milieu plus favorable au développement de leurs affaires ; enfin, le manque d'ouvrage en fait parfois émigrer quelques-uns. Ces déplacements causent ainsi des mouvements de population appréciables, mais qui ne dépendent en rien de l'agriculture ; nous commettrions donc une erreur en les comprenant dans notre étude des mouvements de la population agricole.

Il y aurait d'autres inconvénients à ne pas distinguer cette population de la population rurale. Celle-ci, comprenant, on le sait, toutes les agglomérations de 2000 habitants et moins, il faudrait dès lors les faire aussi rentrer dans la population agricole.

Or, il est des bourgs et villages de cette faible importance qui ne comptent pas un seul agriculteur. Ce sont les villages maritimes qui s'échelonnent nombreux le long de notre littoral. Leurs habitants sont tous marins ou pêcheurs, sauf quelques rares artisans, et n'ont aucun titre pour être compris dans la population agricole.

Dans le sens opposé, il y a des agglomérations de plus de 2000 habitants, classées par suite dans la population urbaine, et qui sont pourtant d'une nature absolument agricole. Ce sont les gros bourgs de campagne où se réunissent les cultivateurs pour écouler leurs produits ; véritables marchés agricoles permanents, analogues aux villes rurales allemandes. Les habitants y sont en grosse majorité des agriculteurs et cependant par suite de leur nombre, ils sont classés dans la population urbaine!

2. — Le critérium de plus ou moins de 2000 habitants est donc défectueux pour caractériser la population agricole.

Il convient alors de s'attacher à une autre condition pour la séparer des deux catégories de population dans lesquelles elle est confusément englobée.

La population agricole, nous l'avons dit, c'est la population spéciale des agriculteurs. Ce n'est donc pas l'ensemble des individus habitant la campagne, ceux-là sont les ruraux ; c'est l'ensemble de tous ceux qui s'adonnent à l'agriculture, de quelque façon que ce soit.

Par conséquent, déterminer exactement quelles sont en France, les personnes s'adonnant à l'agriculture, voilà notre but ; L'EXERCICE DE LA PROFESSION AGRICOLE voilà notre critérium (1).

En effet, tous ceux qui exercent cette profession, quel que soit d'ailleurs le lieu où ils habitent, ceux-là seulement sont des agriculteurs ; à ce titre, ils sont les éléments, ils composent la catégorie de population dont nous faisons l'étude.

Peu nous importe la plus ou moins grande importance des agglomérations, nous ne nous attachons pas au lieu de la résidence ; nous envisageons seulement l'exercice de la profession ; muni de ce critérium, nous

---

(1) La statistique l'a fort ingénieusement appliqué en 1881, en ajoutant au dénombrement numérique, le dénombrement par profession, qui nous sera d'un grand appui.

distinguerons facilement les éléments de la population
des agriculteurs, soit dans les campagnes, soit même
dans les cités.

J'insiste sur ces derniers mots parce que l'on doit
se garder d'une erreur bien répandue, consistant à
croire que la population agricole habite exclusivement
les champs.

Tant accréditée que soit cette idée, elle n'en est pas
moins inexacte. Il est, en effet, nombre d'agriculteurs,
exploitant dans la banlieue même des grands centres
qu'ils approvisionnent et qui habitent soit cette banlieue, soit dans la ville elle-même. A cause de cette habitation, ils sont recensés comme population urbaine,
mais bien que citadins par leur résidence, ils appar-
tiennent en réalité à l'agriculture parcequ'ils sont cultivateurs, ordinairement cultivateurs maraîchers, parcequ'en un mot ils exercent une profession agricole.

Cette dernière expression doit être entendue dans un
sens large, s'appliquant à toutes les professions si multiples de l'agriculture aussi bien au cultivateur labou-
rant la terre ou taillant la vigne qu'à l'arboriculteur ou
au fromager ; aussi bien à l'apiculteur et au sériciculteur
qu'à l'éleveur ou à l'herbager.

Et le propriétaire qui, habitant la ville, va de temps
en temps à la campagne surveiller ses métayers ? Le
comprendra-t-on dans la population agricole ? Car,
pourrait-on dire, il s'occupe aussi lui d'agriculture. --
Nous ne croyons pourtant pas devoir l'y classer.

D'abord, cette hypothèse ne constitue qu'une exception négligeable, vu le petit nombre proportionnel de
ces cas particuliers. De plus, il est peu probable que le

propriétaire en question ait répondu à la demande de la feuille de dénombrement relative à sa profession : Agriculteur ; encore bien moins cultivateur.

Enfin et surtout, nous ne le comptons pas parmi les individus de la population agricole, parcequ'il n'est agriculteur que par intermédiaire. Ses métayers ou fermiers ont été compris dans la population sus-indiquée avec leur personnel : par là, l'exploitation a donc été représentée par ses véritables exploitants et détenteurs ; il serait erroné d'y ajouter un individu qui en réalité n'est pas un agriculteur proprement dit, parcequ'il n'exerce pas directement *lui-même* la profession agricole (1). Il s'occupe de culture sans doute, mais cela ne suffit pas pour être cultivateur.

Par contre, nous estimons que les femmes et enfants occupés soit à la ferme, soit aux troupeaux, exercent la profession agricole.

Dans certaines régions de plus en plus rares, les femmes travaillent même aux champs toute l'année ; ainsi dans l'intérieur de la Bretagne et quelques pays de plaines du Nord.

Dans la plupart des autres régions, les femmes ne travaillent pas aux champs d'une façon continue. Mais

_____

(1) Cette condition peut paraître stricte *a priori*, mais on reconnait vite qu'il ne peut être compris sous la dénomination de population agricole que ceux qui exercent réellement une des professions de l'agriculture. S'il fallait, en effet, y faire rentrer tous ceux qui s'occupent d'agriculture, on ne saurait plus à quelle limite se circonscrire et la confusion s'en suivrait rapidement. Pour éviter cet écueil, nous avons adopté la condition un peu rigoureuse que l'on sait — D'accord avec M. Tisserand.

presque partout, elles y vont aider pendant toute la
saison des récoltes, c'est-à-dire depuis Juin jusqu'à fin
Septembre ; elles sont d'un secours très appréciable
pendant la fenaison, les moissons et les vendanges.

En dehors de ces quatre mois de l'année, les femmes ne
manquent pas de travail à la ferme ; et dans les pays de
pâturages, les enfants, dès l'âge de 9 à 10 ans, vont
garder les troupeaux.

Les uns et les autres peuvent donc être rangés parmi
les travailleurs agricoles.

3. — Ces premières notions connues, nous pouvons
maintenant donner notre définition de la population
qui nous préoccupe.

« La population agricole est celle qui comprend tous
« les individus exerçant eux-mêmes la profession agri-
« cole, et leurs familles, soit qu'ils habitent la ville,
« soit qu'ils vivent aux champs. »

Si l'on se bornait à limiter et à définir la population
agricole, ces connaissances ne permettraient qu'une
appréciation superficielle de ses mouvements. Pour en
faire une étude plus approfondie, il est nécessaire de
voir comment elle est répartie vis-à-vis de la population
totale et de rechercher ensuite de quelle façon se sub-
divisent les divers éléments dont elle est composée.
Cela nous fait deux points à examiner ; d'abord la répartition ; puis la composition de la population agricole. La tâche est facile grâce au monumental rapport
de M. Tisserand, directeur au ministère de l'Agriculture,
sur l'enquête décennale de 1881. C'est une précieuse et

abondante source de renseignements dans laquelle nous allons largement puiser.

4. — a. *Réparation*. La première indication à rechercher, c'est le chiffre total de la population agricole telle que nous l'avons définie, c'est-à-dire ne comprenant strictement que les agriculteurs.

Il s'élevait, en 1881, à 18,249,209 individus (1) ; la population totale de la France étant de 37, 672, 048 habitants, les agriculteurs en formeraient donc à peu près la moitié (2) proportion qui permet de classer la France parmi les pays où l'agriculture joue le principal rôle.

Voici une donnée qui vient encore corroborer cette assertion. La densité de la population française est de 71 habitants par kilomètre carré ; dans cette somme, les agriculteurs entrent pour un chiffre de 35 individus (3). Le kilomètre carré contient donc sur 71 habitants, 35 agriculteurs, c'est-à-dire à peu près la moitié comme tout à l'heure.

En résumé, au point de vue numérique total comme au point de vue de la densité, la population agricole forme presque la moitié de la population française.

Bien entendu, la répartition des agriculteurs sur le territoire n'est pas régulière ; il est clair que chaque kilomètre carré du sol national ne renferme pas trente cinq agriculteurs ; ces derniers sont groupés plus ou

(1) En 1886 : 17,698,402 individus.

(2) La proportion exacte est de 47. 6 0/0. Les résultats de l'enquête décennale de 1891 n'ayant pas encore paru, nous ne pouvons donner des chiffres plus récents. — Ceux-ci suffisent d'ailleurs pour ce que nous voulons étudier.

(3) Exactement 34, 52 au kilomètre.

moins nombreux selon les régions. Certaines contrées
plus fertiles en comptent davantage que d'autres où le
sol offre peu de ressources. — De département à département, leur nombre varie même beaucoup. Ainsi la
Lozère est le département qui contient le plus d'agriculteurs, 79 pour cent habitants (1) ; Les Alpes Maritimes
ont la plus faible proportion, seulement 20 pour
100 (2) ! ! ! (Je ne parle pas de la Seine qui vu, l'importance agglomérative de Paris, ne compte que 2 agriculteurs sur cent individus (3).) — Dans le département
de la Vienne, la population agricole l'emporte avec une
proportion de 61 agriculteurs p. 100. (exactement 61, 19
0/0). Le Maine-et-Loire est à peu près également partagé avec un effectif agricole de 52 0/0 (exactement
52, 16 0/0) (4).

D'une façon générale c'est surtout dans l'Ouest et le
Midi, sauf le littoral méditerranéen que domine la population agricole. Sur 87 départements, Corse comprise,
elle l'emporte dans 56 sur le reste de la population ;
elle est par conséquent inférieure dans 31.

La densité, par département, n'est que rarement en
rapport avec le chiffre de la population ; il ne faudrait
donc pas croire que plus les agriculteurs y sont nombreux, plus la densité doit être compacte. Il arrive fréquemment, au contraire, que dans les départements où

(1(Exactement 78, 95 p. 100.

(2) Exactement 20, 33 p. 100.

(3) Exactement 2, 14 p. 100, ce qui est considérable si l'on songe
au chiffre élevé de la population parisienne.

(4) Pour les autres départements, voy. Tisserand, op. cit. p. 338.

la population agricole est numériquement faible, la densité est très élevée.

Ainsi, la Seine, qui ne compte que 2 0/0 comme population agricole, presque rien par conséquent, a comme densité le chiffre énorme de 125, 3 au kilomètre carré ! !... 125 agriculteurs par kilomètre carré ; qu'on juge si la population agricole y est dense (1). Et pourtant, elle est relativement peu nombreuse, insignifiante presque : 2 0/0 ! — A l'inverse, la Lozère, le premier des départements comme proportion de la population agricole au reste des nationaux est un des derniers pour la densité ; seulement 22 agriculteurs par kilomètre carré (2).

Il ne faut donc établir aucun rapport entre la densité et le nombre démographiques régionaux. La première dépend du plus ou moins d'étendue des terres cultivées ; la seconde, du plus ou moins de division du sol et de sa fertilité ; il n'y a pas de terme commun et par conséquent pas de rapport à établir ; les deux points de vue sont indépendants. — Après avoir envisagé la répartition des agriculteurs par rapport à la population totale (nombre) et par rapport à l'étendue du territoire (densité) voyons la, en terminant, par rapport au sexe.

A ce dernier point de vue, la population agricole se répartit en :

Hommes : 9. 156. 873 soit 50. 2 pour 100.

---

(1) Ce chiffre exceptionnel provient de l'extrême multiplication de la culture maraîchère, occasionnée par l'énorme consommation de Paris.

(2) Exactement 21, 9 par km. carré.

Femmes : 9. 092, 236 soit 49. 8 pour 100.

C'est à peu près l'égalité sauf un léger excédent du contingent masculin..

5. — b. *Composition.* — Passons à la composition de la population agricole.

D'après la définition que nous avons donnée, cette population comprend les agriculteurs et leurs familles. Les 18. 249. 209 individus qui la composent ne sont donc pas tous des agriculteurs *stricto sensu*. Dans ce nombre, il y a des enfants, des femmes, des vieillards; ces personnes rendent plus ou moins de services au point de vue purement agricole.

Sauf dans les pays de pâturages où ils vont garder les troupeaux dès l'âge de 9 ou 10 ans, les enfants doivent jusqu'à 12 ou 13 ans, fréquenter l'école ; ils ne peuvent se rendre effectivement utiles qu'à partir d'une quatorzaine d'années.

Les femmes, elles, rendent de réels et indispensables services. Lorsque la ferme contient des laiteries ou basses-cours, le soin en est ordinairement dévolu à la fermière. La préparation des repas, l'entretien du vêtement, la tenue de la maison, le soin des enfants, tout cela est l'ouvrage des femmes. et je le répète, leur rôle est indispensable, leur travail précieux. En ce sens, elles travaillent bien à l'exploitation agricole, mais si par agriculture, on entend les travaux du dehors, soit dans les bois (1) soit aux champs, la femme ne peut pas être classée parmi les travailleurs agricoles.

(1) La population agricole compte 201, 593 forestiers (bûcherons et charbonniers.)

Sans doute, elle y aide utilement pendant la saison
des récoltes ; mais, de même que les enfants, ce n'est
qu'à titre exceptionnel et en principe on ne peut compter ni les femmes, ni les enfants parmi les véritables
ouvriers agricoles, les ouvriers de la terre. Ils ne colla-
borent qu'indirectement à son exploitation.

Quant aux vieillards, leur âge leur interdit tout travail
effectif et leur position est parfois pénible ; ce sont de
telles vérités qu'il est inutile d'insister.

Il convient alors de séparer de leurs familles, les travailleurs agricoles exerçant réellement la profession,
soit comme chefs d'exploitation, soit comme salariés,
Voici comment est composée sous ce premier rapport
la population agricole :

Travailleurs agricoles.......	6.913.504	soit 37.79 p. 0/0
Membres de leurs familles (sans profession), vivant avec eux et domestiques attachés à leur personne..........	11.335.705	soit 62.21 p. 0/0
	18.249.209 (1)	100.00

Voilà déjà une constatation intéressante : la grosse
majorité de la population agricole est formée par les
familles des travailleurs. Ce résultat n'a rien de surpre-
nant; car une famille agricole ordinaire est composée
de l'agriculteur, de sa femme, et de deux ou trois enfants. Sur ces quatre ou cinq personnes, il y a juste un
travailleur.

On voit clairement combien le nombre des membres

(1) En 1881.

de la famille devrait dépasser celui des travailleurs. Il devrait être trois fois plus élevé. Ce qui empêche la proportion d'être aussi forte, puisqu'elle n'est guère que de moitié, c'est qu'à un certain moment, les enfants grandis travaillent avec leur père. S'il y a par exemple, deux garçons, on a pour la même famille de cinq individus, trois travailleurs agricoles contre deux personnes sans profession; et ce résultat vient contre-balancer celui de l'exemple précité.

6. — Allons plus loin maintenant; laissons momentanément de côté les membres de la famille et voyons comment à son tour est composée cette catégorie de la population : les travailleurs.

On pourrait d'abord les classer, d'après leur profession :

Cultivateurs, bûcherons, charbonniers, éleveurs, fromagers, apiculteurs, pisciculteurs, aviculteurs.... mais cette subdivision serait infinie, fastidieuse, et compliquerait confusément nos calculs.

Simplifions et pour plus de clarté, groupons sous l'unique dénomination de cultivateurs, tous les travailleurs exerçant une des multiples professions de l'agriculture.

Abordons alors le détail des éléments qui composent cet effectif de 6.913.504 cultivateurs. Nous en connaissons déjà une classification excellente, qui divise la catégorie des travailleurs agricoles en deux groupes: d'un côté, les chefs d'exploitation ; de l'autre, les salariés.

Les chefs d'exploitation sont tous ceux qui dirigent

sans rétribution d'autrui une exploitation agricole, suffisante à occuper tous leurs travaux, soit qu'elle leur appartienne en propre, soit qu'ils la détiennent sous certaines obligations déterminées. Ce sont d'abord les propriétaires cultivant *exclusivement* leurs terres, les faisant valoir eux-mêmes, à l'aide de leur famille ou d'auxiliaires tels que régisseurs, domestiques ou journaliers. On doit comprendre ensuite parmi les chefs d'exploitation, les agriculteurs dirigeant une exploitation à eux concédée sous certaines redevances pécuniaires ou en nature ; ce sont les fermiers et les métayers.

L'autre groupe, les salariés, se compose des divers auxiliaires qui louent leur travail au cultivateur moyennant une rétribution annuelle ou quotidienne ; ce sont les régisseurs, chefs de culture, maîtres-valets, domestiques de ferme et journaliers.

Tels sont les éléments qui composent la catégorie des travailleurs. Pour quelle proportion chacun de ces éléments entre-t-il dans la composition totale de cette partie de la population agricole ? C'est ce que le tableau suivant indique d'une façon claire et détaillée (1).

---

(1) Ce tableau, comme presque tous ceux qui vont suivre et comme la plupart de nos renseignements statistiques, est tiré du monumental rapport de M. Tisserand, qui fait loi en la matière.

TRAVAILLEURS ET CULTIVATEURS exerçant directement la profession agricole comme:		NOMBRE	Répartition proportionnelle des diverses catégories	NOMBRE de Cultivateurs par k. m. car.	
				du territoire	de superficie cultivée moins les bois
Chefs d'exploitation	1° Propriétaires cultivant exclusivement leurs terres ou les faisant valoir à l'aide de leur famille ou d'autrui (régisseur, maîtres, valets et ouvriers.,....................	2.150.696	P. 100 31.1	4.07	6.17
	2° Fermiers.....................	968.328	14.0	1.83	2.77
	3° Métayers	341.576	4.9	0.64	0.98
	Totaux.......	3.460.600	50.0	6.54	9.92
Auxiliaires ou salariés	4° Régisseurs et commis de ferme..	17.966	0.3	0.03	0.05
	5° Journaliers....................	1.480.687	21.4	2.80	4.24
	6° Domestiques de ferme..........	1.954.251	28.3	3.71	5.60
	Totaux.......	3.452.904	50.0	6.54	9.89
	Totaux généraux...	6.913.504	100.0	13.08	19.81

Le premier renseignement à dégager de ce tableau, c'est que le nombre des chefs d'exploitation est à peu près égal à celui des salariés : 3.460.600 contre 3.452.904. Le rapport proportionnel des deux classes est le même : 50 0/0, par conséquent autant de patrons que d'ouvriers. Enfin, la densité est forcément la même; par kilomètre carré, il y a 13 travailleurs répartis en 6 ouvriers et 6 patrons (1). — Cette constatation est intéressante; la France est, à notre connaissance, le seul pays du monde où la population des travailleurs agricoles compte autant de chefs que d'employés. C'est une excellente proportion qu'il importe dès maintenant de bien remarquer, car elle est une preuve de l'extension *raisonnable* de la petite propriété, résultat avantageux sur lequel nous aurons à revenir.

On voit ensuite, d'après notre tableau, que la classe des propriétaires cultivant *exclusivement* leurs biens est de beaucoup la plus nombreuse. On en compte 2.150.696.

Si l'on concluait de ce chiffre qu'il existe en France seulement 2.150.696 propriétaires agricoles cultivant leurs biens, on commettrait une grave erreur. Ne l'oublions pas; cette somme représente seulement les propriétaires cultivant *exclusivement* leurs biens.

Or, il en existe beaucoup d'autres.

Personne n'ignore, en effet, qu'il est des exploitants cultivant pour leur propre compte comme propriétaires, mais qui, n'ayant pas assez de biens pour occuper leurs

(1) Exactement : 6, 54.

bras toute l'année, travaillent en outre aux terres d'autrui comme chefs d'exploitation ou salariés.

En conséquence, parmi les individus classés dans notre tableau comme chefs d'exploitation ou salariés, nombre d'entre eux sont en même temps propriétaires. Et il est dès lors intéressant d'envisager la composition de la catégorie des travailleurs sous ce nouveau rapport de la répartition de la propriété.

Il convient à ce point de vue, de diviser les cultivateurs en trois classes.

D'abord, les cultivateurs faisant valoir *exclusivement* leurs propres terres. Ceux-là nous les avons déjà vus et nous connaissons leur contingent.

Viennent ensuite, les cultivateurs faisant valoir leurs terres et *travaillant en outre* à celles d'autrui. Les uns cultivent ces terres avec les leurs comme si le tout leur appartenait, tels sont la plupart des métayers et des fermiers. Les autres, plus nombreux, louent leur travail d'une façon intermittente ; ce sont les journaliers. Parmi ceux-là, le plus grand nombre a peu de biens en propre ; ce sont de tout petits propriétaires qui travaillent alors la plupart du temps chez les autres. Cependant on en trouve aussi de plus aisés qui, dans les années de prospérité, tirent même de leurs terres un revenu suffisant pour se dispenser d'aller travailler ailleurs ; dans les mauvaises années, au contraire, ils vont chercher chez les autres le supplément de travail et de gain nécessaire à leur subsistance.

Enfin, il est une dernière classe de travailleurs : ceux qui, n'ayant pas le moindre lopin de terre en propre, *travaillent uniquement pour autrui*. Moins fortunés, ces cultivateurs sont le véritable type de l'ouvrier agricole ; ils n'ont que leurs deux bras et leurs outils. Ils peuvent être, eux aussi, employés soit comme chefs d'exploitation en qualité de régisseurs ou même de fermiers et de métayers non *propriétaires*, soit plutôt comme salariés, en qualité de domestiques de ferme payés à l'année ou de journaliers payés selon leur nombre de journées de travail fournies.

7. — Maintenant que nous connaissons la division de la population des travailleurs agricoles sous ce point de vue : la propriété, nous devons rechercher l'importance respective de ces trois classes de cultivateurs. Le tableau suivant nous en indique nettement la répartition numérique et proportionnelle.

RÉPARTITION DU TRAVAIL AGRICOLE	NOMBRE	RÉPARTITION PROPORTIONNELLE
1o Travaillant uniquement pour leur compte......................	2.150.696	P. 100 31.2
2o Travaillant à la fois pour leur compte comme propriétaires et pour autrui comme fermiers, métayers, journaliers......................	1.374.646	19.9
3o Travaillant uniquement pour autrui { Régisseurs..........	17.966	48.9
Fermiers, Métayers, Journaliers non propriétaires.........	1.415.945	
Domestiques de ferme	1.954.251	
TOTAUX...........	6.913.504	100.0

Ainsi les 3/10ᵉ des cultivateurs travaillent exclusivement pour leur propre compte; deux dixièmes (2/10)
partagent leur labeur entre la culture de leurs biens et
la culture des biens d'autrui. Les cinq autres dixièmes,
c'est-à-dire l'autre moitié, travaillent uniquement pour
le compte d'autrui.

Il y a donc autant de propriétaires que de simples
manœuvres ; ce résultat, remarquons-le en passant, est
en parfaite harmonie avec notre assertion antérieure :
qu'il y avait autant de chefs d'exploitation que de salariés.

Même, en prenant les chiffres au pied de la lettre,
nous pouvons dire que plus de la moitié (1) des travailleurs agricoles sont propriétaires; nous avons exprimé
déjà la satisfaction que doit causer une constatation
pareille.

On ne peut qu'encourager, en effet, l'extension de la
propriété rurale, et par conséquent, de la petite propriété, car elle donne d'oxcellents résultats.

C'est la garantie de l'accroissement constant de la
production, puisque plus la propriété est raisonnablement morcelée, plus la production est intense.

C'est encore la garantie de la stabilité des institutions,
car le paysan qui possède demeure aussi fermement
attaché aux coutumes du pays qu'au sol même qu'il
exploite.

C'est enfin la garantie de la démocratisation du sol,
parce qu'il est évident que plus la terre est morcelée (2),

(1) L'excédent exact est de 68, 590 individus.

(2) Dans les limites raisonnables, bien entendu. Nous allons y revenir.

plus la propriété en est accessible à tous et surtout aux moins fortunés.

Nous n'avons pas à insister sur les avantages reconnus de la petite propriété au point de vue économique en général. Au point de vue démographique qui nous intéresse plus particulièrement en ce lieu, la petite propriété mérite également l'attention et les soins des pouvoirs publics. Car, indépendamment de ses autres avantages, nous constaterons dans notre seconde partie que la classe des petits et celle des très petits propriétaires, sont des plus prolifiques.

Au point de vue économique comme au point de vue plus spécial de la population, l'acquisition de la propriété est donc le but vers lequel on doit pousser tous les travailleurs agricoles. Le législateur l'a compris ainsi tout récemment encore en proposant d'abaisser au tarif le plus réduit, les droits perçus par le fisc sur les mutations de propriétés immobilières rurales non bâties (1). On espère, à bon droit, par ce dégrèvement, faciliter l'accès de la propriété aux possesseurs d'une modeste épargne (2).

Pour notre part, nous constatons avec grande satisfaction que la classe des petits propriétaires devient de jour en jour plus nombreuse. Beaucoup de fermiers, de métayers arrivent à force d'économies à acquérir de petits biens dont le revenu serait insuffisant pour vivre

(1) Projet de budget pour 1895 présenté par le ministre des finances, M. Burdeau.

(2) On a constaté que souvent des travailleurs agricoles, ayant amassé sou par sou par exemple 5.000 fr. n'achetaient pas de terre, à cause de 500 fr. de frais de mutation.

assurément, mais dont l'exploitation jointe à celle de leur ferme ou leur métairie, arrive à leur procurer une modeste aisance, très suffisante à leurs désirs ou à leurs besoins. Plusieurs journaliers même arrivent d'acquisitions en acquisitions, à pouvoir se passer de louer leur travail à autrui en tout autre temps qu'aux récoltes.

Ce sont ces petits propriétaires, fortement attachés à cette terre qu'ils ont conquise à force de labeur, qui forment l'élément le plus fécond et le plus solide noyau de la population agricole.

A l'heure actuelle, le nombre des exploitations de moins d'un hectare est de 2.167.667, soit 38,2 pour cent du nombre total des exploitations.

Si l'on ajoute à ce chiffre déjà respectable, celui des petites exploitations de 1 à 10 hectares, on trouve que la petite culture forme LES 85 CENTIÈMES (1) de la totalité des exploitations agricoles ! Elle occupe donc une place considérable dans l'agriculture et, nous le répétons, c'est un heureux résultat.

La petite propriété a eu cependant de nombreux détracteurs et bien que leur nombre diminue chaque jour, on lui reproche encore parfois d'être un obstacle au développement du progrès agricole (2).

(1) Exactement 84.7 0/0 Voy. Tisserand, op. cit. p. 279.

(2) On prétend notamment qu'elle retarde l'ère de la machine, que son peu d'étendue est un obstacle à l'élevage ; qu'elle offre en général des ressources insuffisantes pour permettre à l'agriculteur de sérieuses améliorations. — Nous n'avons pas à présenter la défense de la petite propriété ; cette étude est en dehors de notre sujet. Cependant, comme en défendant la petite propriété, on défend les

La meilleure réponse à faire à ses détracteurs, c'est de leur montrer que plus elle se développe en France, plus la culture y est intensive et plus la production agricole augmente.

Les tableaux du rapport de M. Tisserand à ce sujet

petits propriétaires à l'accroissement desquels nous applaudissons, nous montrerons d'un mot le peu de fondement de ces objections parfois partiales.

Il est évident qu'un petit propriétaire n'ira pas acheter une machine agricole dont l'utilité et l'emploi ne lui compenseraient même pas l'intérêt du prix d'achat ; de même, il ne pourra pas s'il reste seul, profiter des avantages accordés aux grands cultivateurs.

Mais on a tourné la difficulté.

La petite culture s'est syndiquée; ses éléments qui, pris séparément ne pouvaient obtenir telles ou telles améliorations, se sont associés pour y parvenir. Et le succès est venu. Le syndicat a pu acheter dans d'excellentes conditions les engrais pris par grosses quantités ; il a pu faire bénéficier ensuite chaque adhérent du bon marché ainsi obtenu. De même, au lieu de payer très cher le transport d'une ou deux têtes de bétail, les petits propriétaires se sont arrangés de façon à en expédier ou à en faire venir un wagon complet et ils ont pu jouir de cette façon des tarifs peu élevés du commerce de gros. C'est également une erreur de croire que la petite propriété est contraire à l'élevage. On voit souvent dans les comices agricoles ou concours régionaux, primer des bestiaux présentés par de petits propriétaires. Ayant moins de bêtes à soigner, le cultivateur peut leur donner plus de soins et obtenir souvent de très beaux spécimens.

Tout dernièrement, près de Poitiers, une observation personnelle m'a montré que l'emploi de la machine se généralisait de jour en jour dans le monde des petits propriétaires.

Ceux dont je parle se sont associés pour acheter une machine à battre mue par la vapeur; ils s'en servent à tour de rôle d'abord et la louent ensuite pour une journée ou une demi-journée à d'autres petits cultivateurs qui viennent y battre leur récolte. — Cet exemple

parlent plus éloquemment que les arguments les plus
persuasifs (1).

Remarquons en passant, qu'il ne faut pas confondre
l'accroissement de la petite propriété avec l'*éparpille-*

d'ailleurs se retrouve maintenant dans presque toutes les régions du
centre qu'il m'a été donné d'observer.

La petite propriété a donc facilement fait disparaître la plupart
des inconvénients qui lui étaient reprochés et de plus, elle offre de
tels avantages qu'on doit se féliciter de sa grande extension.

(1) Voy. notamment p. 356. — L'auteur commence par montrer
que le plus large contingent de l'émigration européenne est fourni par
l'Angleterre, l'Irlande et l'Allemagne, *pays de grande propriété* par
excellence. En France, *pays de petite propriété,* l'émigration est,
au contraire, faible. Puis l'auteur ajoute : « *Ces chiffres donnent*
« *un éclatant démenti aux prédictions pessimistes du célèbre*
« *économiste Mac Culloch, partisan décidé de la grande pro-*
« *priété, qui, dans une étude sur la division de la propriété et*
« *sur son émiettement indéfini en France, écrivait en 1823 :*
« *Dans un demi-siècle, la France sera devenue la plus grande*
« *nichée de pauvres de l'Europe et partagera avec l'Irlande,*
« *l'honneur de fournir à tous les pays du monde des domes-*
« *tiques et des prolétaires vivant au jour le jour.* »

L'économiste anglais, comme le fait remarquer Roscher, n'a pas été
heureux dans ses prédictions, car le terme assigné à sa prophétie (1873)
fut précisément le moment où la France, par le paiement intégral et
anticipé de la plus colossale contribution de guerre qui ait jamais été
imposée à un peuple, prouva vaillamment sa vitalité et la puissance
de son organisation et de sa richesse. — C'est l'aristocratique Angleterre qui rivalise aujourd'hui avec l'Irlande et l'Allemagne, pour
approvisionner le nouveau monde de domestiques et d'ouvriers ; et
c'est, au contraire, le paysan français qui vit sur sa *motte de terre,*
sur le sol dont il est devenu propriétaire et qu'il acquiert chaque jour,
sol qu'il féconde par un travail incessant et où il vit heureux sous le
régime d'institutions démocratiques et libérales.

ment parcellaire que nous sommes les premiers à repousser. Autant l'un est bon, et doit être encouragé,
autant l'autre est nuisible, autant on doit s'efforcer de
le faire disparaître. Mais la petite propriété a une large
marge devant elle ; elle peut longtemps s'accroître encore
sans que nous ayons à craindre l'éparpillement parcellaire. Nous sommes loin de cette « *réduction de la propriété en poussière* » selon l'expression bien connue de
Le Play. M. de Foville a victorieusement démontré
dans son magnifique ouvrage sur le « *Morcellement* »
que l'éparpillement parcellaire n'était pas à redouter
puisque « *le morcellement s'arrête de lui même* à la
« limite au delà de laquelle, il deviendrait mau-
« vais » (1)

D'un autre côté, l'État a favorisé d'une façon efficace,
le remède propre à combattre l'éparpillement parcellaire,
c'est-à-dire l'échange des parcelles, puisque faisant
droit aux réclamations de la puissante Société des
Agriculteurs de France, il a réduit le droit fiscal perçu sur

(1) Je ne dois pas m'étendre ici sur la théorie du morcellement;
nous aurons d'ailleurs à examiner s'il a une influence sur la population agricole. Cependant, à l'appui de la théorie de M. de Foville,
deux faits, qui s'observent actuellement dans l'Anjou, montrent comment les petits propriétaires savent fort bien s'arranger pour éviter
les effets nuisibles de l'émiettement parcellaire. Les îles de la Loire
sont tellement divisées, qu'il faut renoncer à toute culture particulière.
Les possesseurs en tournent la difficulté en cultivant chacun à leur
tour, l'île pendant une année comme si elle appartenait entièrement
à un seul. — Dans une closerie de Mûrs, qui est émiettée entre de
nombreux propriétaires, un seul cultive et s'arrange avec les autres
pour la répartition du revenu. (*Ces exemples ont été très brième-
ment indiqués par* DENEUS, *op. cit.*, p. 112 et 113.)

ces échanges à la minime somme de 20 centimes p. 100 (1).

Revenons à la population agricole de laquelle nous nous sommes forcément un peu écartés.

Nous avons terminé l'étude de son état interne. Nous savons à quelles personnes elle est limitée, comment elle se définit; nous connaissons sa composition et sa répartition sur le territoire; nous pourrions nous en tenir là.

8. — Cependant, pour achever de compléter notre étude, un coup d'œil rapide sur la population agricole des autres nations de l'Europe nous parait présenter un réel intérêt. Pour y atteindre avec concision et clarté, nous avons dressé à l'aide de documents et de statistiques pris dans le volumineux rapport de M. Tisserand, un tableau comparatif des différentes situations démographiques agricoles de l'étranger (2).

PAYS	NOMBRE de la population agricole	RAPPORT par 100 habitants	DENSITÉ par kilom. carrés	Nombre de journées de travail par hectare cultivé
Allemagne ..	19.225.455	42.6	35.60	74
France......	18.249.209	48.4	34.52	59
Autriche	12.288.998	55.5	40.96	20
Italie	9.283.073	35.9	31.33	100
Etats-Unis...	7.670.493	44.1	1.02	?
Hongrie.....	4.520.671	28.9	14.02	?
Belgique	1.879.500	33	63.79	211
Angleterre...	1.383.184	5.4	9.22	37
Irlande	997.956	19.4	11.83	49
Danemarck.	930.612	46.9	24.99	73

(1) Voy. sur toute cette matière : DE FOVILLE, le *Morcellement*, p. 165 à 179.

(2) Nous pouvons comparer très exactement la population agricole des pays sus indiqués à celle de la France, car le recensement en a

Les pays ont été classés en ce tableau d'après l'ordre numérique de leur population agricole. De cette manière l'Allemagne occupe le premier rang suivie, de près par la France. Puis, à une assez grande distance, l'Autriche, l'Italie ... etc ...

De ce que l'Allemagne soit le pays qui compte au total le plus d'agriculteurs, il ne s'ensuit pas pour cela que ce soit le pays le plus agricole. Sans doute, si le nombre plus ou moins élevé des cultivateurs était le signe de la nature plus ou moins agricole d'une nation, l'Allemagne qui renferme le plus de cultivateurs devrait être le pays le plus agricole de l'Europe.

Mais il n'en est pas ainsi.

Le caractère plus ou moins agricole d'un pays est déterminé, non pas par le nombre de ses agriculteurs, mais par *la proportion* plus ou·moins forte de ce nombre par rapport à la population totale.

Il est tout clair, en effet, que si un pays compte sur 100 habitants 50 agriculteurs, ce pays est plus adonné à l'agriculture qu'une nation en renfermant, au lieu de 50, seulement 25 ou 30 pour cent ; quand même cette nation aurait au total une population agricole supérieure en nombre. Ici, tout est dans la proportion.

Ainsi le Danemarck est au dernier rang par le chiffre de sa population agricole. Est-il pour cela le pays le moins agricole de ceux que nous avons cités ? Assurément non, puisqu'à ce point de vue, son pourcentage

été fait partout sur les mêmes bases. Le critérium a été la profession ; et on a compris dans la population agricole les cultivateurs et leur famille (sauf en Italie où les enfants au-dessous de 9 ans n'ont pas été compris).

lui donne la troisième place. Bien qu'inférieur en nombre, il renferme *relativement* plus de cultivateurs que l'Allemagne, par exemple, qui sous ce rapport vient après lui; il est donc d'une nature plus agricole.

Dans cet ordre d'idées, la France occupe la seconde place, la première étant dévolue à l'Autriche ainsi que l'indique la deuxième colonne de notre tableau.

Les cultivateurs dans un même pays peuvent être plus ou moins rapprochés les uns des autres, plus ou moins serrés sur le territoire.

On peut donc établir un rapport entre le nombre de la population et l'étendue du territoire; ce rapport, c'est la densité.

Or, la densité, croyons-nous, donne lieu à une règle, à un principe que nous formulerons en ces termes :

« *Plus la population agricole d'un pays est dense* « *plus la petite culture y est développée et plus la production y est intensive.* »

Le chiffre de la densité est donc l'indice de la division de la propriété et de l'intensité de la production. Jusqu'ici, toutes les fois que nous avons expérimenté cette règle, elle s'est trouvée d'accord avec les faits. En voici un exemple : les Etats-Unis, qui comptent pourtant 7.670.493 cultivateurs, ont la densité insignifiante de : 1.02 0/0 !... Un agriculteur par kilomètre carré ! ! Alors que la moyenne est de 25. — D'après notre principe, nous pouvons déduire *a priori* qu'ayant une faible densité agricole, les Etats-Unis sont un pays de très grande culture et que la production à l'hectare y est beaucoup moindre que dans les pays de densité élevée. Ce qui est corroboré par les faits.

Il est alors intéressant de rechercher et de comparer entre elles les densités agricoles des différentes nations; de voir combien chacune d'elles compte de cultivateurs au kilomètre carré. Plus leur nombre sera élevé, plus la densité sera compacte ; et plus la propriété sera raisonnablement morcelée, plus la culture sera intensive.

A ce nouveau point de vue, c'est la Belgique qui vient en tête avec le chiffre exceptionnel de 64 cultivateurs au kilomètre carré.

C'est dire assez quelle extension extraordinaire la petite culture a prise en ce pays et combien la propriété y est divisée.

La France, elle, vient au quatrième rang. après la Belgique, l'Autriche et l'Allemagne, et avec 34 agriculteurs au kilomètre carré. On voit qu'une marge bien suffisante est laissée chez nous à l'accroissement de la petite propriété et que l'émiettement parcellaire n'est pas encore à craindre. En Belgique, où la densité agricole est moitié plus forte que la nôtre, (64 au lieu de 34) le morcellement n'est pas arrivé à la limite au delà de laquelle il serait un danger. A fortiori en France, où la densité laisse aux petits propriétaires encore une large place à conquérir (1).

En résumant les données ci-dessous, nous pouvons dire que vis-à-vis de l'étranger, la France au point de vue de la population agricole occupe un des premiers rangs sinon le premier. Elle compte de nombreux agriculteurs ; elle a un caractère agricole bien accentué, et par sa densité elle tient un juste milieu entre les pays de très grande et ceux de très petite propriété.

(1) C'est aussi l'avis de M. Tisserand, *op. cit.*, p. 374 *in fine*.

Avant de terminer, nous devons dire un mot des indications économiques contenues dans la dernière colonne de notre tableau.

Nous y avons indiqué le nombre de journées de travail exigées dans chaque pays (1) par la culture d'un hectare ; en d'autres termes, nous avons indiqué pour un hectare, le chiffre moyen des frais de culture.

Ce serait un sujet d'étude fort intéressant que de comparer dans différents pays les frais de main-d'œuvre et le rendement à l'hectare, et de déduire du résultat bon ou mauvais la bonne ou la mauvaise situation agricole de ces pays. Mais nous devons nous borner à le signaler. Cependant, on nous permettra de montrer d'un trait tout l'intérêt de la question.

Qu'est-ce que signifie le nombre des journées de travail nécessaires à la culture d'un hectare ? Il représente, avons-nous dit, les frais de main d'œuvre ; c'est ce que l'hectare coûte à cultiver, c'est ce qu'il faut dépenser pour le faire produire. On connaîtra donc par ce chiffre ce que la production de l'hectare aura coûté. Bien entendu, plus il aura fallu consacrer de journées à faire valoir l'hectare, plus la production aura coûté de frais de main-d'œuvre.

C'est ainsi qu'en France, on fournit 59 journées de travail à l'hectare alors qu'en Autriche par exemple, il n'en est besoin que de 20. Comparés à ce pays, les frais d'exploitation chez nous s'élèvent à plus du double ; un hectare y coûte deux fois plus cher à cultiver. Il n'y a pas de mal, s'il rapporte aussi deux fois plus ; mais on

(1) Sauf pour les États-Unis et la Hongrie, sur lesquels je n'ai pu trouver de documents suffisants.

voit dès lors l'importance de cette indication, car si la
production de l'hectare cultivé n'est pas en rapport avec
ses frais de culture, on peut prédire la ruine agricole
du pays.

L'exemple de l'Italie en est une preuve. Il faut chez
elle 100 journées de travail à l'hectare alors qu'en France
par exemple, il n'en est besoin que de 59. Pour que le
cultivateur italien ait un profit analogue à celui du cultivateur français il faut donc que le rendement de son
hectare soit double du rendement de l'un des nôtres,
puisqu'il y a le double de frais de travail pour le cultiver. Or, il est loin d'en être ainsi et on peut déduire
qu'ayant plus de frais et moins de profit que l'agriculteur français, l'agriculteur italien a une situation
moins prospère ; ce que les faits viennent tristement
confirmer. Nous n'insistons pas davantage sur ces points
dont nous voulions montrer tout l'intérêt.

L'étude analytique de la population agricole envisagée en elle-même, est achevée. Nous connaissons
suffisamment sa définition, sa composition ; nous savons comment elle est répartie par rapport à l'ensemble de la nation et par rapport à l'étendue du territoire ;
nous avons vu enfin quelle place lui était assignée parmi
les populations agricoles des principaux Etats étrangers.

Nous devons maintenant envisager son passé, voir
ce qu'elle fut autrefois et ce qu'elle est devenue aujour-
d'hui ; nous allons, en un mot, suivre rapidement son
évolution à travers l'histoire (1).

(1) Dans cet aperçu historique, nous embrasserons, sous la dénomination de population agricole ou rurale indistinctement, tous les
habitants des champs. — Jusqu'en 1846, le défaut de documents ne
nous permet pas une plus minutieuse distinction.

CHAPITRE II.

HISTOIRE DÉMOGRAPHIQUE DE LA POPULATION AGRICOLE.

SECTION I

De l'invasion des Francs à la fin de la guerre de Cent ans (1453)

SOMMAIRE.

9. Influence de la conquête romaine sur la population agricole de la Gaule. — 10. Résultats de l'invasion franque. — 11. La population agricole à l'époque carlovingienne. — 12. Influence démogénique du servage. — 13. Preuve de l'existence d'une nombreuse population agricole au Xe siècle. — 14. Son accroissement par l'établissement des Normands — 15. Effet favorable des Croisades. — 16. Situation démographique en 1328. — 17. Diminution considérable de la population agricole pendant la guerre de Cent ans. — 18. La Jacquerie. — 19. La dépopulation s'arrête sous Charles V grâce aux efforts de ce roi. — 20. Elle reprend sous Charles VI et atteint aux dernières limites (1).

9. — L'histoire de la population des campagnes avant le XIIIe siècle est peu connue.

(1) DOCUMENTS: Ordonnances : 817 — mars 1356 — 1357 — 19 juillet 1367 — avril 1412 — 25 mai 1413. — Voy. Secousse : tom. V. p. 16 § 8 in fine — p. 22 § 14 — p. 17 — tom. VI : p. 443, note Y — p. 465.

États Généraux de Fr. Oct. 1439 — 4 mai 1358.
Lettres royales : 17 avril 1358.

BIBLIOGRAPHIE : Levasseur. La population française, *passim*. — Michelet : Hist. de France. Préf. p. XXXI — liv. VI, ch. 3, p. 298

Ainsi que le dit Michelet, dans la Préface de son histoire de France : « On avait entrevu la ville et les communes ; mais la campagne, qui la sait avant le XIIIᵉ siècle ? (1) » — Peu de gens sans doute en connaissent l'histoire et moins encore ont pris à tâche de la raconter. Et pourtant, combien n'est-il pas intéressant de suivre la première évolution de ce peuple de déshérités qui furent les serfs !! Certes, malgré la difficulté des recherches, malgré les lacunes qu'impose l'insuffisance des documents, ce qu'on peut savoir de l'histoire des paysans avant le XIIIᵉ siècle est déjà du plus haut intérêt.

— liv. IX. ch. 3, p. 120. — Guizot : Hist. de la civilis. en France, t. III, 7ᵉ leç. p. 360 — t. IV. 8ᵘᶜleç. p. 11 (édit. Didier). — Velleius Pat. II. — Salvien : de Gubernat. Dei III. — De Gourcy : de l'Etat des pers. en Fr. s. les 2 prem. races, ch. I. p. 75 et 76. — Eumène : Panégyr. de Constant. V. — Abbé Fleury : Hist. du Droit, § XV. — Guérard : Mém. sur les divisions terr. de la Gaule (1830, couronné p. l'Institut). — Dureau de la Malle : Mém. sur la popul. en France au XIVᵉ s. (Académ. des Inscript. et belles-lettres, tom· XIV. 2ᵐᵉ partie) p. 45 et 52. — Sauval : Antiquités de Paris. II. p. 596. — Roman, du Rou, vers 5997 et suiv. — Dareste de la Chavanne : Hist. des classes agricoles. — Robiou : Revue des quest. hist. Oct. 1875. — Babeau : Le village sous l'anc. rég. liv. V. ch. IV, p. 359; liv. V, ch. V, note, (index bibliograph.) — Cronaca Riminense: XV. 901. — Continuatio altera Cronici G. de Nangis. (Spicilegium d'Acheri) III. 10. — Froissart : I. 2ᵉ part. ch. 51 et 90 — III. 2ᵉ part. ch. 6. 70. 80. — Bonnemère : Hist. des paysans : t. II. 296 — t. I, liv. II, p. 344. — Bourdigné : Chr. de l'Anjou : l. 119. — Secousse : Mém. sur Charles le Mauv. I. 235. — Sismondi : X. 520. — Dom Carlier : Hist. de Valois. II. 137. — Bodin : Hist. d'Anjou. — Dom Calmet : Hist. de Lorraine. — Papon : Hist. gén. de Provence : III. 209. — Juvénal des Urs. II, 324. — Historia Caroli VII, manuscrit nᵒ 5962 (Bibl. nat.) — Lettres d'Edouard III, par Robert d'Avesbury — Loysel : Hist. de Beauvais. — Villaret : Annales de la Fr. tom. XIV, p. 481.

(1) MICHELET, *Hist. de France*, Préf. p. XXXI.

Nous nous placerons, pour cette étude, au seul point de vue démographique.

Sous ce rapport spécial, la rareté des documents antérieurs au XIIIe siècle est telle, que nous devrons parfois à défaut de renseignements précis nous baser sur des vraisemblances, tirées de l'histoire générale de notre pays (1).

Nous ne traiterons ni l'époque gauloise, ni celle de la conquête romaine. La situation des agriculteurs pendant ces deux périodes a été magistralement exposée par M. Guizot, dans son « *Histoire de la civilisation en France (2)* ».

Notons seulement que la domination romaine pesa cruellement (3). Au dire d'Eumène, Constantin à son arrivée en Gaule, trouva cette province exténuée : « *la terre ne produisait même pas la compensation des dépenses de la culture..... le laboureur abandonnait des travaux dont le fisc absorbait tout le produit* (4). » Et dès maintenant, nous devons appeler l'attention sur ce triste fait : « le fisc contraignant le laboureur à quitter la charrue ». En effet, dans la course rapide que nous entreprenons pour suivre l'agriculture

(1) De plus, l'histoire *démographique* de la population agricole n'ayant pas encore été traitée, croyons-nous, nous avons été privé de l'aide précieuse qu'on peut trouver chez des devanciers.

(2) Guizot, *hist. de la civilisation en France*, vol. III. 7e leçon, p. 360 (édit. Didier).

(3) Cfr. Velleius, Pat. II. — Salvien, *de Gubern. Dei*, III. — De Gourcy, *de l'État d. person. en Fr. s. l. 2 prem. races*, ch. I. p. 75 et 76.

(4) Eumène, *Panégyr. de Constant*, c. V.

à travers notre histoire, nous aurons trop souvent à le déplorer. Les *Collatores* romains, les gabeleurs du moyen âge, les maltôtiers des XVIIe et XVIIIe siècles tous les agents du fisc enfin à quelque époque que ce soit jusqu'à la Révolution, ont été un des fléaux les plus redoutés des populations agricoles (1).

10. — A l'invasion romaine succéda l'invasion franque. Elle produisit un refoulement de population, du nord vers le midi, car les habitants des campagnes fuyaient aux approches des envahisseurs.

Les Francs, en effet, comme tous les barbares, ne respectaient ni les récoltes ni les cultivateurs, et la population agricole du nord de la France dut souffrir du passage et de l'établissement des Francs.

Les Mérovingiens eurent d'ailleurs une existence trop mouvementée pour que l'agriculture pût se rétablir: il aurait fallu la paix, et la guerre ne discontinuait pas. Mais à l'avènement des Carlovingiens, les choses changèrent de face.

Lorsque Karl le Grand eût soumis le royaume et conquis son colossal empire, il tourna sa sollicitude vers les agriculteurs.

Objets d'une protection toute particulière, et jusqu'alors inconnue, la population agricole au IXe siècle prit un développement considérable, duquel de précieux témoignages nous sont restés.

11. — Dans un mémoire fort remarquable sur la

(1) Cfr. abbé Fleury, hist. du droit, § XV.

Gaule (2), M. Guérard, amené à parler de l'état de la
population agricole et de la culture dans l'Isle de France
à l'époque de Charlemagne, établit un parallèle entre
la situation des ruraux d'alors et celle des paysans de
1830. La conclusion de l'auteur sur ces deux points :
culture et population, est des moins attendues et vaut
la peine qu'on la cite en entier.

D'abord pour la culture, M. Guérard démontre :
« qu'actuellement, on y (dans l'Isle-de-France) cultive
« un quinzième de champs de moins que l'on en culti-
« vait sous Charlemagne ».

Ensuite, pour la population, se basant sur le dénombrement des Domaines de l'abbaye de Saint-Germain-
des-Prés, relaté dans le Polyptique de l'abbé Irminon
(an 811) l'auteur calcule d'après le cens de la commune
de Palaiseau, le chiffre approximatif de la population
agricole de l'endroit à cette époque.

« Les 113 *manses*, dit-il, tant ingénuiles que serviles
« du Polyptique sont... occupées par 645 individus de
« la classe des *mansuarii*, sans compter les esclaves
« (*mancipia*) qui appartenaient aux colons, et dont le
« nombre qui n'est pas donné par le manuscrit peut être
« évalué sans exagération à raison d'un esclave par
« manse, ce qui fera en tout 758 personnes, soit une
« personne pour environ 67 ares 7 centiares. Or, si nous
« supposons la population des terres du domaine y com-
« pris celle des églises et des manses (*absi*) proportionnel-
« lement égale à la population des terres accensées, la

---

(2) GuÉRARD. Mémoire sur les divisions territoriales de la Gaule, 1830.
(Cné p. l'Institut).

« population de la commune de Palaiseau...sera accrue,
« depuis Charlemagne, environ de 1/47 !.. »

Le résultat de cette enquête est assurément curieux.
En 1830, la culture aurait été moins répandue qu'au IXe
siècle, et depuis ce temps lointain, la population rurale
ne se serait accrue que de 1/47. Cette conclusion est
très probablement véridique ; mais il ne faut pas perdre
de vue que l'observation de M. Guérard ne s'applique
et ne peut s'appliquer qu'à la commune de Palaiseau,
Or, c'est une limite trop étroite pour qu'on puisse évaluer d'après cette base, la population agricole d'une
province entière.

Que la commune de Palaiseau ait augmenté dans la
faible proportion de 1/47, cela est possible, mais il ne
faut pas conclure de ce cas tout particulier à l'état général de la campagne.

De plus, au IXe siècle, les cités étaient des agglomérations bien restreintes comparées à nos villes d'aujourd'hui ; les quatre cinquièmes de la population française habitaient la campagne. Rien d'étonnant alors à
ce que la population rurale au IXe siècle, fut relativement et même réellement plus forte qu'elle ne l'est
aujourd'hui. De nos jours, le commerce et l'industrie
ont attiré dans les centres une nombreuse population
et personne n'ignore que les agglomérations urbaines
ont pris leur importance parfois si considérable, au détriment de la population des champs.

Donc, nous retiendrons seulement de la conclusion de
M. Guérard qu'au temps de Charlemagne et dans l'Isle-
de-France, la culture était fort étendue, peut-être plus
étendue même qu'elle ne l'est maintenant, ce qui est

très rationnel puisque c'était alors la seule industrie
appréciable ; et comme cette culture était toute entière
faite à main d'homme, nous comprenons très bien aussi
qu'en raison de son extension, elle occupât un grand
nombre de laboureurs, nombre très probablement supérieur à celui de notre population agricole d'aujourd'hui,
toutes proportions gardées.

12. — Nous devons ajouter que l'état de servage,
quelque rigoureux qu'il fût, était tout à fait favorable
à l'accroissement de la population.

Et si M. Guérard s'étonnait tout à l'heure de trouver
une si nombreuse population rurale dans l'Isle-de-
France au ixe siècle, nous aurions pu, outre les explica-
tions que nous avons données, lui répondre avec
M. Dureau de la Malle (1) : « L'état de servage était cer-
« tainement favorable à l'accroissement de la popula-
« tion. Les serfs n'avaient pas assez de richesse et
« d'instruction pour que leur prévoyance les portât à
« limiter le nombre de leurs enfants. Sans être même
« passable, leur situation ne leur faisait pas craindre,
« comme les nègres ou les esclaves, de propager leur
« race; et la terre cultivée à main d'homme fournissait
« des produits en raison du nombre de bras qui solli-
« citaient sa fécondité. L'exemple de la Russie où le
« servage existe dans toute sa vigueur (2) et où cepen-
« dant la population agricole double en vingt années,
« prouve péremptoirement que cet état de la société est

---

(1) Dureau de la Malle, *op. cit.* p. 52.

(2) N'oublions pas que ces ligues furent écrites en 1845.

« plutôt favorable que contraire à la reproduction de
« l'espèce humaine. »

A l'appui de cette opinion, nous ajouterons que la
Bretagne, contrée où les paysans sont moins instruits
et moins avancés que dans le reste de la France, est
actuellement aussi la région où ils sont le plus prolifique. — Donc, le servage, ou autrement dit l'absence
d'instruction et surtout l'*absence de bien-être*, encou-
rage à l'augmentation des familles et de la population.

Cette théorie, d'ailleurs confirmée dans notre seconde
partie par la statistique, explique en partie comment,
malgré les tortures incroyables qu'elle eût à subir, malgré les décimations répétées que lui infligèrent la barbarie de guerres continuelles et la cruauté des seigneurs,
comment la population agricole parvint toujours à reprendre le dessus et à peupler les campagnes d'un effectif considérable.

En effet, la rigueur avec laquelle on traitait les serfs
pourrait se qualifier : férocité (1). Les seigneurs et leurs
hommes d'armes rivalisaient de barbarie; les animaux
étaient moins maltraités que les hommes.

13. — Aussi, dès le ixe siècle, voyons nous les paysans

---

(1) « A la plus petite faute, on les étendait nus, pieds et poings liés,
sur une poutre comme pour leur donner la question et avec des hous-
sines de la grosseur du petit doigt, on leur faisait une distribution de
120 coups. On leur coupait les oreilles, et pour en perdre l'engeance,
on les châtrait sans marchander davantage. » Sauval, *Antiquités de
Paris*, II, 596). — Cfr. Guizot, *Hist. de la civilisat. en France.*
8e leçon, tome IV, p. 11.

se grouper pour essayer de résister à l'oppression des seigneurs.

En 817, Louis le Débonnaire prohiba ces associations (1), mais le souvenir en est conservé vivant par ces vers de Robert Wace (2).

> Li païsan et li vilain,
>
> . . . .
>
> *Par vinz, par trentaine, par cens,*
> Ont tenus plusurs parlemenz
> Et plusurs l'unt entre ils juré
> Ke jamais par leur volonté
> N'arunt seigneur ne avoè ! »

Nous nous servirons de ce passage pour établir qu'au xe siècle, la population agricole était aussi florissante qu'au ixe.

Son effectif devait être considérable et sa natalité exubérante ; tout tend à le faire présumer.

D'abord, les termes même du Roman du Rou qui semblent bien évoquer une foule nombreuse en nous montrant les paysans assemblés *par vinz, par trentaine* et *par cens.*

Et puis, jamais les serfs n'eussent osé se soulever contre les seigneurs si leur nombre ne leur eût donné quelque espoir de vaincre.

A rangs égaux ou même deux ou trois fois supérieurs, qu'auraient pu les paysans demi nus contre les

(1) « De conjurationibus servorum quœ fiunt in Flandria... volu- « mus ut per Missos nostros, indicetur dominibus servorum illorum « ut constringant eos ne ultra tales conjurationes facere prœsu- « mant... » (Ord. de 817.)

(2) *Roman du Rou,* vers 5997 et s.

chevaliers bardés de fer ; qu'auraient pu le bâton ou la fronde contre la lance et l'épée ? Rien évidemment, et pour espérer la victoire, il fallait pouvoir étouffer l'ennemi sous le nombre des combattants.

Or, les serfs du xe siècle se fiaient précisément en cet avantage.

> « . . . .
> Bien avum contre un chevalier
> Trente, quarante païsanz
> Maniables et combatans (1). »

Les paysans étaient 30 ou 40 fois plus nombreux que les seigneurs et leurs hommes d'armes.

Avec de tels éléments de conjecture, nous ne croyons pas trop nous avancer en affirmant l'existence d'une nombreuse population agricole au xe siècle.

14. — Un fait vient encore à l'appui de notre affirmation.

Les Normands, qui par leurs incursions dévastaient le Nord de la France et empêchaient l'agriculture de s'y développer, cessèrent leurs brigandages. Le traité de 911 entre Charles le Simple et Rollon fit de ces brigands, des laboureurs, et augmenta ainsi notablement le contingent agricole de ce qui fut désormais la Normandie.

15. — Jusqu'aux Croisades, peu de faits intéressants au point de vue démographique.

La grande famine de 1055, funeste aux paysans ; la trève de Dieu en 1041 sont les seuls points à marquer.

---

(1) *Roman du Rou*, *eod. loc.*

Cette dernière fut d'un heureux effet pour la population des campagnes. Car les guerres civiles continuelles ensanglantaient la France ; les seigneurs, par représailles, se tuaient mutuellement beaucoup de serfs, et la population agricole souffrait notablement quand l'Église fit établir la trève, dite de Dieu. Pendant 4 jours de la semaine, les guerres privées durent s'interrompre. C'était un moyen détourné de les faire cesser tout à fait. Aussi l'agriculture reprenait-elle sa vigueur première quand les Croisades vinrent activer encore sa prospérité (1).

La cause principale de cette formidable poussée de l'Occident vers l'Orient fut indiscutablement le principe religieux : délivrer le tombeau du Christ des mains des infidèles. Mais à côté de cette cause toute morale, il est un autre fait, plutôt physiologique, qui n'a pas dû rester sans influence sur le mouvement migratoire des Croisés. Ce fait, qui intéresse notre sujet, c'est la surabondance de la population française à cette époque.

Vers le temps, en effet, où se produisirent les Croisades, notre population s'était prodigieusement accrue ; les campagnes fourmillaient de paysans et comme les ressources n'augmentaient pas dans la proportion de cet accroissement, une foule de malheureux encombrait

(1) La seconde moitié du xie siècle s'annonçait cependant bien mal pour les laboureurs. La rivalité de la France et de l'Angleterre, la lutte d'Henri Ier et de Guillaume le Conquérant menaçaient les campagnes du nord de la France d'une ruine complète, quand la mort subite du roi d'Angleterre (1087) vint fort à propos arrêter les hostilités.

le territoire. Il fallait un déversoir pour cet excédent de population, une émigration s'imposait nécessaire. Ne pourrait-on pas ranger cette pléthore parmi les causes qui firent accueillir avec tant d'enthousiasme la proposition de Pierre l'Hermite ? Pour cette foule de pauvres gens, une invasion en Orient ne devait-elle pas être accueillie comme un départ pour la terre promise ?

C'est du moins vraisemblable, d'autant plus que la première expédition se composa précisément d'un immense attroupement de *paysans malheureux* qui partirent sans préparatifs presque sans armes, (1096). C'étaient les plus impatients sans doute, mais c'étaient aussi les moins fortunés ; c'était le trop-plein de la population agricole, alors surabondante, qui se déversait ainsi sur l'Orient.

A l'appui de cette opinion, nous invoquons l'autorité de M. Dureau de la Malle : « Cette surabondance « écrit-il (1), jointe à l'exaltation des idées religieuses, « poussa les peuples de l'Europe à se croiser et à se « précipiter sur l'Asie, de même que 1700 et 1500 ans « auparavant, pareille nécessité avait, selon Tite-Live, « décidé les émigrations de Bellovèse, Sigovèse, Bren- « nus et ses compagnons. »

Quoi qu'il en soit, nous pouvons tirer de ce qui précède une indication certaine ; c'est qu'à la fin du XIᵉ siècle, la population agricole était surabondante. — Elle diminua par suite du départ des croisés ; mais il est sûr qu'elle resta prospère et redevint aussi nombreuse, car, d'après les dénombrements du temps (2),

(1) Dureau de la Malle, *op. cit.*, *loc. cit.*
(2) *Ibid.*

la France nourrissait après la dernière croisade (1290-1310) un nombre considérable de familles.

Rien de plus explicable d'ailleurs que cette prospérité. Le seigneur et ses gens partis, le laboureur était tranquille ; plus de chasse au travers de ses récoltes ; plus d'hommes d'armes pour piller et incendier sa chaumière, plus de tourments, plus de violences ; la paix. Or, nous le savons, la condition primordiale du développement de l'agriculture, c'est justement cette paix que nous ne retrouverons plus que sous Charles VIII, Louis XII et Henri IV. Rien d'étonnant dès lors à ce que dans cette période de calme qui dura presque deux siècles, la population des cultivateurs revint à son niveau d'avant les croisades. c'est-à dire à la surabondance. — Il faut bien d'ailleurs qu'il en ait été ainsi pour qu'après les incroyables dévastations de la Guerre de Cent ans, il y eût encore quelque population dans les campagnes.

16. — En effet, la guerre de Cent ans est la période la plus terrible qu'ait traversée l'agriculture ; et si le XIII⁰ siècle est considéré comme l'ère de la population agricole, on reconnaît unanimement que le XIV⁰ fut pour elle à tous les points de vue d'un effet désastreux.

Nous n'entreprendrons point le récit de cette suite d'horreurs, d'atrocités et de barbaries que fut la guerre de Cent ans ; nous relaterons seulement que, de 1328 à 1453, la population agricole fut presque anéantie.

Cette opinion est celle de *tous* les auteurs soit anciens soit modernes qui ont écrit l'histoire des paysans. Tous, sans exception, considèrent la Guerre de Cent ans comme la période la plus incroyablement terrible que l'agriculture ait traversée.(1)

L'unanimité est presque aussi complète touchant le chiffre élevé auquel l'effectif de la population agricole était parvenu lorsque la Guerre éclata.

En 1328, en effet, la situation démographique de la population rurale était excellente. Dans le « plat païs » les habitants pullullaient. Il est impossible de donner un nombre exact, parceque les dénombrements faits au xivᵉ siècle ne comprennent pas tous les habitants de la campagne ; ceux-là seulement qui possédaient un certain taux de fortune, sont comptés. — Mais bien qu'on ne puisse présenter qu'une situation approximative, on arrive à se rendre très bien compte de l'exubérance de la natalité à cette époque et par conséquent du *quantum* de la population.

M. Dureau de la Malle (2) a constaté, d'après un manuscrit du xivᵉ siècle, que dans le seul domaine de la

(1) Voy. notamment DUREAU DE LA MALLE, Mémoires sur la pop. de la France au xivᵉ siècle. (Académie des inscript. et b. lett. tome XIV, 2ᵉ partie). — DARESTE DE LA CHAVANNE, *op. cit.* — GUIZOT, Hist. de la civilis. en France, *loc. cit.* — M. Robiou commence son ouvrage (*Revue des quest. hist.* octobre 1875) en disant qu'il veut représenter la condition du paysan français « avant les calamités sans nom de la Guerre de Cent ans. » — BABEAU : « La Guerre de Cent ans... pesa surtout sur les campagnes. La misère, l'abandon des travaux agricoles, la disette amenèrent des maux dont nous ne trouvons pas l'équivalent dans les époques contemporaines. » (*Le Village sous l'anc. rég.* livre V, ch. IV. p. 359). — Voir aussi les chroniques du moyen-âge rapportées dans les index bibliographiques de Michelet, *hist. de France*, vol. II.

(2) DUREAU DE LA MALLE, *op. cit. loc. cit.*

couronne, plus de deux millions et demi de feux
étaient sujets à *l'aide* lors de l'avènement des Valois
(1328).

Estimons d'abord le nombre de personnes comprises
dans un feu à cette époque ; le Polyptique d'Irminon,
la meilleure base sur laquelle nous puissions calculer,
cote le feu à cinq personnes (1). Deux millions et demi
de feux à cinq personnes, cela fait plus de 12 millions
de personnes, peuplant le domaine de la couronne au
début de la Guerre de Cent ans.

On objectera sans doute que ces 12 millions et demi
ne forment pas le chiffre de la population agricole, car
la population des villes a été comprise dans ce total.
Rien de plus juste, mais la réponse est facile.

La population des champs formait au XIVe siècle un
peu plus des 2/3 de la population totale. Il reste donc
un tiers au moins pour la population urbaine. Dans ces
12 millions de sujets, il y aurait donc eu 4 millions de
citadins et 8 millions de ruraux. C'est déjà un joli chiffre, huit millions de paysans dans le seul domaine de
la couronne, mais ce chiffre est lui-même *bien inférieur*
à la réalité.

En effet, le manuscrit qui sert de base à notre statistique, indique seulement les feux assujettis à *l'aide*
levée pour la guerre de Flandre. Eh bien ! ni les serfs,
ni même les vilains possédant moins de 10 livres pa-
risis, ne furent assujettis à cette aide. Par conséquent
le dénombrement ne mentionne pas la foule des humbles
ouvriers de la terre sans fortune, c'est-à-dire toute une

(1) GUÉRARD, Prolègomènes, polypt. de l'abbé Irm. *loc. cit.*

partie de la population agricole dont le nombre serait
fort intéressant à connaître pour notre sujet.

En estimant à huit millions, le contingent des ruraux
du domaine royal au commencement du XIVᵉ siècle, on est
donc bien au dessous de la vérité, et malgré l'imperfection des documents de l'époque, la certitude de l'existence d'une population agricole débordante, s'impose.

Voici d'ailleurs, outre les témoignages que j'ai cités,
un passage de M. Babeau montrant l'unanimité des auteurs sur ce point (1) : « On croit généralement que la
« population agricole était aussi considérable au XIVᵉ s.
« qu'elle l'est de nos jours. Les censiers de l'époque
« indiquent pour chaque famille un grand nombre d'en-
« fants. »

17. — Il ne faudrait pas conclure de ce qui précède
que la fécondité de la population était due à un état
satisfaisant et croire que sa situation sociale fut passable.

Elle supportait, en effet, des charges écrasantes, et
si, en droit, la condition du vilain était bien supérieure
à celle du serf, en fait, sauf au point de vue des traite-
ments corporels, elle ne valait guère mieux.

Le cens, la taille, la corvée, les banalités, la gabelle,
tous les droits que la féodalité donnait au château sur
le village, pesaient lourdement sur le campagnard.

Mais, la pauvreté et la misère n'ont aucune influence
restrictive au point de vue démographique ; nous le
verrons plus loin et nous en trouvons déjà une preuve

---

(1) BABEAU, *op. cit.*, liv. V, ch. V, en note, index bibliographique.
GUÉRY   4.

assez concluante puisque malgré les lourdes charges
qui l'accablaient, la population agricole se multipliait
d'une façon intense quand la guerre de Cent ans
éclata.

Hélas ! Après le mouvement de croissance, un mouvement de diminution terrible eût lieu. Non pas une
diminution de natalité ; une diminution par mort, vio-
lente ou épidémique.

L'intensité et la rapidité du mouvement dépeuplant
furent telles qu'au bout de 50 années, la campagne
paraissait déserte, et sans l'accalmie du règne de
Charles V, la population agricole eut été presque
anéantie. Je n'exposerai pas cette longue épopée de
consternations. Les ravages des Anglais furent inouïs,
mais il est déplorable d'avoir à ajouter que les ravages
et les excès des Français les dépassèrent encore. Ce ne
furent que meurtres, viols, incendies, pillages pendant
ces temps troublés que les seigneurs savaient mettre
à profit. Tout l'effort des pilleries et roberies se tour-
nait contre les campagnards, car ils n'étaient pas,
comme les habitants des villes, groupés pour la défense.

Ce n'était pas encore assez ! La nature se mit de la
partie : en 1348, la Grand'Mort !

La sombre et lugubre introduction du Décaméron de
Boccace a dépeint en traits sinistrement accentués ces
péripéties tragiques de la Peste Noire, qui, de 1348,
à 1351, « fit bien périr la tierce partie du monde. »
Froissart en parle peu et on le comprend ; cet historien aux gages de l'aristocratie ne parle que des évé-
nements intéressant ses maîtres. Or, la Peste Noire
affligea surtout « la vile gente » et tout particulière-

ment les ruraux. Nous en avons une preuve irréfutable dans ce passage de la CRONACA RIMINENSE (1) : « *E mori* « *di tre persone le due ; fuorche tyranni e grandi* « *signori non mori nessuno.* » Ainsi sur trois personnes, il en mourait deux ; fors les tyrans et les grands seigneurs dont aucun ne mourut. On devine la cause vraisemblable de cette préférence du fléau pour la classe rurale. Les pauvres laboureurs étaient par la guerre réduits à une misère profonde. La disette s'était fait sentir ; la mauvaise nourriture et l'absence totale d'hygiène étaient des portes grandes ouvertes au fléau (2).

Aussi l'intensité en fut-elle peut commune. Le continuateur de Nangis dit que sur 20 hommes il n'en restait souvent pas deux vivants (3) ; et en Bourgogne on retrouve encore ce dicton :

> « En mil trois cent quarante et huit »
> « A Nuits, de cent restèrent huit. »

A la Grand'Mort succéda inévitablement la famine (1351). Les loups venaient manger les femmes et les enfants jusqu'au milieu des villages ruinés. Les terribles Grandes Compagnies vinrent combler la mesure (4) ;

(1) CRONACA RIMINENSE. XV, 901.

(2) Cet état défectueux se rencontre même de nos jours comme nous le verrons dans notre seconde partie

(3) *Continuatio altera Cronici* G. DE NANGIS. (Spicilegium d'Acheri), III, 10.

(4) « Ils allaient devant eux pendant une trentaine de lieues, puis « revenaient saccageant, brûlant ce qu'ils ne pouvaient emporter, « chassant troupeaux et habitants, déshonorant les filles et les

le niveau de la population baissa d'une façon effrayante.
Partout des ruines fumantes, partout la désolation ; on
n'osait plus cultiver la terre, la population agricole
était écrasée de tortures invraisemblables et révol-
tantes. Nous laissons au misanthrope historien des
Paysans, Bonnemère, le soin de stigmatiser avec son
énergie parfois outrée, mais ici justement placée, toutes
les atrocités de leur situation :

« La plume tombe des mains, l'imagination recule
« effrayée lorsque l'on voit à côté des hommes chauffés
« et brûlés à petit feu pour leur faire avouer le secret
« d'une cachette imaginaire, les enfants jetés en l'air et
« reçus à la pointe des lances, ou mis à la broche et
« rôtis sous les yeux de leurs mères hurlant de déses-
« poir et doutant de Dieu (1). »

Nous n'avons garde de nous poser en apologistes de la
guerre civile et nous ne voulons pas davantage faire
l'éloge des soulèvements ou des révolutions ; seulement
il faut reconnaître qu'après de telles atrocités, l'insur-
rection était inévitable et légitime. Le vilain mordit
enfin la main qui l'écrasait et, en 1358, éclata la Jacquerie.

18. — La Jacquerie peut être considérée comme
premier soulèvement important de la population agricole.
C'est donc un fait des plus dignes d'attention pour
l'histoire politique de nos campagnes ; mais pour nous
qui nous plaçons exclusivement au point de vue démo-

« femmes, torturant les hommes pour les rançonner et rôtissant au
« feu les enfants et ceux qui ne pouvaient se racheter. » FROISSART,
I, 2e part., ch. 51, 90. — III, 2e part., ch. 6, 70 et 80.

(1) BONNEMÈRE, *Hist. des paysans*, I, 296.

graphique, la Jacquerie est loin d'avoir le même intérêt.

Sans vouloir examiner de quel côté furent les torts (1), nous noterons que le soulèvement éclata le 21 Mai 1358.

Les serfs de l'Isle-de-France, les premiers, puis le Beauvoisis, la Brie, les environs de la Marne, le Valois, le Soissonnais, le Laonnais, et le pays de Coucy se soulevèrent. La révolte fut aggressive pendant deux semaines, mais la répression en dura cinq. « Les nobles « firent partout main basse sur les paysans, sans s'in- « former de la part qu'ils avaient prise à la Jacquerie, « et ils firent, dit un contemporain (2), tant de mal au « pays qu'il n'y avait pas besoin des Anglais pour la « destruction du royaume ; ils n'auraient jamais pu « faire ce que firent les nobles de France. » C'est ainsi que Michelet (3), le cœur encore tout serré de là vision des Jacques, caractérise la Contre-Jacquerie. Et son ju-

(1) Malgré Froissart, il suffit d'ouvrir une chronique impartiale de l'époque pour voir les torts ouvertement mis du côté des seigneurs. Le chroniqueur de l'Anjou, Pierre de Bourdigné, après avoir déploré les désordres de la Jacquerie, ajoute naïvement : « Toutefois, « disait-on que c'était punition de Dieu, car pour lors peu régnait jus- « tice, mais orgueil. » (Chroniques de l'Anjou, I, 119.) — Secousse (Mém. sur Ch. le Mauvais, I, 235) écrit : « Dans l'été de 1358, les « paysans qui habitent dans le diocèse de Beauvais, voyant les mal- « heurs qui les accablaient de tous côtés et *que leurs seigneurs,* « *loin de les défendre, leur faisaient encore plus de mal* « *qu'ennemis...* » Cfr. *in hoc sensu,* SISMONDI, X, 520. — DOM CAR- LIER, *Hist. de Valois,* II, 137. — BODIN, *Hist. d'Anjou;* DOM CALMET, *Hist. de Lorraine...*

(2) Le contemporain est le continuateur de Nangis.

(3) MICHELET, *Hist. de Fr.,* liv. VI, ch. 3, p. 298.

gement n'est ni téméraire ni partial puisque le dauphin,
qui fut Charles le Sage, se montra, dans ses lettres d'a-
bolition, plus sévère pour les excés de la Contre-Jacque
rie des nobles que pour ceux de la révolte des vilains (1).

19. — Il était temps que le règne plein de sagesse de
Charles V vint apporter de bienfaisantes modifications
au sort des misérables ahaniers.

La dépopulation avait été telle que de nombreux villages étaient tombés de 500 feux à 200 et même à 150. La
guerre, le pillage, la Grand'Mort, la famine avaient
causé les vides considérables que nous avons déjà
constaté.

Et malgré la diminution du nombre de feux dans les
villages, comme on n'avait pas porté ces diminutions
sur le livre des *aydes*, chaque village était taxé et payait
comme s'il eût encore compris le même nombre d'habitants ; ce qui obligeait les malheureux survivants à
payer aussi pour les défunts, c'est-à-dire deux ou trois
fois plus (2),

Charles fit, d'abord, établir une répartition des impôts
juste et proportionnée. Il en fit surveiller la perception (3), qui laissa alors au paysan de quoi subsister.

(1) Voy. aussi les ord. de mars 1356, 1357, les lettres du 17 avril
1358, et enfin la déclaration du 4 mai 1358, faite aux Ét. Gén. de Com-
piègne, où le roi invite les campagnes à se soulever contre les seigneurs
qui les tyrannisent.

(2) Secousse, tome VI, p. 443, note y.

(3) Les « *Elus sur le fait des Aydes* » au lieu de percevoir les
aides, chevauchaient pour leurs besoins personnels. Puis, ils partageaient les recettes avec les fermiers et le trésor royal, frustré, pres-

Puis, poursuivant son but de relèvement de la population agricole, le roi empêcha les seigneurs de lui nuire et arrêta avec fermeté ses propres frères [dans le pillage de leurs duchés. — Son intervention fut aussi ferme que modérée (1).

« Les peuples dudit Païs sont si diminuez, tant pour « les mortalitez et guerres qui ont esté et sont encorez « oudit païs, *comme autrement*, qu'il n'est nul qui les « puisse, ne vüeille labourer ».

Cette lettre est précieuse pour nous , elle est une attestation officielle de la diminution considérable de la population agricole en Anjou, en Berry, et en Bourgogne où l'on ne trouvait plus personne qui « vüeille labourer. » A quoi bon labourer, en effet, pour voir sa récolte pillée ou saccagée par le seigneur ou les brigands ! Aussi le roi ne protégea-t-il pas seulement les paysans contre les seigneurs ; il les sauvegarda encore des Grandes Compagnies (2), contre lesquelles il envoya en Champagne son frère Philippe de Bourgogne pour les arrêter.

Puis, pour indemniser les laboureurs et ruraux des pillages de ces bandes de pillards, « entalentés de mal faire » il fit remise : « aïant pitié et compassion de son peuple, aux habitants des lieux et villes du plat païs de

---

surait les campagnes sans le savoir. Cela fut corrigé par plusieurs ordonnances rapportées dans le recueil de Secousse, tome V. p. 22, § 14 et tome V, p. 16, § 8 *in fine.*

(1) Secousse, tome VI, p. 465.

(2) Voyez notamment les § § 1 et 2 de l'ordonnance du 19 juillet 1367 : Pour empescher que les gens des compagnies... » (Secousse tome V, p. 16 et 17.) Cfr. Papon, *hist. gén. de Provence*, livre III, 209.

la moitié des aydes ordonnées pour la rédemption de feu notre cher Seigneur et Père (1). »

Duguesclin enfin aida puissamment à la restauration de la population agricole en attirant à lui les pillards de grand chemin pour les conduire à la victoire et chasser l'Anglais. Sous l'heureuse influence de cette habile administration, la population agricole reprit haleine ; l'espoir revint et la terre fut de nouveau cultivée.

20 —. Mais hélas ! la paix fut de courte durée. A Charles le Sage, succéda Charles le Fou. « L'enfant légier d'esprit » ne pouvait être le continuateur de l'œuvre de son père ; profitant de la faiblesse et de la démence du malheureux prince, ses oncles mirent le royaume à feu et à sang. Puis, le roi ne pouvant payer les seigneurs qui l'avaient suivi en Flandre, leur permit de lever ce qu'il fallait sur le plat païs. Alors, le déchaînement fut sans bornes. « Les gens de guerre « estant sur les champs pilloient, roboient, prenoient « prisonniers, efforçoient femmes, violoient vierges et « faisoient tous les maux que ennemis pourroient faire « excepté bouter feux (2). »

Nous n'avons pas besoin de retracer la désolante période qui suivit. La dépopulation qui s'était arrêtée sous le règne de Charles V, recommença avec une sinistre rapidité. Nous avons vu que dans quelques ré-

(1) Ordonnance du 19 juillet, 1367 (SECOUSSE, tome V, p. 17 § 8). Le roi dit expressément qu'il fait cette remise, comme indemnité des maux causés par les compagnies.

(2) JUVÉNAL DES URSINS, II, p. 324 et Etats Gén. de France, octobre 1439. — FROISSART : III. p. 2 et 17.

gions les laboureurs délaissaient la terre ; cette fois le
niveau de la population agricole baissa tellement que
dans plus de la moitié du territoire, elle disparut pour
longtemps.

La guerre étrangère, la guerre civile, le pillage, le
viol, le meurtre, la dévastation, Anglais, Bourguignons,
Armagnacs, tout fauche, tout brûle, tout détruit. En
1412, en 1413, le paysan à l'agonie se soulève et *le
pouvoir royal légitime ses soulèvements* (1) ! La terre
reste sans culture sur presque tout le territoire (2). Azincourt en 1415 vient brocher sur le tout ; la détresse ne
peut pas en être augmentée, mais les paysans se mettent
« en la main du diable ». « Faisons du pis que nous
« pourrons, aussi bien ne nous peut-on pas plus tuer
« et pendre !.... nous faut renier femmes et enfants
« et courir aux bois comme bêtes égarées (3) ».

De 1418 à 1422, la campagne devient déserte dans une
effroyable proportion. Les Anglais s'entendaient fort à
cette œuvre : « Nos gens —, écrivait Édouard à l'archevê-
« que de Cantorbéry en décrivant ses exploits en France,
« — nos gens ardent et détruisent communément en
« large 12 à 14 lieues de païs et tout ce païs est moult
« nettement vidé de blés, de bétail te d'autres biens (4). »

(1) Ordonnances avril 1412 ; 25 mai 1413.

(2) BAILLY, *hist. financ. de la France*, I. p. 157 (anno 1411).

(3) Historia Caroli VII, manuscrit (*Biblioth. nat.* nº 5962).

(4) Lettres d'Edouard III, publiées par Robert d'Avesbury. — Les
français ne firent pas moins. Outre les témoignages cités, voyez
encore : Etats généraux de France, octobre 1439, discours de Jouve-
nel des Ursins, évêque de Beauvais; Cfr. : LOISEL, *hist. de Beauvais*,
eod. loc.

En 1419, il n'y avait plus rien à récolter ; tous les laboureurs étaient morts ou en fuite ; on avait peu semé, ce peu fut ravagé. Alors la famine se déclare épouvantable, on rôtit les enfants, on mange l'herbe, l'écorce des arbres, la terre ; la campagne dépeuplée se peuple d'autre sorte : les loups (1). « En 1430, dit l'auteur des Annales de France, les laboureurs furent tellement détruits que plusieurs contrées demeurèrent inhabitées (2) ».

« J'ai vu, ajoute un contemporain, la Champagne, la « Beauce, la Brie, le Gâtinais, le païs de Chartres et de « Dreux, le Maine, le Perche, le Vexin français et normand, « mand, le Beauvoisis, le païs de Caux, de Senlis, de « Soissons, de Valois, entièrement désert, inculte, sans « habitants, remplis de ronces et d'épine (3) ». Déplorable énumération qui comprend les deux tiers de la France dans sa triste nomenclature !

Presque toute la population agricole avait péri. Et par une opposition saisissante, tandis que la noblesse vaincue à Crécy, vaincue à Poitiers, vaincue à Azincourt laissait mourir la France et se vengeait sur les paysans de son orgueilleuse impuissance, c'était à une humble lorraine, fille de ces paysans méprisés, qu'était réservée la gloire de sauver la patrie.

---

(1) MICHELET, *hist. de la France*, livre IX, chap. 3, p. 120.

(2) VILLARET, *Ann. de la France*, tome XIV, p. 481.

(3) Rapporté par BONNEMÈRE, *op. cit.* tome I, livre II, p. 344 et s. Cfr. DUREAU DE LA MALLE, *op. cit.*, *loc. cit.* p. 45 : « Les 116 ans de guerre d'extermination... »

SECTION II

De la fin de la Guerre de Cent Ans à la fin des Guerres de Religion (1453-1594).

SOMMAIRE

21. La décroissance s'arrête après la mort de Jeanne d'Arc (1453). — 22. Rôle utile de Louis XI. — 23. Apogée de la population agricole sous Louis XII. — 24. Le mouvement de décroissance reprend sous François Ier. — 25. Il prend sa source dans la guerre des paysans (1525). — 26. Intensité de la dépopulation pendant les guerres de religion et de la Ligue (1).

Dans la période que nous venons d'étudier (800-1453), la population agricole a successivement présenté deux grands mouvements principaux.

D'abord, un mouvement de prospérité et de natalité exubérante jusqu'en 1328. — Puis, un mouvement de décroissance d'une intensité et d'une rapidité désas-

---

(1) DOCUMENTS. — Satire ménippée. — Ordonnances : 11 juin 1463, 1485, 1487, 1493. Voy. Secousse XIII. 306 et s. — XVI. 1. — XVII. 293. — XIX. 35 et 51. — XX. 420. — Archives : régistre des comptes : K. 294, fol. 15. 43, 48 à 50 (années 1469 et 1470).

BIBLIOGRAPHIE. — Babeau : le vill. sous l'ancien régime, livre V. loc. cit. — Dom Carlier : Histoire de Valois, tome III, p. 485. — Michelet : Histoire de France, livre III, chap. I, p. 269, — tome XII, chap. 25, p. 361. Saint-Gelais, histoire de Louis XII, livre I, p. 122. — Bourdigné : VII, — p. 196, iije partie. — Alex. Weil : Histoire de la guerre des paysans, chap. VII, p. 287. — Mézeray, histoire de France, VIII, 249, 402. — Montluc : Mém. II ; III, 25 ; IV. — La Bruyère-Champier : De re cibariâ. — Vieilleville, IX. — Dom Calmet, op. cit. V. 839. — Bonnemère, op. cit. tome I, chap. XII. — Chronique de Metz, par le doyen de saint-Thiébaud, int. p. 14.

treuses, amenant presque la disparition totale des paysans.

Dans la période qui fait l'objet de cette section, la population agricole va suivre une évolution identique. Il se produira d'abord un mouvement de progression lente mais continue qui durera jusqu'à la mort de Louis XII ; puis, le mouvement de décroissance viendra, moindre que celui de la Guerre de Cent Ans, mais aussi terrible et pour la même cause : la guerre.

D'ailleurs, dans tout le cours de cet historique, nous verrons à la paix correspondre la croissance ; à la guerre, la diminution. Sauf cependant, dans la période actuelle où malgré l'existence de la paix, la population est en perpétuelle décroissance, fâcheux symptôme dont l'étude fera l'objet de notre deuxième partie.

21. — La mort de Jeanne d'Arc tira Charles VII de sa torpeur. Il résolut de porter secours aux laboureurs. Les lettres du 25 avril 1437, l'Ordonnance du 2 mai 1439, les lettres du 2 novembre 1439 témoignent de ses persévérants et utiles efforts pour réprimer le brigandage dans les campagnes (1).

Puis, par l'Ordonnance d'avril 1852, le roi ordonna la *rédaction écrite* des coutumes. — Désormais, il allait y avoir un monument certain et invariable, sauvegardant les droits des vilains, les protégeant et leur permettant de résister aux exactions facultatives des seigneurs.

Il en résulta une foule d'affranchissements ; les campagnes reprirent courage à la culture (2) et à la vie. Déli-

(1) SECOUSSE, tom XIII, p. 306 et s.
(2) BABEAU, *le Village sous l'anc. rég., loc. cit.*

vrés des Anglais, des Grandes Compagnies, des gens de
guerre, soutenus dans leurs droits par les coutumes
écrites, les paysans sortirent des forêts où ils s'étaient
réfugiés et se remirent à labourer le sol ; les familles
rurales s'augmentèrent rapidement ; la population commença doucement à s'élever au-dessus du niveau si bas
où elle était tombée.

« En 1446, écrit un chroniqueur (1), on recommença
« à cultiver les terres de Nanteuil le Hardouin ; elles
« étaient demeurées en friche depuis 1416... ainsi que
« les campagnes de Chèvreville. »

Ainsi, dans certains endroits, pendant 30 ans, la population agricole avait disparu ; or, sa vitalité était telle
que nous la trouverons pleinement reconstituée à la
fin du règne de Louis XII.

Il se préparait en effet une suite de rois qui allaient
puissamment aider à sa prospérité.

22. — Le premier fut Louis XI. Ce prince n'améliora
pas directement le sort des paysans, mais il abaissa
tellement le pouvoir des seigneurs qu'il délivra par là
les campagnes de leur tyrannie. Peut-être Louis XI
favorisa-t-il plutôt la bourgeoisie des villes que les
habitants du plat païs ; cependant il est des documents
authentiques qui montrent sa bienveillance pour les
laboureurs.

C'est d'abord l'Ord. du 13 mai 1470, continuant l'œuvre de Charles VII et protégeant les agriculteurs contre

(1) Dom CARLIER, *Hist. du Valois*, tom. III. p. 485.

les violences et les pilleries des gens de guerre (1).
Puis c'est la fameuse Ordonnance sur la chasse qui
portait une telle atteinte aux droits seigneuriaux que
Michelet met en doute sa promulgation (2).

Il est cependant bien probable que l'Ordonnance
fut promulguée, mais que le roi fut forcé de la retirer (3).

D'ailleurs, il ne se tint pas pour battu et il frappa
d'amendes ceux qui causaient dommage aux paysans,
indemnisant les malheureux des maux qu'il ne pouvait
empêcher (4).

Enfin, en 1481, l'hiver ayant été *ruineux* pour l'agri-

(1) SECOUSSE, tom. XVII, p. 293 (ord. d'Amboise).

(2) « Le laboureur semait ; la semence levée, le lièvre, le lapin des
« garennes venaient lever dîme et censive. S'il en réchappait quelques
« épis. Le manant voyait chapeau bas, s'y promener le cerf féodal.
« Un matin, pour chasser le cerf, fondait sur la contrée, une tempête
« de chasseurs, de chevaux, de chiens. La terre était rasée. Si
« Louis XI a fait une ordonnance sur la chasse, j'ai peine à croire
« qu'il ait osé la promulguer. » (MICHELET, liv. XIII, ch. 1, p. 269.)

(3) Voy., en effet, SECOUSSE, *Ordonnances*, tom XVI, 1. L'ord. est
du 11 juin 1463.

(4) En voici quelques curieux exemples :

« *Ung escu pour donner à une pouvre femme de qui les*
« *lévriers dudit seigneur, sire de Montaigu, estranglèrent une*
« *brebis près N.-D. de Vire. — Ung escu pour donner à une*
« *femme en récompense d'une oye, que le chien du Roy, appelé*
« *Muguet, tua auprès de Blois. — Au Roy encore baillé par*
« *Alexandre Barry, hommes d'armes des archiers de la garde,*
« *pour donner à ung pouvre homme près le Mans en récom-*
« *pense de ce que les archiers de sa garde avoient gasté son*
« *blé, en passant par ung champ pour eulx aller joindre droit*
« *au grand chemin, etc...* » (Archives, régist. d. comptes K. 294,
fol. 15, 43, 48 à 50, années 1469-1470.)

culture où le froid causa de nombreux décès, Louis, alors en résidence à Melun-sur-Loire, accorda en août 1482 exemption de subsides à diverses paroisses, « afin «que lesdits pouvres habitans se peussent relever des «dites pertes et dommaiges (1). » En septembre 1482, l'exemption fut étendue à tous « habitans des bords de « la Loire et de quelques autres rivières, qui avaient « souffert de grans dommages par les débordements et « inondations (2). »

Nous pouvons constater par ces quelques exemples combien l'attention du pouvoir royal, était de plus en plus attirée vers l'agriculture. Et à partir de Louis XI qui enleva aux seigneurs l'administration juridique et financière de leurs provinces en substituant le pouvoir du roi à celui du vassal, la protection, la sollicitude du gouvernement pour la population agricole ne fera qu'augmenter.

23. — Charles VIII, prince bon mais faible, fut ému des doléances qui lui furent présentées aux Etats-Généraux de 1484; car pendant les dernières années de son règne, Louis XI enfermé au château de Plessis-lez-Tours, avait laissé recommencer les abus (3).

Charles publia coup sur coup trois Ord. pour les réprimer (5); mais sa faiblesse empêcha qu'elles ne fussent appliquées. Cependant, par une habile administration. il avait pu réduire à 1.200.000 livres la taille qui, sous

(1) Secousse, tom. XIX, p. 35.
(2) Secousse, tom. XIX, p. 51.
(3) Secousse, tom. XX, p. 420.
(5) Ord. de 1485, 1487, 1493.

Louis XI, était de plus de 4 millions (1), quand les
guerres d'Italie la firent de nouveau augmenter. Ces
guerres, néfastes à la France politique, produisirent
comme les Croisades et pour les mêmes raisons un heureux effet sur la France agricole. Elles entraînèrent au
loin gens de guerre, hommes d'armes et seigneurs, et le
paysan put jouir d'une paisible tranquillité.

Comme toujours en pareil cas, la population agricole
se ressentit heureusement de la paix laissée aux laboureurs. Déjà, depuis le milieu du xvᵉ siècle, elle augmentait sans cesse ; elle atteignit bientôt son apogée.

Louis XII, en effet, venait de monter sur le trône
(1498) et pendant le règne de ce prince, ami de l'agriculture et de la paix, la population agricole goûta une
prospérité jusqu'alors inconnue et qui ne fut jamais dé-
passée.

Rempli de la même sollicitude que son prédécesseur
pour la population agricole, Louis avait en plus une
qualité maîtresse qui rendit ses efforts efficaces : la fermeté. Alors que les autres monarques s'étaient bornés
à rendre des Ordonnances excellentes sans doute, mais
rarement appliquées, Louis XII fit rigoureusement observer les siennes, sans tolérer qu'aucun seigneur s'y
dérobât.

Ainsi, en 1498, le roi, comme ses devanciers, rendit
une Ordonnance pour réprimer « les pilleries et vio-

---

(1) Sous le règne de Charles VII, la taille fut de 1.800.000 livres.
—   Louis XI, elle monta à 4.800.000 livres.
—   Charles VIII, elle redescend à 2.500.000 liv.
—   Louis XII, elle redescend à 1.200.000 livres,
puis elle ne fit plus qu'augmenter.

lences des « gens de guerre sur le plat païs. » Mais
cette fois, la mesure porta ses fruits. « Il a fait un bien
particulier, » écrit son biographe (1), « si grand qu'au-
« cun de ses prédécesseurs n'en fit oncques guères de
« semblable : c'est d'avoir osté la pillerie que les gens
« de guerre vouloient faire sur le pays, qui estoit une
« chose insupportable au pouvre peuple. »

Ce résultat serait déjà un beau titre de gloire ; pour
Louis XII, ce ne fut qu'un commencement. Outre qu'il
renonça au subside de 300 000 livres qu'on accordait au
roi pour son sacre, il diminua encore les impôts jusqu'à
ce qu'ils fussent réduits à 1 200 000 livres, chiffre fixé
par les États Généraux sous Charles VII.

Comprenant ensuite combien l'abus de la corvée était
nuisible à la population agricole, il rendit l'Ordonnance
de Novembre 1508 pour y remédier.

L'Ordonnance du 20 janvier 1514 vint également protéger le laboureur des banlieues des incursions des
hommes d'armes en garnison dans les cités.

Dans ces circonstances on comprend facilement la
situation florissante de l'agriculture, la prospérité et la
croissance vigoureuse de la population agricole telles
que nous l'exposent les États Généraux de l'année 1506.
Les champs étaient repeuplés d'une population drue et
serrée dont les rangs augmentaient sans cesse ; la culture défrichait le sol chaque jour davantage et l'état
de l'agriculture était aussi satisfaisant que possible
quand en 1515 l'avénement de François Ier survint et
avec lui la fin du mouvement croissant démographique.

---

(1) SAINT-GELAIS, *Hist. de Louis XII*, liv. I, p. 122.

La contre-partie, c'est-à-dire le mouvement de diminution allait venir à son tour.

24. — Pendant les 17 années du règne de Louis XII,
les agriculteurs s'étaient accoutumés à la félicité. Ce
roi, qui aimait mieux voir son peuple rire de son avarice que pleurer de ses dépenses eût précisément pour
successeur le plus grand prodigue de tous, ne rêvant
que fastes, luxes, fêtes et prodigalités.

La population s'en ressentit ; car c'est elle finalement
qui paie la grandeur de ses rois et sa misère augmente
avec leur magnificence.

Celle de François Ier coûta cher aux campagnes. Ces
fastueuses folies du Camp du Drap d'Or commencèrent
à ramener les mauvais jours. « En ce temps », dit naïvement Pierre de Bourdigné, prestre et docteur ès droit,
chroniqueur contemporain de l'Anjou, « ainsi que l'on
« disoit les rois de France, Espaigne et Angleterre es-
« toient amys et alliéz. Toutefois telles alliances étaient
« au poure peuple trop grevables. Au moyen que soulz
« ombre d'icelles on exigeoit et levoit (ainsi qu'il estoit
« commun bruyt) plusieurs subcides et emprunctz au
« descoin du Roy et des princes (1) ». En 1521, des pluies
et des orages dévastèrent les récoltes ; les laboureurs
écrasés d'impôts n'avaient plus l'argent nécessaire pour
faire face à la disette et la famine recommença. Peut-
être alors à l'exemple de Louis XI, François eût-il voulu
diminuer les charges et soulager les agriculteurs, mais
il fallait payer le Drap d'Or et malgré la misère, la cam-

(1) BOURDIGNÉ, c. VII, p. 196, IIIe partie.

pagne fut pressurée par les collecteurs. « Cette miséra-
« ble famine... ne sceut tant à pitié ou miséricorde es-
« mouvoir noz gouverneurs que lesdit pays ne fust
« pillé et appoury de plusieurs sortes de empruntz,
« *crèves*, tailles et subcides... (1) »

Avec la famine revinrent les loups dont seule la population agricole eût à souffrir. Leurs ravages furent tels
cette fois qu'il fallut organiser contre eux une véritable
campagne ; et c'est de cette époque que date la Louve-
terie, un des rares bienfaits de ce règne malheureux.

Une autre calamité, dépassant toutes les premières,
vint s'abattre sur la population rurale. La guerre permanente contre Charles-Quint avait démontré la supériorité d'un ennemi toujours prêt. François résolut donc
d'établir en France, une armée permanente. Cette institution, excellente au point de vue militaire, allait être
désastreuse pour les agriculteurs. Car, alors que tous
les efforts de ses devanciers avaient pour but de préserver les champs de la présence des gens de guerre, le
roi établissant une armée permanente, établissait par
là même, pour la campagne, le pillage permanent (2).

(1) BOURDIGNÉ, *eod. loc.*
(2) « Oultre les grans taux et impositios esquelz il estoit taxé tât
« pour les tailles que pour les crèves, furent toutes les paroisses
« champestres d'Anjou contraîctes a mettre sus hômes en armes
« appellez vulgairement francs archiers, qui leur fut un grât grief ;
« car chascune paroisse fournissoit d'ung homme lequel il convenait
« d'habiller de tocque, pleumes, pourpoint, collet de cuyr, chausses
« et soulliers... *et pour certain eust mieulx vallu au peuple ung*
« *autre taille telle comme ils la payoient* que d'estré contrainctz
« a ceste côtribution de frans archiers. » Et le chroniqueur ajoute :
« Telle innovation et érection de frans archiers fut au peuple d'An-

Et la population agricole n'était encore qu'au commencement de ses déboires; sans doute sa situation était
déplorable, mais au point de vue démographique le
mouvement de diminution n'était pas encore très accentué, quand un fait considérable dans l'histoire des campagnes vint hâter sa funèbre progression : en 1525
éclata la Guerre des Paysans.

25. — Bien que l'importance de cette révolution soit
surtout politique, nous ne pouvons à cause de ses conséquences, passer sous silence cette lutte célèbre qui
ensanglanta l'Allemagne et tout le Nord de la France et
qui coûta la vie à *cent vingt mille* paysans ! !... (1)

Le soulèvement commença en Allemagne. Le luthérianisme y faisait de grands progrès; l'Évangile en
main, les pasteurs enseignaient aux paysans que tous
les hommes sont égaux, qu'ils doivent jouir des mêmes
droits et les exhortaient à protester contre la hiérarchie

« jou très ennuyeuse, odieuse et grevable; car combien que moult
« leur eust coûté à les mettre sus, nourrir, habiller et armer, toutef
« fois... commencèrent eulx à eslever sur le commun populaire vou
« lant vivre oyseux:.. *piller les champs comme ils eussent fait*
« *en pays ennemi*, violoient femmes, filles, battoient prestres... et
« prenoient chevaulx et jumentz par champs et prez où ils les trou
« vaient... et nourrissaient leurs chevaulx et jumentz de pur froment
« qu'ilz prenaient chez les poures gens et leur faisoient boire du
« vin... » Bien que Bourdigné emplisse encore deux longues pages
des « maulx, plaintes et doléances du poure païsan » on peut dès à
présent suffisamment juger combien les jours heureux du règne de
Louis XII s'étaient éloignés.

(1) Voyez l'ouvrage très complet de ALEX. WEIL : *Hist. de la guerre
des paysans.*

des castes. Leur enseignement trouva de l'écho; un certain Thomas Münzer se mit à la tête du mouvement et son éloquence passionnée et convaincue groupa autour de lui en quelques semaines plus de 40,000 paysans. Il y avait là un danger sérieux ; la noblesse prit les armes et les massacra.

L'idée passa le Rhin.

Un paysan lorrain, Erasme Gerber, recueillit la doctrine de Münzer et la condensa en 12 articles qui sont restés une merveille au point de vue politique, car ils renferment *complètement* le programme de la Révolution survenue plus de deux siècles après. Enthousiasmés de ces idées nouvelles, ce sont d'abord 1000, puis 2000, puis 50,000, puis enfin 120,000 paysans qui se groupent autour de Gerber. Vainement Antoine de Lorraine marche contre eux, il éprouve de sanglantes défaites; il fallut la perfidie de Claude de Guise pour vaincre. Il traita avec les paysans, engageant son honneur à leur laisser la vie sauve; puis, sitôt désarmés à Saverne, il les massacra jusqu'au dernier (1).

Examinons maintenant les résultats démographiques de cet important épisode.

D'abord, le résultat direct fut la mort de 120,000 paysans ; ce qui fit baisser en Lorraine le niveau de la population agricole dans une notable proportion et hâta en même temps le mouvement de dépopulation générale qui allait commencer.

Puis la Guerre des Paysans est, à notre avis, la cause indirecte des guerres de religion, et à ce point de vue

(1) Voy. ALEX WEIL : *op. cit.* chap. VII, p. 287.

ses conséquences sont d'une importance capitale.

En effet, le point de départ de la guerre des paysans fut le luthérianisme. Or, Mézeray signale la religion réformée précisément comme cause des guerres de religion (1); et Montluc ajoute que les théories de Gerber ayant pénétré les campagnes, les seigneurs n'osèrent bientôt plus commettre la plus petite exaction par crainte d'une révolte (2).

Les guerres de religion ne furent, au fond, qu'une reprise de la guerre des paysans, sauf les motifs politiques qui guidèrent aussi huguenots et ligueurs.

Par conséquent, c'est dans le soulèvement de 1525 qu'est le principe de la guerre civile qui faucha pendant 40 années, les rangs de la population agricole. C'est en lui qu'est le véritable commencement du mouvement considérable de dépopulation qui suivit la prospérité du règne de Louis XII et c'est à ce titre qu'il faut le classer au point de vue démographique comme fait d'une réelle importance.

26. — La fin du règne de François Ier avait encore été moins favorable à l'agriculture que son commencement.

(1) « Partout les ministres prêchaient aux villageois que s'ils se » mettaient de leur religion, ils ne paieraient plus ni devoirs aux « gentilhommes, ni tailles au roi... et de fait, quand les procureurs « des gentilhommes demandaient les rentes à leurs tenanciers, ils « leur répondaient qu'ils leur montrassent dans la Bible où il était « écrit qu'ils devaient payer tout cela ; et qu'en attendant si leurs « prédécesseurs avaient été sots et bêtes, ils ne voulaient plus l'être « comme eux. » (MÉZERAY, *Hist. de Fr*. VIII. 249).

(2) MONTLUC, *Mém*. III. 25.

Outre les ravages des frans archiers, qui réunis en bande rééditaient les Grandes Compagnies ; outre l'oppression des seigneurs délivrés de toute crainte par la captivité du roi (1) ; outre enfin la rançon royale (2) qu'il fallut lever sur les campagnes, la température de 1528 à 1534 fit manquer toutes les récoltes. De là, famine, peste et mortalité surélevée. Mézeray (3) prétend que le quart de la population disparut, mais en tenant compte de l'exagération familière au chroniqueur, on peut assurer qu'il se produisit de grands vides dans la population agricole (4).

La guerre civile allait accentuer encore sa diminution. Sous prétexte de représailles et pour s'affamer réciproquement, les cités, les armées, brûlaient les hameaux, arrachaient les vignes, pelaient les arbres, fauchaient les blés verts (5) et le paysan épargné par leurs armes

(1) Les excès furent tels que dès son retour, le roi fit tenir les grands jours à Poitiers, puis à Riom. Douze gentilhommes furent décapités ; plus de 50 s'enfuirent, qui furent condamnés par contumace !...

(2) Sous ce prétexte, la Gabelle se livra à de telles extorsions qu'elle provoqua dans les campagnes en 1548 une importante révolte. (Voir aussi la réclamat. du Tiers aux Et. Gén. de l'Anjou en 1560).

(3) MÉZERAY, *op. cit.* VII, 402.

(4) Pour se faire une idée de la misère du temps, on peut parcourir le livre très intéressant du médecin de François Ier, La Bruyère Champier, intitulé « *de re cibariâ* ». Dans l'alimentation du paysan français d'alors, la viande n'était connue que de nom. Il ne tuait plus de porcs parce que la cherté du sel empêchait les salaisons ; il mangeait des pommes, des poires, des châtaignes et même des glands. Quand au pain, il en mangeait le dimanche.

(5) Voy. *Chronique de Metz,* par le doyen de Saint-Thiébaud, *Introd.* p. XIV. — Cfr. *Mém.* de B. DE MONTLUC, *passim* et notam-

n'avait plus qu'à mourir de misère et de faim.

Cependant, il y eût un court instant de répit; la Saint-Barthélemy causa une telle stupeur que la guerre s'arrêta. En 1572, on se remit à cultiver. Le début du règne d'Henri III fut même assez heureux pour faire croire à la durée de la paix; mais ce n'était qu'une trève.

En effet, aux États généraux de 1576 à Blois, le chancelier de France, de Birague, demanda grâce pour « les pauvres laboureurs et habitans des champs, si maltraités, si foulés, qu'ils n'en peuvent plus (1) ».

Tous les orateurs de la noblesse, de Cossé, de Morvilliers, de Lenoncourt...... reconnurent que le paysan était tellement volé et malmené que sa situation était intolérable.

Le roi résolut d'y remédier, mais abusé par ses courtisans, il se laissa persuader que le mal venait des huguenots. Il y eût alors une recrudescence de haines religieuses telle que les hostilités reprirent plus ardentes qu'auparavant. Pendant plus de 15 années, la campagne fut mise à feu et à sac. Sept armées catholiques, sept armées protestantes promenèrent la dévastation par tout le royaume. La Ligue vint ajouter le comble aux horreurs ; incendies, viols, pillages étaient auprès des autres désordres de menus faits (2) et la France sembla rétrograder aux jours lugubres de la guerre de Cent ans.

ment ch. II et IV. VIELLEVILLE, ch. IX — et DOM CALMET, op. cit. V. 839.

(1) Etats. Gén. XIII. 440.

(2) Voy. dans la Satire Ménippée, le discours de DE RIEUX.

Quelle fut l'intensité du mouvement de décroissance qui se produisit de François 1er à Henri IV ? Nous pouvons l'estimer d'une façon très exacte grâce à un document précieux, « le Secret des Finances » de Froumenteau. Ce contemporain a dressé le bilan des guerres de religion et de la Ligue (1) :

« Occis ; 765,200. — Villes bruslées et rasées : 9 — Villages bruslez : 252. — Maisons isolées bruslées : 4256. — Maisons détruites, 124,000. »

Ce furent certainement les habitants des campagnes qui payèrent les frais de la guerre ; la comparaison du chiffre des *Villes bruslées* et de celui des villages et maisons isolées le montre assez clairement.

Les données de Froumenteau, sont confirmées par l'avis des historiens. A la fin des guerres de la Ligue, Bonnemère conclut (2) : Plus de deux millions de fran-
« çais avaient péri ; plus de trois millions de monnaie
« actuelle avaient été dévorés. »

Et Michelet (3) met en note sous l'année 1594 :

« 1594 — La campagne livrée à la fois aux soldats et
« aux maltôtiers endurait tous les jours ce qu'on souffre
« au sac d'une ville. »

Démographiquement, et par la dépopulation considérable qu'elles causèrent, les guerres de religion et de la Ligue forment donc le triste pendant atténué de la guerre de Cent ans.

Il fallait la venue d'Henri IV et surtout de Sully pour

---

(1) FROUMENTEAU, le *Secret des Finances*, Estat final.
(2) BONNEMÈRE, *op. cit.* tom. I. ch. XII.
(3) MICHELET, tom. XII. ch. 25, p. 361.

relever encore une fois le niveau de la population agricole et provoquer ainsi un nouveau mouvement démographique.

SECTION III

De la fin des guerres de la Ligue à la fin des guerres de l'empire (1594-1815).

SOMMAIRE

27. Une nouvelle phase commence avec Henri IV et Sully. Prospérité de la population agricole. — 28. L'état satisfaisant se maintient sous Louis XIII et Richelieu. — 29. Le mouvement de diminution commence avec la Fronde. — 30. Colbert est impuissant à l'arrêter. — 31. Il en accélère la marche en provoquant par une mesure malheureuse l'émigration des paysans vers la ville. — 32. Louis XIV ajoute encore au mal en chassant de France tous les protestants, par la révocation de l'édit de Nantes. — 33. La dépopulation augmente sans cesse ; vains efforts de Vauban. — 34. Incroyable misère des campagnes pendant la fin du règne de Louis XIV. Conclusion. — 35. Accalmie pendant la régence de Philippe d'Orléans et le ministère de Fleury ; la population remonte. — 36. Le pacte de famine la fait de nouveau baisser. — 37. Extrême faiblesse de Louis XVI. — 38. Progrès relatifs de la population. — 39. Résultat des guerres de la Révolution du Consulat et de l'Empire (1).

27. — Avec Henri IV, nous entrons dans la troisième phase de l'évolution démographique de la population agricole. Comme les précédentes, celle-ci se compose

(1) DOCUMENTS. — OEconomies royales de Sully, revue hist. 1894, mars et avril. — L'éconor. rur. de la Fr. sous Henri IV. (1589-1610) Réfor. soc. mars avril, 1894, p. 354 et 501. — Recueil de pièces nᵒˢ 1674 et 1675 (Bibl. nat.) — Mémoire de Valentin Duval, manuscrit nᵒ 886, in-4ᵒ (Bibl. nat.) — Annuaire du département de la Nièvre pour l'an IV, p. 12.

BIBLIOGRAPHIE. — Olivier de Serres ; Théâtre d'Agriculture. —

de deux mouvements opposés : un mouvement de croissance qui se maintient jusqu'à la régence d'Anne d'Autriche ; un mouvement de diminution qui commence
avec la Fronde et se continue suivant des alternatives
de mieux ou de pire jusqu'en 1815, à la fin des guerres
de Napoléon Ier.

Depuis Louis XII, l'agriculture n'avait pas vu de
jours heureux ; le règne d'Henri IV les ramena de nouveau. Grâce à ce monarque bon pour tous, grâce à
l'administration de Sully, une longue suite de mesures
favorables, de réformes protectrices et bienfaisantes
vinrent effacer les désastres de la guerre civile.

Dès 1591, le 8 mars, avant d'être sur le trône, Henri
publie un édit défendant aux gens de guerre d'exiger
quoi que ce soit des paysans, sans ordre exprès de lui ;
de prendre sous aucun prétexte les animaux de labour,
de rançonner ou emprisonner pour l'insolvabilité de
leurs voisins ceux qui auraient payé l'impôt.

Babeau, op. cit. liv. III, 1 — liv. V, ch. IV, p. 374. — Dom Calmet,
Hist. de Lorraine, VI. 150. — Girault : Législat. colon, n°s 37, 38 et
42, p. 148 et 149. — Boulainvilliers : Estat de la France, ch. I. IV.
V. — Depping : Correspondance administ. du règne de Louis XIV.
— Mme de Sévigné. Lettres du 31 juillet 1675 à oct. 1675. — Michelet :
Hist. de la révolut. franç. Int. p. 42. — La Bruyère : Caractères,
XI. — La Fontaine : Fables, la Mort et le Bûcheron. — Boisguillebert :
Détail de la France, ch. I. p. 171. Collect. des Econ. tom. I. — Bon-
nemère : op. cit. tom. II, liv. IV, ch. IX, p. 118 — ch. III, p. 154. —
St-Simon : X. (27 à 35) Fénelon : OEuvres, tom. III, p. 427 (édit.
Didot). — Dareste de la Chavanne : Hist. des cl. agric., loc. cit.
p. 285. — Vauban : Dîme royale, Collect. des Econ. p. 121 § 2 et §
Causes secrètes. — Duruy : Hist. de Fr. ch. LVII, p. 441 et 447,
note 3. — Dupont : de Nemours : Archives parlement. IV. 207. —
Taine : Orig. de la Fr. contemp. I, 429 à 455. — Voyage en France,
par A. Yung, l. I. chap. 1 et 2.

En 1597, en 1598, deux Ordonnances successives enjoignent aux paysans de courir sus et tailler en pièces tous les gens de guerre à pied et à cheval qui se trouveront tenir les champs sans ordre exprès du roi.

La paix, l'ordre, la tranquillité étaient donc rétablis quand Sully fut, en 1598, nommé surintendant des finances.

Le moment était propice pour un ministre qui comprenait si bien le rôle considérable de l'agriculture, qui voyait quel avantageux parti, on pouvait tirer de cette importante source de richesse.

Son dicton favori « Pâturage et labourage sont les deux mamelles de la France » est resté légendaire, et si l'agriculture avait atteint déjà sous Louis XII un degré de bien-être jusqu'alors inconnu, le laboureur eût en plus sous Henri IV des hommes intelligents et savants comme Sully, comme Olivier de Serres, pour le guider et pousser au progrès une industrie restée jusqu'alors à l'état rudimentaire.

Le brigandage étant réprimé, Sully commença par remédier aux extorsions des collecteurs du fisc (1). Il fit ensuite remise aux laboureurs ruinés des arrérages qu'ils avaient à payer et défendit de saisir les bestiaux, ou instruments aratoires pour payer l'impôt. Soulagée de lourdes charges, l'agriculture reprit sur tous les points de la France ; mais ce résultat ne suffit pas au

---

(1) Le paysan payait 5 fois plus que le roi ne touchait en réalité. Le sous-fermage fut aboli ; les fermiers durent verser directement à la caisse royale et non à celles des fermiers généraux et cela supprima du coup la moitié des détournements.

ministre, il voulut encore donner à l'industrie agricole un essor nouveau.

Toutes les « *mauvaises coutumes* » que les seigneurs avaient établies à leur profit furent abolies. Les baillis furent rappelés au sentiment de la justice ; le dessèchement des marais, le défrichement des landes furent encouragés par l'exemption de toute contribution ; enfin Sully s'occupa tout spécialement d'augmenter l'effectif incomplètement reconstitué de la population agricole.

Pour y parvenir, il fallait d'abord attirer les gentilshommes dans leurs terres, leur donner le goût de l'agriculture, faire de ces guerriers de paisibles cultivateurs. Un gentilhomme méridional, Olivier de Serres, publia alors le premier ouvrage important sur l'agriculture, montrant qu'elle est une source productive de richesses et faisant ressortir les avantages de la vie champêtre. Le « *Théâtre d'agriculture* » eût un succès colossal que vinrent affirmer sept éditions successives, fait sans précédent à cette époque. Henri IV s'en faisait souvent lire des passages et poussait les seigneurs à la vie des champs, disant « qu'il serait bien aise qu'ils allassent « en leurs maisons donner ordre à faire valoir leurs « terres. »

Ces efforts amenèrent les populations rurales à un degré d'aisance et de bien-être qui repose et console des malheurs précédents. Peut-être le paysan était-il encore assez sévèrement traité (1), mais du moins ne le malmenait-on pas et lui rendait-on justice.

(1) Olivier de Serres, malgré son goût pour l'agriculture, rappelle et *recommande* le proverbe : « Oignés Vilain, il vous point ; Poi-

Sur la fin de son règne, Henri IV délivra encore la campagne des *Guillerys*, bandits armés qui saccageaient le Poitou, la Bretagne et la Normandie, (1608).

En définitive, sous Henri IV, la population agricole fut réellement heureuse et se reconstitua. Si le paysan ne mit pas la poule au pot tous les dimanches, du moins ne se nourrit-il plus de glands ; le blé qu'on pouvait maintenant semer et récolter sans crainte de ravages, permettait à chaque villageois de manger du pain.

On se plait à lire dans les mémoires de Michel de Marolles, dans le théâtre d'Olivier de Serres, la description des fêtes accompagnant les mariages, la moisson, les vendanges ; on s'assemblait le dimanche sur la place du village pour danser (1). Tout cela est plein de gaieté et de fraîcheur ; le soleil a lui, on ne se souvient plus des jours sombres.

28 — A l'administration de Sully succéda celle de Richelieu.

Le grand ministre fut trop préoccupé de la politique extérieure et intérieure du royaume pour pouvoir s'occuper utilement de l'agriculture. A ce point de vue, cet homme si considérable par ailleurs n'a, dans notre histoire, qu'un rôle effacé. Ce qui était l'objet principal des

gnés Vilain, il vous oint. » C'est qu'Olivier de Serres était gentilhomme ; le milieu, le sang, l'époque, tout concourait à le faire encore penser ainsi.

(1) Cfr : OEconomies royales de Sully, *rev. hist.* mars, avril, 1894. — L'économie rurale de la France sous Henri IV (1589-1610). *Réf. soc.* mars, avril 1894, p. 354 et 501. — On verra notamment le passage relatif au mal causé par les guerres de la Ligue.

attentions de son prédécesseur passa désormais au
second plan. Est-ce à dire qu'on ne s'occupa plus du
tout de la population des campagnes ? Non, plusieurs
ordonnances témoignent de mesures favorables aux
paysans.

Le siège de la Rochelle, par exemple, avait éclairé le
Cardinal sur les maux que cause la guerre à l'agriculture ; il défendit alors aux soldats *sous peine de mort,*
de prendre les bœufs des laboureurs ou même de les
troubler dans leurs travaux. Et comme on connaissait
la rigueur et l'énergie du ministre, la défense porta ses
fruits.

Dans le même but, en 1633, nous trouvons une
Ordonnance qui défend aux soldats en marche de faire
étape dans les campagnes. Les villes ou les bourgs
étaient les seuls gîtes où il leur fût permis de s'arrêter.
Mais les efforts de Richelieu n'allèrent pas jusqu'à
favoriser directement l'agriculture ; il se borna à empêcher de lui nuire, façon indirecte de la protéger. De
cette manière, il est vrai, son rôle fut des plus utiles à
la population agricole. En effet, en combattant les
tyranneaux ou les concussionnaires, le Cardinal diminuait leur puissance (qu'il parvint même à anéantir) et
délivrait ainsi les paysans d'une oppression parfois
funeste. Sur ce terrain là, l'influence de Richelieu fut
sans rivale. La tête d'un noble lui était chose légère, et
il ne craignit pas de faire décapiter le fameux maréchal
de Marillac qui avait pressuré et pillé les paysans de la
Champagne avec tout le mépris de la noblesse et des
gens de guerre pour les villageois: « Quoi, disait-il,
un homme de qualité comme moi, condamné pour

péculat. Il ne s'agit dans mon procès que de foin et de
paille ! Il n'y a pas de quoi fouetter laquais ! » Ces personnages ne comprenaient pas que la paille, le foin
sont les agents nécessaires de la prospérité des paysans,
qu'ils sont pour eux les moyens de se procurer les
vêtements et subsistances nécessaires à la vie.

Toujours dans le même ordre d'idées nous devons
relever une Ordonnance de 1621 qui enjoignit d'abattre
tous les châteaux forts qui n'étaient point aux fron-
tières (1). En un mot, pendant l'administration du
grand Cardinal, la population agricole, si elle ne jouit
pas d'une prospérité florissante, se maintint du moins
dans un état satisfaisant.

L'histoire apporte une ombre à ce tableau.

Dans le Nord-Est de la France, la population rurale
fut cruellement éprouvée ; en 1629, la Lorraine subit le
contre coup de la guerre de 30 ans.

La famine y fut terrible ; des femmes s'y partagèrent
leurs enfants. Tous ces sombres détails ont été si souvent retracés que nous n'insisterons pas. A Pâques
1630, la peste éclata amenant les loups jusqu'au milieu
des villages et ne se terminant qu'en 1637.

On devine quelle dépopulation dut en résulter dans
les campagnes. « Il périt en 8 ans, dit l'historien de la
« Lorraine (2), plus de 600,000 Lorrains, par la famine,
« la peste, l'épée, la disette, le froid et la dent des fauves. »
— Ceci fut heureusement tout particulier à une province ;
et dans le reste de la France, en 1643 à la mort de Richelieu, l'aspect général de la population agricole était

(1) BABEAU. *op. cit.* livre III, chap. 1.
(2) DOM CALMET, *hist. de Lorraine,* année 1637, VI. 150.

encore bon ; sa croissance se maintenait normale ; son
état ne présentait encore rien de fâcheux.

29. — Louis XIII mourut peu de mois après son ministre. Le règne qui allait s'ouvrir devait marquer pour la
France agricole une de ses plus funestes étapes. Grand
diplomate, triste administrateur, Mazarin, tout entier
à la politique étrangère, délaissa complètement les
campagnes. La population rurale qui jusque là s'était
maintenue à un niveau satisfaisant allait encore une
fois ressentir les atteintes de la dépopulation.

Le premier coup lui fut porté par la Fronde ; la guerre
civile promena dans les champs le meurtre, le pillage
et la dévastation.

Le luxe du Roy et de la Cour continuèrent l'œuvre.
Aussi les impôts qui pleuvaient sur le paysan eurent-ils
tôt fait d'aspirer les ressources amassées sous Henri IV
et d'épuiser le pays. Quand la misère se montre, la dépopulation est proche. Elle éclata bientôt.

30. — A Mazarin avait pourtant succédé un administrateur de génie, Colbert.

Le nouveau ministre était surtout un financier. Rétablir l'ordre dans les finances, était sa préoccupation
constante, et s'il sentit bien le mal dont souffrait le
pays, il n'en vit certainement pas les véritables causes.
Malgré les mesures habiles et l'énergie de leur application le travail colossal de l'infatiguable ministre fut
infructueux (1).

---

(1) Il en est resté une preuve assez curieuse dans ce rébus graphique
que la tradition nous a conservé : $\dfrac{\text{Venance}}{\text{G}} \quad \dfrac{\text{France}}{\text{de la}} \quad \dfrac{\text{Fer}}{\text{K}} \quad \dfrac{\text{Colbert}}{\text{la France}}$

Le règlement général de 1667 qui, s'inspirant de l'Ordonnance de 1659 réforma la mauvaise perception de l'impôt, n'apporta qu'un faible soulagement aux campagnes.
Sans doute c'était quelque chose que d'empêcher les
maltôtiers de percevoir plus que l'impôt; mais cet impôt
lui-même était tellement exagéré que sa perception,
quelque intègre qu'elle fût, ruinait le pays. Ce qu'il
aurait fallu, ce n'était pas tant réglementer son recou-
vrement que d'en diminuer le chiffre.

Voyant la misère et la dépopulation augmenter
malgré ses efforts, Colbert songea aux Lois Caducaires
de Rome; et sans prendre garde que ces lois n'avaient
jamais donné aucun bon résultat, il accorda à leur
exemple des primes aux mariages précoces et aux familles nombreuses.

. De telles mesures constituent ainsi que nous le verrons (1), un encouragement toujours inutile et parfois
très mauvais. Rien de plus funeste que d'exciter par
l'appât du gain à augmenter la famille !! Jamais, chaque fois qu'on les a employés dans l'histoire, ces moyens n'ont été suivis au point de vue démographique,
d'un résultat satisfaisant.

Colbert ne réussit donc pas à enrayer la diminution
de la population agricole ; bien plus, se basant sur des
principes économiques faux, il en accélera involontai-
rement le progrès.

31. — Le ministre crut, en effet, que le meilleur moyen
de remédier à la misère, c'était d'abaisser autant que pos-

(1) Voy. dans notre seconde partie, chap. II, section I, § 2.

sible le prix des denrées ; pour y parvenir, il prohiba l'exportation du blé. De cette façon le marché devait être toujours abondamement pourvu de grain ; le prix du blé devait donc baisser et par suite, celui du pain. Les prévisions du ministre se réalisèrent ; l'ouvrier de la ville put acheter le pain moins cher et l'industrie urbaine devint florissante.

Mais l'agriculture était sacrifiée ; l'ouvrier de la terre, le producteur rural n'avait plus un gain suffisant.

Alors le laboureur ne voulut plus se donner la peine de continuer un travail qui ne le rémunérait plus. Il quitta la charrue, il se dirigea vers la ville qui offrait un travail moins pénible et plus lucratif, et il commença à se produire alors dans les campagnes un mouvement d'émigration suburbaine dont nous voyons encore de nos jours se continuer l'évolution (1).

Cet évènement est, pour notre sujet, d'une importance primordiale.

Jusqu'à présent, en effet, nous n'avons rencontré qu'une seule cause de dépopulation : la mortalité. — A partir de Louis XIV, il s'en présente une autre, dont les effets sont moins tristes mais plus considérables pour le dépeuplement ; cette autre, dont l'importance augmentera sans cesse et qui aujourd'hui même se fait sentir dans toute son étendue, cette cause nouvelle qui abaissera notablement le niveau de la population agricole, c'est l'émigration. L'émigration de la campagne vers les cités, d'abord ; l'émigration loin du sol national ensuite.

(1) Nous étudierons longuement ce mouvement de dépopulation par émigration intérieure dans notre seconde partie.

Car, remarquons-le dès maintenant, que l'émigration, soit intérieure ou qu'elle soit extérieure, au point de vue agricole le résultat dépeuplant est toujours identique. Les paysans qui émigrent sont toujours des unités perdues pour la population agricole.

Or, Colbert avait provoqué l'émigration vers les villes ; Louis XIV provoqua en 1685 l'émigration à l'étranger en révoquant l'édit de Nantes (1).

32. — Cette révocation fut la faute la plus absurde qu'on pût commettre. Sans vouloir examiner combien la France perdit de citoyens, de fortunes et d'industries, voyons ce que cette mesure injuste et maladroite coûta à la population agricole. Laissons même de côté les tristes souvenirs des Dragonnades que Mme de Sévigné trouvait si plaisants (2) et ne nous occupons strictement que du côté démographique.

D'après l' « État de la France (3) » par Boulainvilliers, tous les protestants qui possédaient quelque chose réalisèrent leurs biens et s'enfuirent ; les campagnes se vidèrent.

(1) L'émigration à l'étranger fut également favorisée par les compagnies de colonisation. Beaucoup de Français émigrèrent en Amérique sous Louis XIII, et surtout sous Louis XIV ; ils fondèrent des Nouvelles Gascognes, Nouvelles Bourgognes. Mais la plupart des émigrants étaient des citadins ou appartenaient à la population maritime.

Cfr. GIRAULT. *législat. colon.* nos 37, 38 et 42 p. 148 et 149.

(2) « *Nos dragons sont d'excellents missionnaires* » écrivait-elle à sa fille, Mme de Grignan.

(3) BOULAINVILLIERS, *Etat de la France* (*passim*) et notamment chap. I, IV et V.

La généralité de Paris et celle d'Alençon furent des plus atteintes; celle de la Rochelle diminua du tiers de ses habitants.

33. — Tout en déplorant la dépopulation causée par la révocation de l'Édit de Nantes, Boulainvilliers indique d'autres causes du mouvement décroissant : « la « guerre, l'extrême pauvreté et misère des paysans, qui « retranchent leur nourriture et leurs forces, et les fait « mourir avant l'âge parce que la moindre maladie dé- « truit aisément des corps consommés d'inanition et « de souffrances . »

Observation judicieuse et toujours vraie, sur laquelle nous aurons occasion de revenir (1). La misère du campagnard était en effet bien affreuse.

« Les pauvres hommes des champs, écrit un contemporain (2), semblent des carcasses déterrées... l'on a trouvé une femme morte de faim ayant son enfant à la mamelle qui la tétait encore après sa mort... Un misérable homme à qui trois de ses enfants demandaient du pain les larmes aux yeux, les tua tous trois, et ensuite se tua lui-même... la moitié des paysans est réduite à paistre l'herbe... En 63 familles de la paroisse de Chambon, on n'a trouvé que dans une un peu de paste de son et dans une autre des morceaux de chair d'un cheval mort depuis 3 semaines dont la senteur était épouvantable..»

(1) Nous verrons là dessus tout un paragraphe spécial dans le chapitre de notre seconde partie intitulée : *Mortalité*.

(2) Bibliothèque nat. *recueil de pièces*, nos 1674 et 1675. — Cfr. Correspondance administrative du règne de Louis XIV, par Depping.

«Plusieurs femmes et enfants ont été trouvés morts
sur les chemins... la bouche pleine d'herbe. (1)»

Malgré ces tristesses incroyables, le roi ne restrei-
gnait en rien ni l'impôt, ni les prodigalités de sa cour.
C'est ce qu'exprime Michelet, dans l'Introduction de
l'Histoire de la Révolution française : « Alors le
« paysan n'ayant pas de meubles à saisir, le fisc n'a
« nul objet de saisie que le bétail; il extermine peu à
« peu (2). »

Un auteur optimiste, M. Babeau, qui, séduit peut-être
par le côté brillant du règne de Louis XIV, prétend que
la France agricole n'ait pas eu à souffrir pendant la première partie de ce règne, écrit (3) : « On doit reconnaître
cependant que de 1690 à 1750, l'État des campagnes
paraît avoir été inférieur à ce qu'il fut dans la période
suivante. Les rapports des intendants (4), les œuvres
de Boisguillebert, de Vauban, les Mémoires de d'Argenson, réunissent sur les dépérissements des campagnes
des témoignages trop concordants pour être contestés. »

En effet, voici d'abord Boulainvilliers qui envisage
la situation des paysans ; d'après lui, les paysans du

(1) Inévitablement, la population rurale devait se soulever. Le
18 août 1675, la révolte éclata en Bretagne. La barbarie avec laquelle elle fut réprimée est révoltante ; les paysans *pris à l'aventure
et pendus pour l'exemple*, les enfants embrochés... tout cela a été
fort gracieusement narré par Mme de Sévigné dans ses lettres du
31 juillet 1675 à celles du commencement d'octobre de la même
année.

(2) MICHELET, *hist. de la révol. franc.* Introd. p. 42.

(3) BABEAU, *op. cit.* liv. V, chap. IV.

(4) Voyez notamment la grande enquête de 1698 — et les 5 premiers chap. de l'État de la France, par Boulainvilliers.

Berri sont des sauvages qui s'enfuient à la vue d'un citadin (1). Les Bretons sont des idiots ; le récit que fait Madame de Sévigné de l'éducation des recrues de M. de Chaulnes en est la preuve universellement connue (2). Quant aux charges dont le paysan est écrasé, La Fontaine les énumère amèrement :

« Enfin n'en pouvant plus d'effort et de douleur
« Il met bas son fagot, il songe à son malheur.
« Quel plaisir a-t-il eu depuis qu'il est au monde ?
« En est-il un plus pauvre en la machine ronde ?
« Point de pain quelquefois et jamais de repos
« Sa femme, ses enfants, les soldats, les impôts.
    « Le créancier, la corvée
« Lui font d'un malheureux la peinture achevée. »

(LA FONTAINE. — *La Mort et le Bûcheron*.)

(1) Il n'est pas sans intérêt de rapprocher de ce témoignage, celui d'un auteur célèbre, LA BRUYÈRE ; le passage où il dépeint les paysans du XVII° siècle est resté classique.

« Ce m'est une chose toujours nouvelle de contempler avec quelle « férocité les hommes traitent d'autres hommes. — L'on voit cer- « tains animaux farouches, des mâles et des femelles, répandus par « la campagne, noirs, livides et tout brûlés du soleil, attachés à la « terre qu'ils fouillent, remuent avec une opiniâtreté invincible ; ils « ont comme une voix articulée. et quand ils se lèvent sur leurs « pieds, ils montrent une face humaine, et en effet, ils sont des « hommes. Ils se retirent la nuit dans des tannières où ils vivent de « pain noir, d'eau et de racines ; ils épargnent aux autres hommes « la peine de semer, de labourer et de recueillir pour vivre ; et mé- « ritent ainsi de ne pas manquer de ce pain qu'ils ont semé. » (LA BRUYÈRE, *Caractères*, chap. XI, De l'homme).

(2) Cela n'a du reste rien d'étonnant après la répression du soulè- vement de 1675. Quand les bretons voyaient sur eux l'uniforme de

On s'imagine aisément combien dans une population aussi misérable, aussi abandonnée la dépopulation devait faire de progrès. Bientôt elle atteignit au plus haut degré (1); en 1693, une famine épouvantable se produisit; c'était inévitable, puisque le paysan ne cultivait plus.

D'après Boulainvilliers (2), la Touraine perdit le quart de ce qui lui restait de population. L'Auvergne un cinquième; le Dauphiné un sixième. Le pain n'était plus en usage; les paysans partageaient les raves et les châtaignes avec leurs troupeaux (3).

Il ne faudrait pas croire pourtant que ce douloureux état de choses n'ait excité la compassion d'aucun contemporain. Une foule d'écrivains dépeignaient, nous l'avons vu, la situation du misérable campagnard; des hommes du plus éclatant mérite essayaient même d'apporter un soulagement à l'agriculture désolée, mais, dit Bonnemère : « Louis ne voulait pas voir; tandis que les dernières années du grand siècle s'écoulaient au milieu d'une misère que l'on croyait arrivée aux limites extrêmes du possible, *et qui allait augmenter encore pen-*

___

ceux qui les avaient terrifiés, ou le costume des citadins qui bouleversaient tout dans leurs campagnes, il s'opérait en eux un ahurissement bien compréhensible et qui pouvait les faire passer pour idiots.

(1) Boisguillebert, Détail de la France, *Collection des Econ.* tome I. ch. I. p. 171.

(2) Boulainvilliers, Estat de la France, ch. IV et V.

(3) Les fréquentes levées de millice, nécessitées par la guerre continuelle, augmentaient les ravages de la dépopulation. Cfr. Valentin Duval, *Mémoires*, (manuscrit in-4°) N° 886. *Biblioth. nat.*

dant 15 années, il frappait de disgrâce Racine, Fénelon, Vauban et Boisguillebert qui appliquaient les forces de leur génie à chercher des remèdes et à tenter des routes nouvelles (1). »

Quelles que fusssent les tentatives de ces hommes généreux, le même écueil devait les faire toutes échouer : pour soulager le peuple, il fallait empêcher les abus, ce qui dérangeait la noblesse. Elle mit donc tout en œuvre pour faire écarter les importuns réformateurs qui menaçaient ses privilèges et elle y réussit.

Vauban, coupable d'avoir voulu sauver la France d'un désastre qu'il prévoyait sans doute fut exilé (2). La même chose se produisit pour Boisguillebert, son collaborateur, qui avait une autre fois essayé de montrer la nécessité d'une réforme. Il mourut exilé en Auvergne.

Ces dévouements ne furent cependant pas complètement inutiles. Ils attirèrent l'attention de M. Chamillart, alors ministre, sur l'état lamentable de l'Agriculture. Ému des souffrances qu'elle supportait, il créa pour elle en 1699 une administration spéciale et en fit un département particulier du *Conseil du Commerce*.

---

(1) BONNEMÈRE, *op. cit.* tome II, liv. 4, ch. IX, p. 118.

(2) Son projet de *la dîme royale* qui supprimait toute la multitude des impôts pour n'en laisser subsister qu'un seul (la dîme royale) *équitablement réparti sur tous*, aurait peut-être rendu une situation supportable au paysan ; les grands concussionnaires que ce projet eût fortement atteints se coalisèrent pour en faire avorter les essais. « Les peuples qui y gagnaient tout, ignorèrent qu'ils avaient « touché à leur salut et le malheureux maréchal ne put survivre « aux bonnes grâces de son maître, pour qui il avait tout fait. » (SAINT SIMON, X. 27 à 35).

C'est de cette époque que date la première représentation de l'Agriculture dans les ministères (1).

34 —. Pendant la fin du règne de Louis XIV, la misère augmenta jusqu'à l'incroyable.

En 1707, les inondations de la Loire diminuèrent le nombre des habitants des campagnes du centre. Un document assez rare nous permet de préciser (2) : « 4 octobre 1707. — La Loire et l'Allier ont cru dans une seule nuit de 20 pieds... les digues d'Anjou ont été rompues, 50.000 personnes ont été noyées. » C'est ainsi que le fait est consigné dans l'Annuaire de la Nièvre où il est fait relation des ravages de la Loire depuis le commencement du xviiime siècle.

L'hiver de 1709 fut également désastreux. Malgré sa disgrâce, Fénelon ne craignit pas d'affronter encore le courroux du grand roi : « Vos peuples meurent de faim, lui écrivit-il ; la culture des terres est abandonnée et les campagnes se dépeuplent (3). »

Dépeuplées ! Elles l'étaient certes et depuis longtemps quand en 1715 Louis XIV mourut. Nous ne voulons pas revenir sur tout ce que ce règne aux éclatants dehors a caché de misères, de souffrance et de faim. Ce fut une des pires phases de l'agriculture française. Voyez plutôt la conclusion de Bonnemère (4) sur le siècle de Louis XIV,

---

(1) Après CHAMILLART, DESMARETS, le 14 février 1708, confirma cette institution.

(2) Annuaire du département de la Nièvre pour l'an IX. Commentaire des ravages de la Loire, p. 12.

(3) FÉNELON, *Œuvres*, tome III, p. 427. (édit. DIDOT).

(4) « Pendant 72 ans, le paysan français n'eût ni femmes, ni « enfants, ni pain, ni patrie, ni liberté ; demandez aux soldats de

et si l'on soupçonne son récit d'exagération pessimiste, qu'on écoute ce que dit l'éminent historien Dareste de la Chavanne : « En 1715, à la mort de Louis XIV les procès-verbaux de visite constatèrent dans l'élection de Limoges qu'un cinquième des fermes étaient abandonnées (1).

Une dépopulation intense, voilà au point de vue agricole le vrai résultat du règne du roi-soleil !

Il fallait bien que la diminution de population fut notoire, pour que Vauban, essayant par une statistique douteuse d'en atténuer l'intensité, écrivît : « La France a 19,094,146 habitants soit 636 personnes par chaque lieue carrée. *Voilà un beau sujet d'étonnement pour ceux qui croient la France si dépeuplée.* (2) »

35. — Le régent, qui gouverna pendant la minorité de Louis XV, fut touché des maux de l'Agriculture et surtout de l'étonnante dépopulation des campagnes. Il résolut de prendre les mesures nécessaires pour y remédier.

La première chose à faire pour relever l'agriculture, c'était de rendre à la terre les travailleurs qui l'avaient délaissée. Les campagnes étaient presque désertes, on

---

« Turenne qui (ici des détails...) et à ceux de Condé ; demandez à « ceux de Bretagne... demandez aux dragons des Cévennes ; de- « mandez aux financiers ; demandez le surtout aux mémoires des in- « tendants qui n'ont jamais été publiés etc .. (BONNEMÈRE, *op. cit.* tome II. ch. III, *in fine*, p. 154).

(1) DARESTE DE LA CHAVANNE, *hist. des cl. agricoles*, *loc. cit.* p. 285.

(2) *Collect. des Econ.* tome I. VAUBAN, *Dîme royale*, p. 121 § 2.

ne cultivait plus. Pour rétablir l'effectif de la population agricole le régent usa d'un excellent moyen.

Il exempta de six années de tailles, les soldats libérés qui se mettraient à défricher les terres abandonnées.

Le résultat fut excellent ; en peu de mois, les campagnes perdirent l'air inculte qu'elles avaient depuis 15 ans. Mais ce n'était qu'un commencement ; il fallait maintenant rendre aux laboureurs une condition supportable qui leur permit de prospérer. Le régent fit donc établir une question aux Grands-Augustins et tous les maltôtiers concussionnaires y furent successivement condamnés.

Cet exemple retint les autres. De plus, Philippe, à l'exemple de Colbert, abolit toutes les lettres de noblesse accordées depuis 1689, augmenta ainsi le nombre des contribuables et soulagea d'autant les populations agricoles qui étaient presque seules à payer l'impôt (1).

Enfin, le régent tenta lui aussi d'appliquer la dîme royale de Vauban ; car, c'était évidemment le seul moyen de soulager le peuple, que d'obliger tous les nationaux sans distinction à contribuer au paiement de l'impôt ; mais les privilégiés étaient trop puissants et la tentative échoua.

Néanmoins, grâce aux bienfaisantes mesures que nous venons d'énumérer, les paysans respiraient un peu. A la mort du régent, la population agricole était dans une situation sinon bonne, du moins très passable quand le ministère Fleury vint encore améliorer son état.

_____

(1) Duruy, _Hist. de Fr._ ch. LVII, p. 441.

Sous l'influence de l'administration timide et paisible du vieux cardinal, l'agriculture put se rétablir complètement et même faire quelques progrès (1). Pour y aider d'une façon plus efficace, Fleury essaya et même par deux fois (2), d'établir la dîme de Vauban. (D'ailleurs quel ministre soucieux des intérêts de la France ne l'essaya pas!). Mais, pas plus que Chamillart, pas plus que le régent, pas plus que ne le pourront Turgot et Necker, le ministre de Louis XV ne put y réussir. Les intérêts de trop grands personnages étaient en jeu (3) et ses louables tentatives échouèrent comme celles de ses devanciers.

36. — C'est alors que survint l'odieuse spéculation flétrie dans l'histoire sous le nom de pacte de famine. Les nobles, les princes, le roi même se mirent à spéculer sur le blé; faisant par de honteuses manœuvres augmenter le prix du grain acheté pour rien au laboureur et accaparé par eux, ils le revendaient ensuite à un taux exorbitant, spéculant ainsi sur une population affamée. Et de fait la famine revint dans les campagnes pour ne plus les quitter de longtemps. Le mouvement de diminution qui s'était arrêté, reprit avec une intensité plus grande et en 1739 le marquis d'Argenson écrivait :

(1) La preuve en est dans ces lignes écrites peu après la mort de Fleury : « Depuis 25 ans, *la culture, la population*, les richesses de « la France ont fait, comme ses lumières, des progrès très sensibles. » (DUPONT DE NEMOURS, *Archives parlementaires*, IV. 207).

(2) En 1733 et en 1741.

(3) Voy. là-dessus, *Collect. des Econ.*, tom. I, VAUBAN, Dîme royale, § : Causes secrètes qui s'opposent au projet.

« J'ai vu, depuis que j'existe la *gradation décrois-sante de la richesse et de la population*. Au moment où j'écris, en pleine paix, avec les apparences d'une ré-colte sinon abondante, du moins passable, *les hommes meurent tout autour de nous, comme des mouches, de pauvreté et broutent l'herbe*. Les provinces du Maine, Angoumois, Touraine, Haut Poitou, Périgord, Orléa-nais, Berri sont les plus maltraitées ; cela gagne les environs de Versailles. Le duc d'Orléans porta derniè-rement au conseil un pain de fougère. Il le posa sur la table du roi en disant : « Sire, voilà de quoi vos sujets se nourrissent (1). »

Vainement Massillon éleva-t-il sa voix éloquente pour flétrir le mal et dénoncer ses funestes effets (2), le ti-mide Fleury lui envoya 60,000 livres pour les pauvres paysans de l'Auvergne mais n'osa ou ne put prendre aucune mesure énergique pour conjurer le mal ou es-sayer d'y remédier.

Il s'était cependant produit un évènement de haute importance qui aurait dû avoir pour l'agriculture les plus salutaires effets. La pensée, qui s'était bornée jusque là aux problèmes métaphysiques, aux travaux littéraires et scientifiques, aborda l'étude plus difficile des lois économiques ou sociales qui régissent la so-ciété. Les physiocrates parurent d'abord avec Quesnay et Gournay. En 1755, un livre, l'*Ami de l'homme* (3) ins-

(1) Rapporté par Duruy, *op. cit.*, ch. LVII, p. 447, note 3.

(2) Voy. sa lettre adressée en 1740 à Fleury et conservée chez le curé de Beauregard. Cette lettre est, de toutes celles que Massillon écrivit à ce sujet, la seule qui soit restée.

(3) *L'Ami de l'homme*, par DE Mirabeau.

piré par ces idées et ces théories nouvelles, vint tourner les regards vers les pauvres campagnes.

Le prestige du nouveau, le goût du jour excitèrent immédiatement un engouement inattendu. Des sociétés agricoles s'établirent (1), on ne pensa plus qu'au bonheur des champs, qu'aux beautés de l'agriculture, qu'à la félicité des laboureurs et des bergers (ô ironie) ! Watteau ne peint que des scènes pastorales ; Florian chante les amours champêtres ; à l'opéra, on joue le « Devin du Village » et tout le monde se costume en Sylvie ou en Colin.

Et ceux dont peintres et poètes vantaient ou reproduisaient le bonheur, étaient demi-nus dans leurs chaumières, périssant de faim ou de froid (2).

37. — La population agricole était encore une fois descendue à un bien faible niveau ; il n'appartenait point à Louis XVI de la relever.

Ame droite, ce roi était d'une déplorable faiblesse. Les réformes étaient urgentes cependant ; et pour les accomplir, Louis avait précisément l'aide le plus précieux, le ministre le plus capable de mener à bien une pareille tâche. Turgot, en effet, comprenait l'agriculture comme Sully et l'industrie comme Colbert. Il sentait que si l'on n'endiguait pas le torrent des calamités pu-

(1) La première fut formée par Turgot, à Rennes, pour la Bretagne. En 1761, celle de Paris, comprenant Meaux, Beauvais et Sens ; la même année, celle de Tours, comprenant Angers et Le Mans.

(2) Voy. DURUY, *op. cit.*, *loc. cit.*, le § intitulé : Décadence de l'agriculture.

bliques, on serait fatalement emporté par lui; mais alors
que derrière Sully et Colbert, il y avait pour les soutenir la volonté d'un Henri IV ou le despotisme d'un
Louis XIV, derrière Turgot, il n'y avait rien. Peut-être
aussi les théories économiques si vraies et si avanta-
geuses qu'il préconisait étaient-elles prématurées; quoi
qu'il en soit, Louis eût la faiblesse de céder aux sollici-
tations de sa Cour et Turgot fut remplacé.

38. — Et la situation de la population agricole empi-
rait sans cesse; un de nos plus célèbres écrivains,
Taine, la mentionne ainsi : « De 1750 à 1789, la misère
fut excessive..... on se plaint de l'abandon des campagnes, du manque de bras, des émigrations vers la
ville (1). »

Nous pouvons tirer de ce passage une indication des
plus intéressantes.

Autrefois, la dépopulation provenait dans les campagnes d'une seule cause : la mortalité ; les guerres, la
famine, les épidémies, tels étaient alors les seuls agents
des mouvements de diminution.

Puis, avec Louis XIV et Colbert, une autre cause de
dépopulation était survenue : l'émigration. Dès lors, la
décroissance de la population agricole pouvait provenir,
soit d'une mortalité excessive, soit de l'émigration des
paysans. Cette dernière cause était de beaucoup la moins
importante quand, sous Louis XV et sous Louis XVI,
la misère des cultivateurs devint telle, que, dans une
proportion considérable, les paysans abandonnèrent la

(1) TAINE. *Orig. d. l. Fr. contemp.* I. 429 à 455.

culture, délaissèrent la campagne et se dirigèrent vers les cités. L'émigration prit alors la première place parmi les causes du dépeuplement agricole, et la mortalité, à son tour, n'eut plus que le second rang.

Cette évolution est remarquable parce qu'elle constitue un double progrès.

D'abord, au point de vue démographique.

En effet, lorsque la mortalité causait à elle seule la dépopulation des campagnes, la perte d'hommes qui en résultait atteignait à la fois la population agricole et la population totale. Car les paysans disparus étaient des unités perdues et pour l'agriculture et pour la nation.

Au contraire, quand le dépeuplement provint d'un simple déplacement du paysan de la campagne vers la cité, il n'y eût plus qu'une seule perte. La population agricole diminua bien mais le chiffre de la population totale resta le même. Donc, au point de vue national démographique, progrès.

Et maintenant au point de vue social, le résultat est tout aussi satisfaisant. Quand la mortalité causait, en effet, à elle seule la dépopulation, cela tenait à deux causes : la barbarie des oppresseurs, la misère ou l'ignorance du paysan. Or peu à peu, la civilisation adoucit la rudesse des mœurs d'autrefois ; à partir de Louis XIII, les scènes de sauvagerie et de carnage devinrent exceptionnelles ; si le laboureur était encore maltraité, au moins respectait-on sa vie. De plus, au lieu de rester à périr de misère dans son taudis, le campagnard conçut le projet d'aller chercher fortune ailleurs ; il n'avait plus à craindre l'aubainage, et quand la terre lui refusa

la subsistance nécessaire à lui et aux siens, il l'aban-
donna, allant vers la ville chercher un travail moins pénible peut-être, et certainement plus rémunérateur.

L'apparition de cet esprit d'initiative, l'adoucissement
des mœurs, cela constitue bien un réel progrès social et
la substitution de l'émigration à la mortalité comme
cause de diminution de la population agricole est un
symptôme heureux sur lequel nous devions insister.

39. — Malgré ce progrès relatif, la situation des agriculteurs était encore très mauvaise (1). Ce n'étaient ni
Calonne, ni de Brienne qui pouvaient l'améliorer.
Necker seul aurait peut-être pu apporter quelques sou-
lagements, mais la Cour lui fit une opposition telle que
par deux fois, il fut obligé de se retirer (2).

La Révolution arriva.

Et pendant 25 ans, de 1790 à 1815, la guerre décima
les rangs de la population.

La guerre civile en Vendée, les guerres de la Révolution, du Consulat et de l'Empire épuisèrent jusqu'à la
dernière limite l'effectif de nos nationaux. Ne l'oublions
pas ; ce fut la population agricole qui fut le plus particulièrement épuisée, car c'est elle surtout qui fournit à
Napoléon ses meilleurs soldats (3).

Aussi, à la fin de l'Empire, était-elle presque anéantie.

Depuis 1800 jusqu'à Watterloo, en additionnant les

(1) Voyages en France pendant les années 1787, 1788 et 1789, par
Arthur Jung, liv. I, ch. 1 et 2.
(2) Il quitta le ministère le 12 juillet : le 14, la Bastille était prise.
(3) Babeau, op. cit., liv. V, ch. IV, p. 374.

chiffres des tués donnés par Thiers (1) après chaque bataille, nous arrivons à un total de 950 000 Français ! ! Si nous mettons 1 million pour ceux morts des suites de la guerre, nous serons encore au dessous de la vérité.

Ce n'est pas tout. Cette multitude d'hommes ainsi arrachés à la population agricole, était composée d'individus tous jeunes encore, valides et capables d'engendrer une famille nombreuse.

Donc, non seulement les guerres du Premier Empire enlevèrent à l'agriculture ses plus robustes sujets, mais elles la privèrent encore de ses meilleurs agents de reproduction.

Aux milliers de cadavres, il faut ajouter le chiffre des unions empêchées ; et cet immense arrêt dans les naissances produisit un recul marqué dans la croissance de la population.

SECTION IV

De la fin des guerres de l'empire à nos jours.

SOMMAIRE

40. Evolution démographique de la population agricole de la Restauration à nos jours. — 41. L'émigration suburbaine de 1848 à 1892. — 42. Causes de la dépopulation actuelle. — 43. Méthode à employer pour leur étude. — 44. Importance démographique de la population agricole et conclusion (2).

40. — La longue paix qui suivit les années mouvementées du premier Empire, permit à la population

(1) On n'accusera pas l'historien du Consulat et de l'Empire d'avoir exagéré les chiffres, car sa partialité pour Napoléon Ier se manifeste à chaque page.

(2) DOCUMENTS : Econ. français, 1880, avril, p. 410. — 1894,

agricole de remonter à son ancien niveau. Nombreux étaient les vides à combler, nombreuses les terres en friches, et il ne fallut rien moins que trois règnes successivement pacifiques pour relever l'agriculture et l'effectif de ses travailleurs. La confection du cadastre (15 mars 1827), la réfection des anciennes routes et, sous Louis Philippe, l'inauguration de nouvelles, y vinrent également contribuer. Les communications rendues plus faciles permirent à l'agriculture d'écouler plus avantageusement ses denrées et lorsqu'en 1848, M. Thiers réclama pour le paysan une partie de l'attention des pouvoirs publics (1), on répondit de tous côtés à son appel.

Par la loi du 3 Octobre 1848, la République fondait l'Institut national agronomique pour l'enseignement supérieur de l'agriculture (2). On comprenait en même

17 février. — 1882, juillet, p. 35. — 1880, mars, p. 309. — Réfor. soc., 1er avril 1891. — Journal des Écon., 1876, 1er trim., p. 238. — 1878, 3e trim., p. 342, 349 et 350. — Réforme soc., tom. VIII, p. 351. — Revue des Deux Mondes, 15 avril et 1er juin 1882. — Rapport du ministre de l'intérieur sur le dénomb. de 1891. — Annuaire de la statistiq. 1893, art. de Turquan

BIBLIOGRAPHIE : Thiers : De la propriété, liv. III, ch. VIII. — Bonnemère : Hist. des paysans — Doniol : Hist. des cl. rurales. — Dareste de la Chavanne : Hist. des cl. agricoles. — Tisserand : Rapport sur l'enquête de 1882, ch. IV, B. p. 366 et 369. — Babeau, op. cit., V. 4, p. 374.

(1) « Je me demande quand on songera enfin au pauvre paysan « qui, dans la Corrèze ou les Cévennes, se nourrit de pommes de « terre ou de châtaignes. » (THIERS, De la propriété, liv. III, ch. VIII.)

(2) Supprimé le 14 septembre 1852 à cause de l'esprit républicain qui y était toujours resté, il fut rétabli et modifié par la loi du 9 août 1876.

temps que les agriculteurs devaient avoir près du gouvernement une représentation spéciale analogue à celle
du commerce et de l'industrie et, en 1851, la chambre
consultative d'agriculture était créée. Le décret du 25
Mars 1852 vint ajouter à cette institution en établissant
une chambre d'agriculture par chaque arrondissement.

D'ailleurs, l'Etat n'était pas le seul à s'occuper des
campagnes.

A la même époque, on constate un mouvement très
marqué des esprit vers les questions agricoles.

Léonce de Lavergne fut comme le chef et le guide de
cette évolution. Des revues agricoles, des ouvrages d'é-
conomie rurale vinrent de tous côtés activer les progrès
de nos agriculteurs. On s'intéresse aux paysans, on
fouille leur passé, on écrit leur histoire. Bonnemère en
1856 (1), Doniol en 1857 (2), Dareste de la Chavanne, en
1858 (3), publient tour à tour sur ce sujet de remarquables
travaux.

Enfin, et c'est pour nous le point le plus intéressant,
à partir de 1846, on s'occupe spécialement de la démographie de la population agricole.

« Depuis 50 ans, dit M. Tisserand en 1888 (4), la
population rurale de la France a été relevée à part dans

(1) BONNEMÈRE, *Histoire des paysans*.

(2) DONIOL, *Histoire des classes rurales*.

(3) DARESTE DE LA CHAVANNE, *Histoire des classes agricoles*. —
Il y eût d'autres ouvrages sur le même sujet; nous n'avons cité que
les principaux dont celui de M. Dareste de la Chavanne est le plus
complet et, à notre avis, le meilleur.

(4) TISSERAND, *Rapport sur l'enquête décennale de 1882*. C'est
à cet ouvrage que sont empruntés les tableaux suivants.

les dénombrements quinquennaux de la population générale; ce n'est toutefois qu'à partir de 1846 que les chiffres obtenus paraissent mériter toute confiance pour les comparaisons à faire avec le présent. »

Nous en avons donc fini avec les probabilités. Désormais, au lieu d'évaluer les mouvements de la population agricole d'après des documents établis à peu près, nous pourrons calculer d'après des statistiques sérieuses, d'après des chiffres exacts.

41. — Dans le § 38 de ce chapitre, nous avons signalé l'importance prise au xviiie siècle par l'émigration intérieure et son effet dépeuplant pour les campagnes.

En 1848, ce mouvement émigratoire du paysan vers la cité n'avait fait que s'accentuer davantage, et chaque année l'effectif de la population agricole en était légèrement diminué.

Réservons la question de savoir si la diminution *provenant de cette cause* est un bien ou est un mal (1); et examinons seulement ici dans quelle proportion s'accrut l'importance du mouvement migratoire, dans quelle mesure il fit baisser le niveau de la population des cultivateurs.

Le tableau suivant (2) indique sa progression de 1846 à 1882.

(1) Nous étudierons longuement ce point dans notre seconde partie.
(2) TISSERAND, *op. cit.*, p. 366, 1o.

ANNÉES	POPULATION			RAPPORT AU TOTAL de la population	
	RURALE (Communes de 2000 habitants et au-dessous)	URBAINE (Commune de plus de 2000 habitants	TOTALE	RURALE	URBAINE
	habitants	habitants	habitants	P. 100	P. 100
1846	26.753.743	8.646.743	35.400.486	75.58	24.42
1851	26.647.711	9.135.459	35.783.170	74.47	25.53
1856	26.194.536	9.844.828	36.039.364	73.20	26.80
1861	26.596.547	10.789.766	37.386.313	71.14	28.86
1866	26.471.716	11.595.348	38.067.064	69.54	30.46
1872	24.888.904	11.214.017	36.102.921	68.88	31.12
1876	24.934.334	11.971.454	36.905.788	67.56	32.44
1881	24.575.506	13.096.542	37.672.048	65.24	34.76

Le premier enseignement à dégager de ce tableau est
la marche toujours décroissante de la population rurale (1). Sauf un léger ressaut en 1861, chaque dénombrement a accusé une diminution constante (2).

Au contraire, la population urbaine a sans cesse augmenté ; et il est à remarquer que cette augmentation est
à peu près proportionnelle à la décroissance précédente.
Il est donc donc plausible de croire que la population
urbaine s'est précisément accrue des unités soustraites
à la population rurale.

Mais, nous le savons, la population rurale n'est pas
la population agricole. Elle l'englobe sans doute, mais
elle en est aussi parfaitement distincte. Nous avons

(1) Voy. Écon. franç. 1880, avril, p. 410.

(2) On peut constater aussi une diminution exceptionnelle en 1872
pour la population rurale ; c'est le résultat de la guerre et du démembrement. Seulement, on remarquera que la population urbaine ne
diminua pas dans la même proportion. C'est qu'une foule d'Alsaciens-
Lorrains émigrèrent et vinrent s'entasser dans les cités du territoire.
L'effectif total de la population urbaine augmenta donc notablement,
ce qui compensa dans une certaine mesure la perte subie par ailleurs.

expliqué (1) comment, pour arriver à une exactitude plus minutieuse, il importait de distinguer la population spéciale des cultivateurs, de la population générale des ruraux. Or, si l'imperfection des documents ne nous permettait pas de satisfaire à cette obligation pendant notre historique, nous avons maintenant la possibilité et le devoir d'y revenir.

Il est utile, en effet, de savoir si l'émigration enlève aux campagnes de simples ruraux ou bien des cultivateurs. Si ce sont des ruraux, la population agricole n'en est pas considérablement affectée, mais il en va de toute autre sorte si ce sont des cultivateurs.

Et puisque nous avons eu recours au classement par profession pour déterminer le chiffre de la population agricole, usons encore du même procédé.

C'est seulement à partir de 1861 qu'on peut apprécier et mesurer l'importance des changements survenus dans la population des cultivateurs.

Voici l'état de cette population, dénombrée par profession, de 1861 à 1882 (2).

	1861 (89 départ.)	1866 (89 départ.)	1872 (86 départ.)	1876 (86 départ.)	1881 (86 départ.)
AGRICULTURE	Habitants 19.873.493	Habitants 19.598.115	Habitants 18.513.315	Habitants 18.968.605	Habitants 18.249.209

ACCROISSEMENTS Repartition proportionnelle					
1861	1866	1872	1876	1881	Différen. de 1861 à 1881
P. 100 53.1	P. 100 51.5	P. 100 51.3	P. 100 51.4	P. 100 48.4	P. 100 4.7

(1) Chapitre I, n° 2, p. 7.

(2) TISSERAND, op. cit., p. 367.

La conclusion à tirer de ce tableau est la même que celle du tableau précédent : la population agricole proprement dite est en perpétuelle décroissance.

Ce n'est donc pas seulement la population *rurale* qui est atteinte par l'émigration intérieure, c'est aussi la population plus spéciale de l'agriculture.

42. — Ici une objection sérieuse se présente à l'esprit.

Sans doute, nous le constatons, la population agricole est en continuelle décroissance ; mais cette décroissance provient-elle seulement de l'émigration ? N'y aurait-il pas aussi d'autres causes importantes de dépopulation à lui joindre ?

La question est complexe.

Tout d'abord, il est une cause exceptionnelle de diminution à écarter : la guerre franco-allemande. Il est bien certain, hélas! que la dépopulation agricole a été singulièrement accrue par la guerre de 1870 et le démembrement de territoire qui s'ensuivit. L'Alsace-Lorraine était, en effet, une des régions où la densité de la population était de beaucoup supérieure à la moyenne (108 habitants par kilomètre carré (1866)). D'après le dénombrement de 1862, elle comptait plus de 37,000 domestiques de ferme et environ 80,000 journaliers. Or, à ces ouvriers de la terre, il faut ajouter les patrons ou petits et moyens propriétaires cultivant leurs biens ; en résumé, le total est, selon M. Tisserand, une différence « d'un million d'habitants environ perdus pour nos campagnes (1). »

On doit ajouter à ce nombre une bonne partie des

(1) Tisserand, *op. cit.*, ch. IV, B. p. 366 et 369.

6000.000 décès anormaux causés par la guerre et ses suites; il faut y joindre enfin le déficit de naissances produit par la disparition de tant de soldats jeunes et vigoureux qui eussent pu perpétrer une nombreuse famille; en résumé, en évaluant à 1.600.000 individus la perte totale causée par « l'Année Terrible », on n'est pas loin de la vérité.

Certainement, cette énorme perte n'est pas tout entière imputable à l'agriculture, mais il est juste de lui attribuer la diminution extraordinaire que le dénombrement de 1872 nous fit tristement constater (1).

La guerre de 1870 a donc été une cause de dépopulation tout à fait exceptionnelle et comme telle, doit être mise de côté.

D'ailleurs, au lieu de calculer sur l'ensemble de la population agricole, prenons la population spécifique d'un kilomètre carré, et toute erreur sera évitée. Car, il ne faut pas perdre de vue que s'il y eut diminution du

(1) Voy. en ce sens intéressant art. Ec. franç. 17 févr. 1894. — Pour remédier aux maux de la guerre franco-allemande, le Gouvernement a fait les plus louables efforts. La loi du 30 juillet 1875 établit les écoles pratiques pour l'enseignement agricole. Peu après, l'Institut agronomique est rétabli et modifié (loi du 9 août 1876). — Le 16 juin 1879, une autre loi institue les professeurs départementaux d'agriculture, l'aide le plus utile et le plus pratique de l'enseignement agricole. — Le 14 nov. 1881, sous l'inspiration de Gambetta, on crée pour l'agriculture un ministère spécial. — Le 1er déc. 1883, l'inspection agricole est organisée et le 7 juillet de la même année, le Gouvernement, pour rehausser l'importance de l'agriculture parmi les branches de notre industrie nationale, inaugura pour elle une distinction honorifique spéciale : le Mérite Agricole. (Cfr. *Journ. des Econ.* 1876. 1er trim. p. 258).

nombre des agriculteurs, il y eut aussi diminution de
l'étendue du territoire (1).

AGRICULTURE	POPULATION SPÉCIFIQUE par kilomètre carré.					DIFFÉRENCES absolues de 1861 à 188¹
	1861	1866	1872	1876²	1881	
	Habitants	Habitants	Habitants	Habitants	Habitants	
	36.59	36.09	35.03	35.89	34.52	2.07

Cette fois, il n'est plus possible de s'y tromper, indépendamment des malheurs de 1871, la dépopulation
agricole, suivant une marche quasi régulière, a continuellement progressé.

La diminution n'est pas générale, certaines contrées
sont restées stationnaires; dans d'autres, la population
a même augmenté.

Sur 84 départements (3), elle a diminué dans cinquante
et un; elle est restée stationnaire dans onze, dont la
Vienne; enfin elle a augmenté dans les vingt-deux derniers.

Or, le mouvement migratoire a enlevé de 1872 à 1882,
449 561 travailleurs aux campagnes. Le déficit total de la
population agricole étant de 1.624. 284, il en résulte une

(1) TISSERAND, *op. cit.*, p. 367.

(2) L'augmentation constatée en 1876 provient de la recrudescence
de natalité qui suit toujours les guerres et les épidémies.

(3) On ne compte pas les départements situés sur la frontière allemande, la comparaison avec le passé y étant trop difficile.

diminution de 824. 723 individus, imputable exclusivement à *la famille* des travailleurs. Oui, la diminution
actuelle provient surtout de la diminution des familles ; elle provient surtout d'une diminution *des nai-
sances* (1). « Ce symptôme fâcheux souvent signalé,
dit M. Tisserand. mérite néanmoins d'être rappelé. »

43. — Ce n'est pas assez pour nous d'indiquer le mal ;
il faut en étudier à fond les causes et les moyens de le
combattre. Rien de plus dangereux, en effet. pour un Etat
que la diminution continuelle des naissances : « Il n'y
a pas pour un pays, écrivait J. J. Rousseau, de pire
disette que celle des hommes.

(1) Voici le résumé des statistiques annuelles de 1881 à 1892 :

FRANCE

Années	Mariages	Naissances	Décès	Excédent de naiss.	Excédent de décès
1881	282.079	937.037	828.828	108.229	»
1882	281.060	935.566	838.539	07.027	»
1883	284.519	937.944	841.141	96.803	»
1884	289.555	937.758	858.784	78.974	»
1885	283.170	924.558	836.897	87.661	»
1886	283.208	912.838	860.222	52.616	»
1887	277.060	899.333	842.797	56.536	»
1888	276.848	882.639	837.767	44.772	»
1889	272.934	880.579	794.933	85.646	»
1890	269.332	838.059	876.505	»	38.446
1891	285.458	866.377	876.882	»	10.505
1892	290.319	855.847	875.885	»	20.044

Ce tableau montre que les cinq dernières années n'apportent à notre natalité qu'un faible accroissement de 161,376, et si nous prenons
les trois dernières, nous nous trouvons en présence d'un déficit de
68,992 ; de plus de 100,000 si nous tenons compte des étrangers.

Cfr. Causes du ralentissement de la popul. fr. Réforme sociale,
tom. VIII. p. 351.

La diminution actuelle de la population a ceci de particulièrement grave, qu'elle se produit en pleine paix Toutes les fois que dans notre historique nous l'avions rencontrée, elle coïncidait toujours avec les périodes troublées d'une guerre civile ou étrangère. Une fois la crise passée, elle reprenait peu à peu son ancien niveau.

Or, nous n'avons pas à présent la consolation de penser que la dépopulation provient d'une mortalité excessive et temporaire résultant de combats, et qu'une fois la paix rétablie, la repopulation ramènera le niveau antérieur.

Il n'en est malheureusement rien, il n'existe aucune cause anormale de décès, et malgré une paix florissante, la population diminue.

L'évènement est grave : aussi la question actuellement à l'ordre du jour est-elle celle de la dépopulation.

Bien des solutions ont été proposées et beaucoup d'entre elles sont excellentes. Il ne faut pas croire toutefois que pour arriver au succès il suffit d'adopter une de ces solutions et de l'appliquer. Il est indispensable pour combattre le mal dont nous avons vu les fâcheux symptômes, de rechercher tous les remèdes propres à l'enrayer et de les employer tous. Car la dépopulation n'a pas une cause unique pouvant être supprimée par une seule mesure ; elle provient de causes multiples qui demandent chacune un remède à elle particulier.

Donc, pour combattre utilement la décroissance de la population, il ne faut pas s'attacher à tel ou tel système à l'exclusion de tous les autres, il faut prendre des mesures multiples, dont le groupement et l'emploi

simultanés peuvent seuls donner de sérieuses chances
de succès.

Or, au cours de nos recherches, un point nous a très
vivement frappés.

Presque tous les économistes qui ont écrit sur le
sujet n'envisagent la dépopulation *qu'en général*, ils
ne l'étudient que dans son résultat sur l'ensemble de
la population. Cela serait bien si le mouvement décroissant affectait la population d'une façon uniforme, s'il
frappait également toutes ses classes, ou toutes ses
branches; mais il n'en est pas ainsi et cette méthode
nous paraît avoir quelque chose de défectueux.

En effet, le mouvement de décroissance n'a *absolument* rien de général. Dans un même État, des régions
voient augmenter leur population alors qu'en d'autres
endroits, le nombre des habitants diminue. Les agglomérations urbaines pourront présenter un appauvrissement de natalité alors que les communes rurales
maintiendront vigoureusement la leur. On ne peut
donc pas poser de règles générales. On ne doit donc
pas raisonner sur la généralité.

Or, que font la plupart des démographes? Voici comment ils procèdent :

La population française, disent-ils, diminue d'une
façon continuelle. Cherchons les causes de ce mouvement de diminution et étudions en les remèdes.

A notre avis, cette méthode est imparfaite. Sans
doute, il faut bien poser le principe : la population dé-
croît ; mais au lieu d'accepter ce résultat dans son ensemble, au lieu d'en rechercher immédiatement les
causes, il faut étudier la dépopulation en détail ; *il ne*

suffit pas de constater qu'en somme la population dimi-
nue, il faut chercher comment dans chaque branche
de la population s'opère ce mouvement de diminution ;
il faut examiner si toutes en sont atteintes, si les classes
pauvres se dépeuplent comme les classes riches ; si la
décroissance se manifeste avec plus d'intensité chez les
citadins que chez les ruraux. Il faut voir parmi les différentes branches, quelle est la plus faible pour la procréation ou quelle est la plus prolifique. Et ce n'est que
lorsqu'on a détaillé ainsi l'étude de la dépopulation
qu'on peut vraiment en connaître les différentes et si
nombreuses causes, qu'on peut utilement chercher à
atténuer son mauvais résultat. Mais si l'on n'examine
pas la diminution dans chacun des milieux où elle se
produit, si pour y remédier on ne prend la dépopulation que dans son ensemble, on s'expose à n'en pas voir
clairement toutes les sources. On présente des remèdes
généraux alors qu'il en faudrait de particuliers ; on ne
discerne pas que la réforme doit être pratiquée seulement là ou la dépopulation sévit, et qu'il faut bien se
garder de l'étendre aux contrées ou classes encore prolifiques. En un mot, si l'on étudie seulement dans son
ensemble un effet qui a des causes si complexes, on
s'expose à une confusion inévitable, rendant stériles les
plus louables efforts.

44. — La méthode précédemment indiquée a l'avantage de révéler tout un côté d'études trop négligé jusqu'ici ; à savoir *l'importance démographique de la po-*
pulation agricole.

Cette importance, en effet, est primordiale. Le rôle que

joue chez nous la population rurale au point de vue démographique est tel que nous ne croyons pas nous avancer trop en affirmant que *la solution du problème de la dépopulation doit être cherchée de ce côté.* Oui ; c'est en étudiant spécialement la décroissance de la population agricole, c'est en examinant ses causes et les moyens d'y remédier qu'on résoudra la plus grande partie de cet important problème.

Et voici les raisons qui motivent notre principe.

La population agricole est à l'heure actuelle, non pas le principal, mais le *seul agent prolifique* de notre nation. Seule, elle peut augmenter le contingent de nos nationaux, ou tout au moins en maintenir le niveau stationnaire.

Il est bien certain d'abord que c'est la campagne qui livre à l'armée les plus forts et les meilleurs soldats. Accoutumés à de rudes labeurs, à la vie au grand air, pénible vie, toute d'effort corporel, le paysan est plus apte que tout autre au métier des armes. Ce fut la population des champs qui fournit cette armée vendéenne, entièrement composée de paysans, qui, s'ils défendaient une mauvaise cause à l'aide de moyens parfois criminels, se battaient du moins comme des lions et se faisaient tuer en héros. « C'est dans la population agricole que l'on recruta les intrépides soldats de l'armée du Rhin et de l'armée d'Italie, qui ont fait la terreur et l'admiration de l'Europe (1). »

La vigueur et la vitalité de notre population agricole sont donc hors de doute. Reste à prouver qu'elle *seule*

---

(1) Babeau. *Le village sous l'anc. rég.* V, 4. p. 374.

est l'agent prolifique de notre nation et que sans elle, nous serions rapidement réduits à un faible contingent de citoyens.

Un homme d'une grande autorité en la matière, M. Charles Richet, nous facilite singulièrement la tâche. Dans une série d'articles des plus remarquables, parus dans la Revue des Deux Mondes de 1882, il a établi sans conteste que la population rurale augmentait seule notre niveau.

« Depuis le commencement du siècle, écrit-il, en 75 ans, la population des huit ou dix plus grandes villes de France a triplé. Celle des campagnes a diminué : en 1831 elle était de 25. 877. 200 âmes ; en 1878, 24.945.064 âmes...... Or, dans les grandes villes les naissances l'emportent peu sur les décés........ Ce qui grossit leurs rangs, c'est la population rurale..... Seule elle est encore feconde......... La population rurale voilà le fond de la nation, puisque sur 37 millions de Français, il y a 25 millions de paysans ; c'est donc la classe dont la natalité importe le plus.......... (1) » Poursuivons ce raisonnement.

En 1882, dans les villes, les naissances l'emportaient peu sur les décès ; la statisque de 1893 a montré hélas ! que ce faible appoint a même disparu. Aujourd'hui, dans la majorité des grandes villes, la mortalité l'emporte sur la natalité.

Ce n'est donc pas la population urbaine qui peut maintenir le niveau démographique total de la nation

(1) RICHET, *Revue des deux Mondes*, 15 avril et 1er juin 1882. — Voy. un excellent compte-rendu de cette série d'articles, dans l'Écon. fr. juillet 1882, p. 35.

puisque sans l'immigration rurale, elle ne maintiendrait pas même le sien.

Ceci est encore confirmé par M. Richet, qui neuf ans après les articles cités *suprà,* écrivait : « Passons de la natalité de l'ouvrier de la ville, à celle de l'ouvrier de la terre, le paysan. Est-ce désintéressement, est-ce plutôt par insouciance, ceux-ci sont plus féconds que ceux-là. »

En faisant la différence des naissances sur les décès, on trouve « que la population urbaine est stationnaire, et que c'est aux campagnes qu'est dû exclusivement notre faible excédent actuel des naissances sur les décès (1). »

La population urbaine au point de vue de l'augmentation de la population totale est donc un appoint absolument négligeable.

Et alors quel coefficient soutient donc le niveau total ? C'est évidemment celui qu'apporte la natalité de la population agricole (2).

Par suite, c'est sur elle que doivent se concentrer l'attention et les efforts. M. Leroy-Beaulieu avait prévu bien juste quand, en 1880, il écrivait : « Si les habitudes de la petite bourgeoisie se répandaient *chez les métayers*

---

(1) RICHET. Réf. soc. 1er avril 1891.

(2) En ce sens, Dr Guiraud, art. sur la population, analysés par RICHET, *Revue des deux Mondes, loc. cit.* — Le « Rapport du ministre de l'Intérieur sur le dénombrement de 1891 » dit à propos des villes que « l'accroissement s'est opéré surtout... par un déplacement de la population rurale attirée vers les centres urbains industriels. » Cfr. *Annuaire de la statistique,* 1893. art. de Turquan intitulé : Population.

et ouvriers agricoles, non seulement la population n'augmenterait plus, *mais elle diminuerait* (1). »

Or les évènements sont venus confirmer ces savantes prévisions.

La natalité de la population agricole a cessé d'augmenter ; elle n'est pas même restée stationnaire, elle diminue. Et sa diminution a immédiatement entraîné la décroissance de la population totale.

Par conséquent, si l'on veut remédier à la dépopulation, si l'on veut remonter l'effectif toujours moindre de nos nationaux, il ne faut pas s'en prendre à la population en général, ni se borner à chercher des remèdes à la dépopulation dans son ensemble, il faut chercher les moyens de relever d'abord le niveau natalitaire de la population agricole (2).

C'est elle qui est le grand facteur de la repopulation ; c'est elle dont l'importance démographique doit enfin attirer l'attention et concentrer tous les efforts.

Le jour où comme autrefois, la population agricole donnera un excédent de natalité, ce jour là nous verrons s'arrêter la dépopulation de la France.

---

(1) LEROY-BEAULIEU, *Écon. fr.* mars 1880, p. 309.

(2) Cfr. *Journal des Éc.* 1878, 3ᵉ trim. p. 342 ; voyez notamment les p. 349 et 350.

DEUXIÈME PARTIE

DIMINUTION DE LA POPULATION AGRICOLE
ET DES MOYENS D'Y RÉMÉDIER

Préliminaire

45. — La diminution de la population agricole résulte à notre sens, de deux faits principaux :

A. De l'émigration, qui enlève aux campagnes un certain nombre de leurs habitants.

B. D'un appauvrissement de la vitalité, qui se traduit par une diminution perpétuelle des naissances et la persistance d'une mortalité excessive.

A notre avis, ces deux faits résument toutes les causes de la dépopulation agricole. Leur examen successif va fournir l'objet de deux chapitres, composant cette seconde partie.

CHAPITRE PREMIER

DE L'ÉMIGRATION

46. — L'émigration est pour la population agricole une cause de diminution absolue.

Elle se présente sous un double aspect :

(1) DOCUMENTS. — Econ. franç. 1874. 1er sem. p. 151 et 180 — 1883, 1er sem. p. 164 — 1885, 2e sem. p. 196 — 1886, 1er sem. p. 192 ; 2e sem. p. 134, 232, 431 — 1887, 1er sem. p. 404 ; 2e sem. p. 141 — 1888, 2e sem. p. 162, 2e col. in-fine — 1889, 2e sem. p. 353 — 1890, 2me sem. p. 387; 1er sem. p. 361 — 1891. 2e sem. p. 687 — 1892, 1er sem. p. 619 — 2e sem. p. 357 et p. 132, 2e col. — Journal des économistes. 1851. 1er trim. p. 9 et 10 ; 4e trim. p. 13 et s. — 1859, 1er trim. p. 425 et s ; 3e trim. p. 112 — 1860, tome XXVIII, p. 213 — 1870, 2e trim. p. 47 — 1878, 3e trim. p. 334 — 1881, 1er trim. p. 390 et s. — 1884, 4e trim. p. 209. — 1889, tome I. p. 204. — Journal de la soc. de statistique, mai 1884, p. 193 — Réforme soc. 1882, 1er sem. — Monde économ. 1892, 1er sem. p. 143 ; 2e sem. p. 197 — 1893, 2e sem. 3 juin — Mém. de l'Acad. des sc. mor. et polit. 1857, tome XXXIX, p. 319 — 1858, tome XLV, p. 80 — Cod. XI, 8.

(1) BIBLIOGRAPHIE. — Leroy-Beaulieu : La répartition des rich.

Elle est extérieure, lorsque les paysans quittent le
sol national pour aller s'établir aux colonies ou à l'étranger.

Elle est intérieure, lorsque le mouvement se borne à
un déplacement local du paysan, quittant la campagne
pour la cité.

SECTION I

De l'émigration extérieure

47. — Les deux formes de l'émigration ne présentent
pas au point de vue de la dépopulation des campagnes,
un intérêt égal.

En France, nul ne l'ignore, le mouvement migratoire
vers les colonies ou l'étranger, n'a qu'une importance
secondaire, si on le compare à celui des autres pays de
l'Europe (1).

chap. VII, p. 197 et s. — Tisserand : Rapport sur l'enquête décennale
de 1882, V, p. 371, § 3. p. 382. — 4º p. 398. — Deneus : Réserve héré-
dit. p. 162. — Nouv. dict. d'écon. polit. de L. Say : s. v. dépopulation, tome I, p. 695 et s. § 3. (F. Bernard). — s. v. emigration, § 3.
tome I, p. 800, col. 2 (Turquan). — E. About : le Progrès, p. 156. —
Virgile, Géorgiq. livre II, v. 457. — Ch. de Ribbe : la famille et la
soc. en France, p. 447. — Taine : Orig. de la France cont. I. 429 à
455. — de Mirabeau : l'Ami des hommes, I, p. 260.

REVUES ÉTRANGÈRES. — Christlich sociale Blätter. 1892, p. 276 à
281. — Die neue Zeit, Xᵉ année, tome I, p. 683 à 688 et p. 747 à
753. — The Economist, nº 29 août 1891.

(1) Voici ce qu'écrit un Belge, en 1894, à ce sujet : « La France fait
« tous les jours de nouvelles conquêtes et ne sait comment les faire

Cependant, depuis 1887, on a signalé une accélération notable de ce mouvement. Ainsi de 1880 à 1887, le nombre des émigrants se maintenait entre cinq et sept mille : en 1887, il monte à onze mille ; en 1888, à vingt-trois mille ; et depuis cette époque, c'est entre vingt et trente mille qu'il n'a cessé de varier (1).

« Dans la période de 1887 à 1890, il s'est passé en France un phénomène tout à fait nouveau, dit M. Leroy-Beaulieu. C'est que l'émigration a pris parmi nous un très grand développement. A la suite notamment du phylloxera dans la vallée de la Garonne et des manœuvres des agents d'émigration des pays Sud-Américains, il y a eu annuellement, ce qui ne s'était jamais vu, jusqu'à 30.000 ou 40.000 émigrants en France (2). »

Il convient d'ajouter que les vignobles du Midi se sont reconstitués ; que les émigrants, au lieu de la fortune que les promesses des agents leur faisaient espérer, n'ont rencontré que la misère. Le mouvement migratoire s'est alors considérablement ralenti.

L'émigration extérieure est donc une cause appréciable de la diminution démographique agricole. Mais,

« fructifier, faute d'émigrants de la mère patrie. Comparez ses colo-
« nies à celles de l'Angleterre ; songez à l'énorme influence que les
« Allemands ont acquise aux États-Unis. Pendant que la France essaie
« péniblement de coloniser l'Algérie et la Cochinchine, l'Angleterre
« envoie annuellement des milliers d'émigrants intelligents et dé-
« terminés aux Indes... et l'Allemagne se place soudain au rang des
« grandes puissances coloniales. » (DENEUS, op. cit. p. 162.)

(1) Voyez Nouv. Dict. écon. polit. s. v. émigration (art. de Tur-quan).

(2) LEROY-BEAULIEU, Écon. fr. 1892. 1er sem. p. 619.

mise à côté des autres causes de dépopulation des campagnes, elle n'a qu'un effet relativement secondaire.

Et cela est regrettable, car, ainsi que nous le verrons,
la colonisation est le *seul* palliatif efficace à l'encombrement des villes provenant de l'émigration suburbaine.

SECTION II

De l émigration suburbaine

48. — Les paysans ne quittent pas tous leurs villages
pour tenter la fortune aux colonies ou à l'étranger.

La majeure partie d'entre eux abandonne le séjour
des champs pour venir s'installer à la ville ; ce mouvement constitue une émigration intérieure, que nous
qualifierons d'émigration suburbaine.

Sous cet aspect, l'émigration vers les villes a une
telle importance pour la démographie agricole, qu'on l'a
confondue souvent avec la dépopulation des campagnes
elle-même (1), dont elle n'est qu'un élément.

49. — Or, nous savons que la population agricole renferme plusieurs classes d'individus, propriétaires, fermiers, régisseurs, métayers, domestiques, etc... (1). Ces
différentes catégories ne contribuent pas toutes à l'émigration de même manière. Et le premier point à éclairer
est celui de savoir le plus exactement possible, quelle

---

(1) Voy. *Nouv. dict. d'Écon. polit.* s. v. *dépopulation*, François
BERNARD.

(1) Voy. notre première partie, ch. I, n° 6.

classe d'agriculteurs fournit au mouvement migratoire son plus important contingent?

A priori ce n'est évidemment pas celle des propriétaires.

Fixés au sol par le lien de la propriété, le plus puissant de tous (surtout à la campagne), les propriétaires en général ne songent nullement à émigrer. Il est bien avéré qu'un paysan propriétaire, quelque petit que soit son avoir, préfère vivre plus ou moins misérablement sur son lopin de terre que de l'abandonner.

Bien différente est la situation du simple travailleur salarié. L'ouvrier de la terre, celui qui n'a pour capital que sa bêche et ses deux bras, n'hésite guère à quitter les champs s'il entrevoit ou croit entrevoir ailleurs une condition préférable.

Il y a, par conséquent, lieu de présumer que la classe émigrante est surtout celle des travailleurs agricoles non propriétaires ; et, c'est ce que les chiffres viennent confirmer.

Il ressort de ce tableau (1) que la classe des propriétaires cultivant exclusivement leurs biens a augmenté de 338.123 individus. En effet, les fermiers, les métayers, les journaliers qui tout en cultivant leurs terres, étaient forcés en outre de travailler pour autrui, ont pu à force d'économies et même de privations arrondir leur patrimoine ; ils ont acquis assez de biens pour que la culture en soit suffisante à leur subsistance et de ce fait, ils ont grossi le nombre des propriétaires travaillant exclusivement pour eux.

_____

(1) Voy. TISSERAND, *op cit.,* p. 371.

Cultivateurs propriétaires et non-propriétaires.

RÉPARTITION des travailleurs agricoles propriétaires et non propriétaires	1862 (86 départ.)	1882 (87 départ.)	NOMBRE par kil. carré du territoire		DIFFÉRENCES de 1862 à 1882	
			1862	1882	absolues	relatives
1° PROPRIÉTAIRES						
Cultivant exclusivement leurs biens soit seuls, soit avec l'aide de leur famille ou d'autrui (régisseurs, maîtres valets, ouvriers ruraux)......................	1.812.573	2.150.696	3.34	4.07	338.123	18.66
Cultivant leurs biens{fermiers mais travaillant en ou-{métayers tre pour autrui comme{journal.	648.836 203.860 1.134.490	500.144 147.128 727.374	1.19 0.37 2.09	0.94 0.28 1.37	— 148.692 — 56.732 — 407.116	— 22.91{ — 27.83} — 30.84 — 35.90(
Totaux et moyenne.........	3.799.957	3.525.342	6.99	6.66	— 274.417	— 7.22
NON PROPRIÉTAIRES						
Régisseurs	10.215	17.966	0 04	0.08	7.751	75.25
Fermiers..................	386.533	468.184	0.71	0.89	81.651	21.12{
Métayers..................	201.527	194.448	0.37	0.36	— 7.079	— 3 51{ — 2.82
Journaliers	869.254	753.313	1.61	1.43	— 115.941	— 13 33)
Domestiques de ferme........	2.095.777	1.954.251	3.85	3.71	— 141.526	— 6.75
Totaux et moyenne.........	3 563.306	3.388.162	6.55	6.42	— 175 144	— 4.09
Totaux gén. et moyenne gén.	7.363.065	6.913.504	13.54	13.(8	— 449.861	— 6.10

Mais à côté des cultivateurs qui sont devenus propriétaires, il y a ceux qui, n'ayant aucun espoir de s'enri-
chir ou d'acquérir une propriété, ont préféré chercher
autre part une situation plus aisée ou paraissant telle.

Et de ceux-là le nombre est grand. Sur les 449.561
individus qui, tout compte fait, ont abandonné la terre
dans une période de vingt années, il est bien certain,
puisque le nombre des propriétaires a augmenté, que
l'émigration a recruté dans les rangs des non-propriétaires, la presque totalité de ses adhérents.

50. — Quelles sont alors les causes de cette émigration des campagnes vers les cités?

On en a proposé plusieurs classifications.

M. F. Bernard, dans le *Nouveau Dictionnaire d'Économie politique* les divise sommairement en « causes
efficientes » et « causes déterminantes ».

Les causes efficientes sont celles « absolument corré-
latives du phénomène de la dépopulation ». Les causes
déterminantes sont celles « qui ne se rencontrent pas
dans les conséquences même de l'émigration rurale. (1) »

Cette classification, d'ailleurs très sommairement pré-
sentée, nous semble un peu confuse.

Nous lui préfèrerions celle que M. Leroy-Beaulieu
indique dans sa « Répartition des richesses » (2). Mais
l'éminent économiste envisage la dépopulation des campagnes non pas au point de vue rural, mais au point

(1) BERNARD, *Nouv. dict. d'Écon. pol.* s. v., *Dépopulation*, page
695 et s.

(2) LEROY-BEAULIEU, *la Répartition des richesses*, chap. VII, p.
197 et s.

de vue urbain ; il examine les causes de l'accroissement des cités et non celles de l'émigration des campagnes.

Ce n'est pas absolument le même objet. Il est des causes d'accroissement des villes qui n'ont rien à faire avec la population agricole ; telle : le transfert de la capitale d'une ville dans une autre (1) ; telle : l'attraction de la cité sur les gens oisifs ayant fortune faite ou carrière terminée (2).

Il y a assurément des points communs ; mais la question est traitée à un point de vue différent.

De plus, les classifications qu'on a proposées des causes de l'émigration des campagnes ont à nos yeux un autre défaut.

Elles paraissent supposer qu'il existe plusieurs causes réelles, directes, de l'émigration.

Et, à notre avis, il n'y en a qu'une seule.

Nous pensons que l'émigration des paysans vers la ville, provient d'un seul sentiment, inné chez l'homme : *le désir d'acquérir une condition meilleure.*

Et que toutes les autres causes ne sont que des auxiliaires : des propulseurs plus ou moins actifs de ce sentiment.

Prenons, par exemple, des faits qui ont coutume d'être regardés comme des causes de l'émigration suburbaine, ainsi : la facilité des communications, l'extension donnée à l'instruction, le service militaire.

Ces diverses institutions ne causent pas directement l'émigration du paysan ; elles ne l'amènent que d'une

(1) Ce qui fut le cas de Versailles, de Berlin, de Florence.
(2) LEROY-BEAULIEU, *eod. loc.*

façon indirecte en excitant chez lui le sentiment dont nous avons parlé plus haut.

La facilité des communications lui permet de comparer plus souvent son sort à celui du citadin ; la demi instruction qu'il a reçue éveille en lui une certaine assurance ou une certaine ambition ; le service militaire lui fait momentanément goûter la vie des grands centres. Tout cela vient augmenter la force de ce désir naturel d'amélioration d'état que chacun possède plus ou moins ; toutes ces causes le provoquent, l'incitent, l'activent, et le paysan est finalement entraîné à quitter la charrue pour essayer cette existence urbaine que les faits précédents lui ont fait miroiter devant les yeux.

Il n'y a donc réellement qu'une seule cause maîtresse de l'émigration suburbaine ; c'est ce sentiment si légitime qui pousse l'homme à chercher une meilleure condition, Les autres causes n'en sont que des corollaires ; elles en provoquent plus fréquemment les manifestations, ce sont des auxiliaires de son développement, mais au point de vue strict de la dépopulation émigrante, leur effet est indirect ; elles ne l'amènent qu'en favorisant les tendances naturelles du paysan.

Examinons donc ces tendances naturelles de l'homme qui sont la cause principale de l'émigration suburbaine ; nous en étudierons ensuite les mobiles auxiliaires.

51. — Si le paysan demeurait toujours au village, il est certain qu'il ne lui viendrait pas à la pensée de le quitter, car c'est seulement par comparaison qu'on trouve sa condition pire ou meilleure. Le mineur qui

qui a toujours vécu dans la mine, le laboureur qui a
passé sa vie aux champs caressent peu l'hypothèse
d'une condition préférable et ressentent encore moins
le désir d'en changer.

Autrefois, les cultivateurs ne connaissaient guère en
fait de villes, que le chef-lieu du canton.

Les jours de foire et de marché, ils y allaient écouler
le produit de leurs récoltes et faire quelques rares achats
d'ustensiles et de vêtements. Aujourd'hui, il n'en est
plus ainsi. Le campagnard va maintenant fréquemment
à la ville et peut comparer tout à son aise les avantages de la vie rurale et ceux de la vie urbaine. Les
magasins splendides l'arrêtent par leurs brillants éta-
lages ; il compare les rues macadamisées aux bourbiers
où il patauge ; il travaille au grand air, mais le labeur
est plus rude que dans l'atmosphère lourde de la cité.
Et puis, les jours où le paysan vient en ville sont le plus
souvent des dimanches ou des fêtes ; les citadins en
toilette lui paraissent encore plus heureux ; il voit des
écoles splendides, des musées, des bibliothèques, des
théâtres, des concerts sur les promenades publiques ;
il sent que le village appesantit l'intelligence ; que le
séjour de la ville, le frôlement de l'activité commerciale ou industrielle, la développe ; et alors il se trouve
mal vêtu, lourd, ignorant, grossier. Au cabaret, un
homme, habillé comme un bourgeois, l'étonne par sa
volubilité. Cet individu qui pérore dans le langage de
tout le monde, qui donne son opinion sur tous les sujets
avec la hardiesse et l'autorité d'un savant, ce beau par-
leur qui paraît posséder tant de science et qui *cause si
bien*, c'est un ouvrier, un prolétaire comme lui.

Et le travailleur rural compare. Combien le sort du citadin ne lui paraît-il pas préférable ! Il interroge, il se renseigne et il entend qu'à la ville on peut gagner 3 et 4 francs par jour comme manœuvre. Ce chiffre paraît merveilleux à notre campagnard ; il ne voit pas toujours que si le salaire augmente, la vie est plus chère, les frais plus nombreux ; il ne comprend pas la différence du salaire réel et du salaire nominal, et il se prend à désirer ardemment le sort du citadin qui lui paraît mille fois préférable au sien. En apparence, peut-être ; mais l'apparence est la chose qui séduit le plus le paysan.

Et quand le soir, il rentre par des sentiers boueux et déserts sous l'humble toit de la ferme, l'ouvrier agricole est pensif ; la demeure lui paraît sombre ; ses yeux éblouis par la clarté du gaz lui font trouver plus faible la lumière de la chandelle.

Ah ! quant il s'agit d'un paysan propriétaire, qui se suffit à lui-même, la question est tout autre. Celui-là est habitué à son chez soi, et lorsqu'on a un chez soi, on le préfère au plus enchanteresses demeures parce qu'on y est dans *sa* maison et qu'on y commande en maître.

A la ville, le paysan propriétaire se sent plus tôt mal à l'aise ; la supériorité des autres lui déplaît et le gêne, il se sent ou se croit l'inférieur de tous ces messieurs qui passent. Rentré aux champs, il redevient quelqu'un; il est le maître dans son bien et nul, dans son logis, ne lui est supérieur. Cette satisfaction lui fait oublier facilement les attractions de la cité.

Mais l'ouvrier de la terre, le simple journalier ou domestique de ferme qui ne possède rien, qui a besoin

des autres chez lesquels il vit et devra toujours vivre
sans jamais pouvoir espérer commander à son tour,
quels liens peuvent le retenir au village, s'il a le désir
de le quitter ? Au moins aura-t-il plus de satisfactions
à la ville, où peut-être il a vu l'un de ses compagnons
réussir ; au moins pourra-t-il essayer d'y conquérir son
indépendance. Mais là dans un coin retiré où rien n'invite l'intelligence à l'effort, où rien n'excite l'activité,
où la routine rouille jusqu'aux plus louables sentiments,
il sent trop qu'il n'a rien à espérer, rien à faire.

« Et voilà, s'écrie About dans son remarquable livre
« le Progrès », voilà l'homme que certains moralistes
« persécutent de leurs sermons pour qu'il demeure au
« fond de son trou ! Ne les écoute pas, mon garçon.
« mets tes meilleurs souliers si tu en as et prends le
« chemin de la ville. On a vu plus d'un pauvre paysan
« faire fortune à la ville, on n'a jamais conté qu'un pau-
« vre citadin se fut enrichi au village. C'est pourquoi,
« fais ton paquet (1) ! »

Sans doute, depuis le temps où ces lignes ont été
écrites, la situation de l'ouvrier agricole s'est améliorée ;
et s'il borne sa comparaison à ce progrès, il se sentira
heureux et restera aux champs. La nourriture est meilleure ; les salaires ont notablement augmenté (2) ; l'habitation est moins indigente.

(1) ED. ABOUT, « Le Progrès », p. 156 (1ᵉʳ édit.).

(2) En comparant les salaires des ouvriers relevés par l'enquête de
1862 à ceux relevés par l'enquête de 1882, on constate :

pour les servantes de ferme une augmentation de	80	0/0
— maîtres-valets..... — —	28	0/0
— laboureurs........ ·· —	26 1/2	0/0
— ouvriers agricoles.. — —	26	0/0

(Cfr. TISSERAND, op. cit., V. § 3, p. 382.)

GUÉRY 9.

Si l'on compare toutefois la situation de l'ouvrier agricole à celle de l'ouvrier d'industrie, on trouvera qu'en apparence « le premier a la condition d'un deshérité. (1) »

Or, c'est à cela que s'arrêtera le campagnard : il ressentira fortement cette impulsion naturelle qui pousse l'homme à rechercher sans cesse davantage de bien-être, et il partira.

Voilà la cause principale de l'émigration suburbaine.

52. — A côté d'elle sont les mobiles qui favorisent plus ou moins son développement selon qu'ils provoquent plus ou moins la tendance naturelle de l'homme à se manifester.

Ces mobiles ou, si l'on veut, ces *causes auxiliaires* sont multiples. Il est impossible d'en donner une énumération complète, car le progrès de la civilisation en apporte chaque jour de nouvelles.

Nous examinerons seulement les plus importantes que nous classerons d'après leur effet, en causes expulsives et causes attractives.

Les principales causes expulsives sont : l'effet de la concurrence étrangère, l'emploi des machines, certains fléaux, l'instruction, le défaut d'institutions d'assistance, de retraites et de secours mutuel.

Les principales causes attractives sont : l'extension des grands travaux publics, la facilité des moyens de communication, le service militaire, le luxe des cita-

(1) Voy. BLANQUI, *Journ. d. Écon.* 1851, 1er trim., p. 9 et 10. — Cfr. *Écon. franç.* 1890, 1er semestre, p. 361.

dins, l'attrait du salaire nominal, des lectures inutiles
et parfois nuisibles.

A. *Causes expulsives*. — Au premier rang des causes
expulsives vient se placer l'effet de la concurrence étrangère. Depuis quelques vingt ans surtout, notre agriculture l'a redoutablement ressentie. Les pays neufs, jadis
incultes, se sont peuplés ; les habitants ont défriché ces
terres qui n'ayant jamais été fatiguées par la culture,
sont maintenant d'une fertilité merveilleuse, et ne coû-
tent rien à l'agriculteur.

Cette réunion d'avantages, jointe au change élevé des
pays monométallistes argent, a permis une production
à des prix incroyables de bon marché, et l'ancien monde
pour soutenir la lutte a dû recourir à des mesures de
protection.

Toutefois la concurrence a obligé le cultivateur euro-
péen à baisser ses prix, à augmenter sa production, à
diminuer sa main-d'œuvre.

L'emploi des machines s'est généralisé (1); elles ont
remplacé les bras, et, de ce second fait, l'ouvrier agricole s'est vu forcé d'offrir son travail à d'autres industries.

Dans certaines régions, des fléaux sont venus ruiner
la culture et priver les agriculteurs de leurs salaires ou
de leurs revenus. Par exemple le phylloxera dans le

(1) Voy. Tisserand, V. 4° p. 398. — On constate de 1862 à 1882 :
pour   les charrues,   une augmentation de   60.766 instruments.
—   houes à cheval,   —   —   169.564   —
—   machines à battre   —   —   110.312   —
—   semoirs mécaniq.   —   —   18.538   —
—   faneuses à cheval,   —   —   27.715   —
Le progrès est frappant.

Midi et le Centre de la France. J'ai vu aux environs de Poitiers, des familles entières quitter le pays faute de ressources ou de travail suffisant à leur subsistance. Car la vigne rapporte beaucoup au viticulteur (7 et 8 0/0 en moyenne); et la même superficie de terrain, qui donnait un revenu suffisant grâce à la vigne, ne donne plus maintenant qu'un rendement minime quelle que soit la culture employée.

Le morcellement peut-il être rangé parmi les causes qui chassent le paysan de la campagne? D'une façon générale, non. Ce point, que nous retrouverons du reste, a parfaitement été établi par M. de Foville, le maître en cette matière. Ce n'est que dans certains cas, bien rares, que le morcellement, *devenant excessif*, oblige les détenteurs à abandonner le bien.

N'oublions pas de mentionner un agent fécond de l'émigration suburbaine : l'Instruction (1).

Rien n'est aussi discutable que la façon dont elle est donnée dans les campagnes, et rien n'est aussi discuté (2); on s'accorde à reconnaître l'inutilité de certaines parties du programme de l'enseignement et l'on déplore d'une manière unanime, le défaut d'instruction agricole (3). Effectivement, telle que le paysan la recevait il y a seulement quelques années, et, malgré les réformes récentes, telle que le paysan la reçoit encore

---

(1) Voy. excellente démonstration, *Econ. fr.* 1885, 2e vol. p. 196. — et 1890, 2e sem. p. 387.

(2) Cfr. *Nouv. dic. d'Econ. polit.* s. v. Dépopulation, § 3, p. 695.

(3) *Académie des Sc. mor. et pol.* 1858, tom. 45. p. 80. — *Econ. fr.*, juin 1885. p. 196.

aujourd'hui, l'instruction le détourne plutôt de la terre. Il trouve indigne de lui le rude labeur des champs ; il rêve d'aller à la ville, dans un bureau comme un monsieur, passant ses journées à quelque monotone ouvrage de copie, car son semblant d'instruction ne lui permet pas davantage.

Il y a sur ce point beaucoup à modifier, et nous aurons occasion d'y revenir lorsque nous étudierons les moyens d'enrayer la dépopulation agricole.

Pour terminer, nous signalerons au nombre des causes expulsives, l'absence trop complète à la campagne d'institutions d'assistance, de secours mutuel et de retraites (1). Il est bien certain que de ce côté là, l'organisation urbaine est incomparablement supérieure.

L'ouvrier d'industrie a des sociétés de secours mutuel qui l'assisteront en cas de maladie. Il peut s'assurer une retraite pour ses vieux jours ; or, l'ouvrier agricole est bien moins favorisé.

Néanmoins, la loi du 15 Juillet 1893, sur l'assistance médicale gratuite, a constitué en la matière un réel progrès ; nous la retrouverons en examinant les moyens de combattre la mortalité (1).

B. — *Causes attractives.* — Si nous passons des causes qui chassent le paysan de la campagne à celles qui l'attirent à la ville, nous trouvons tout d'abord : l'extension considérable des grands travaux publics. Les chantiers de l'entrepreneur offrent place à de nombreux manœuvres, auxquels on ne demande que du travail

(1) *Nouv. Dict. polit.* (François Bernard), tom. I, p. 695.
(2) Sect. 2, ch. II, de notre seconde partie.

manuel, rien de plus ; tout homme robuste ou adroit
y peut être employé. Or, depuis quelques années, les
travaux publics ont pris un essor considérable. On a
percé des rues, établi des boulevards, installé le gaz,
creusé des égouts, organisé des services d'eaux ; il a
fallu des terrassiers, des maçons, des manœuvres en
nombre plus grand que la cité ne pouvait en fournir,
et les entrepreneurs ont dû recruter aux champs une
grande partie de leur personnel. Qu'on songe seulement
à l'établissement des chemins de fer, au chiffre énorme
de leurs employés, à la multitude d'hommes qu'il leur
a fallu.

La facilité et le bon marché des moyens de communication permettent à l'ouvrier agricole de se rendre à
chaque instant à la ville ; et il en use largement. Bon
nombre de jeunes villageois vont passer le dimanche à
la cité voisine et ces visites répétées sont comme autant
d'invitations à venir se fixer pour toujours dans cette
cité séduisante, dont il sont à même de goûter si souvent
les charmes.

Le service militaire, maintenant obligatoire pour
tous, n'est pas sans avoir aussi une certaine influence,
et malheureusement, nous le verrons, une influence
plutôt fâcheuse (1). Combien de jeunes gens contraints
d'habiter la ville pendant quelques années, se sont
accoutumés aux sensations plus intenses de la vi-
urbaine et ne veulent plus du calme des champs ? Combien, surtout s'ils ont pu atteindre les galons de sous-

(1) TURQUAN, *Nouv. Dict. d'écon. polit.* § 3, p. 800, 2e col. — et
notre ch. II (2me partie), no 54. B.

officiers, rengagent, tâchent de trouver un emploi, font
l'impossible pour jouir encore de la ville plutôt que
d'aller reprendre la charrue, que de retourner à la
culture dont le labeur leur paraît trop pénible, grossier
ou monotone.

Le luxe des citadins qui réclame un plus grand
nombre de domestiques soustrait aussi aux campagnes
une bonne partie de leurs habitants. Il y a moins de
domestiques attachés à une seule personne, mais il y
a plus de personnes ayant des domestiques (1). Cette
cause d'émigration est regrettable ; car ce sont presque
toujours des femmes qui sont ainsi enlevées à l'agriculture, des filles qui restent à la ville et ne reviennent
guère s'établir au village.

L'attrait du salaire n'est pas étranger à ce mouvement. Le villageois se laisse éblouir par un chiffre
élevé et ne réfléchit pas que 4 francs ou 4 fr. 50 à la
ville ne représentent pas plus de 3 francs ou 3 fr. 50 à
la campagne.

Dernièrement enfin, une nouvelle cause d'émigration
a surgi sous la forme du porteur de journaux. La lecture
d'une presse trop souvent peu recommandable, est bien
pour quelque chose dans la désertion actuelle des
champs.

Nous croyons avoir suffisamment indiqué les principaux faits qui déterminent l'ouvrier agricole à changer
de condition ; nous avons à nous demander maintenant,
s'il est possible et s'il faut s'opposer à ce mouvement
migratoire dont les causes nous sont connues.

(1) *Econ. franç.* 1892, 1er sem. p .619.

53 — A la première question, nous opposons une réponse catégorique. L'émigration suburbaine est impossible à empêcher.

Sa cause est essentiellement liée à la nature même de l'homme. Partout où il y a eu et où il y aura une société constituée, en quelque pays et à quelque époque que ce soit, on rencontrera le même phénomène ; c'est une conséquence de la civilisation.

Aussi ne peut-on s'empêcher de trouver plaisant que des hommes aient cherché les moyens d'arrêter un tel mouvement. Les uns ont proposé des mesures juridiques, d'autres des mesures économiques ; quelques-uns même ont proclamé que la loi ni la science n'avaient affaire en la matière, qu'il fallait s'adresser à la seule raison et procéder par persuasion.

De fort beaux livres ont été écrits dans ce but et l'état actuel démontre suffisamment quel en a été l'utile résultat.

Pourquoi ceux qui vantent tant les charmes de l'agriculture vivent-ils à la ville et ne se font-ils pas agriculteurs ? Ils ne le peuvent pas, leurs aptitudes sont autres ; soit. Toutefois, si on leur offrait des terres à cultiver pour qu'ils puissent goûter eux-mêmes les charmes de la vie champêtre ; s'ils devaient aller braver 40 degrés de chaleur pour faire la moisson ou rester toute une journée courbés en deux sur un guéret, ils laisseraient bien vite l'air pur des champs et les beautés de la nature pour retourner dans l'atmosphère malsaine de leurs cités.

D'ailleurs le prétendu mal est si invétéré qu'il devrait décourager les plus entreprenants.

« O fortunatos nimium, sua si bona nôrint »

« Agricolas ! (1) »

s'écriait déjà Virgile.

Trop heureux laboureurs ! Il est étrange que depuis plus de dix-huit siècles, ils s'obstinent à ne pas vouloir reconnaître enfin leur bonheur. Les délices de la vie champêtre, la fraîcheur des bois, les riantes prairies, tout cela est très beau quand on a rien de mieux à faire qu'à les contempler, mais on n'y fait guère attention quand sous un soleil torride, il faut gagner son pain à la sueur de son front. Une félicité dont les heureux bénéficiaires ne se sont jamais aperçus, et qu'ils ont même fuie de toutes leurs forces, paraît au moins suspecte et mérite réflexion.

Plus tard, Justinien consacre à la dépopulation des campagnes tout un titre de son Code (2).

Sous Henri II, les gens de village voulaient s'habiller à la manière des gens de la ville. Plus tard, Bernard Palissy écrit : « Le laboureur veut faire de son fils un monsieur (3). »

De 1750 à 1789 on se plaignit « de l'abandon des campagnes, du manque de bras, de l'émigration vers la ville (4). »

Et la raison est toujours la même, c'est que chacun veut s'élever : « Le fils du paysan devient procureur, et celui du laquais employé (5). »

(1) VIRGILE, Géorgiques, liv. II, vers 457.

(2) Liv. XI, Code, (tit. VIII).

(3) CHARLES DE RIBBE, *la famille et la société en France*, p. 447.

(4) TAINE, *Orig. de la France contemp*. I, 429 à 455. — Cfr. notre historique, ch. II, n° 38.

(5) DE MIRABEAU, *l'Ami des hommes*, I, p. 260.

Un tel *mal* est trop légitime pour n'être pas incurable.
De plus, son étendue n'est pas limitée à la France; il
est universel.

L'enquête de la commission royale en Angleterre
constate une augmentation constante du salaire agricole produite par la raréfaction des ouvriers ruraux (1).

L'enquête de l'Association allemande pour la politique sociale constate l'émigration des paysans de l'Est
vers les villes. Les Rentengüter, concessions de petits
domaines, ne réussissent pas à les retenir.

Les revues socialistes allemandes signalent toutes
cette affluence de la campagne vers la cité (2).

« *Le Nouveau Temps* » (Die neue Zeit) de Stuttgard,
dans un article intitulé « La Croissance de la population
des villes (das Wachstum der Städtischen Bevölke-
rung) (3) montre que ce mouvement se produit en France,
en Angleterre, aux États-Unis, en Norwège, au Dane-
mark, en Autriche, en Allemagne et au Canada et toujours au détriment des campagnes.

Pour le Canada nous pouvons même présenter un
document tout spécial; le journal « The Economist »
(29 août 1891) sous la rubrique « The Progress of Canada » en fait la statistique décennale depuis 1881. Il y
signale l'aggrandissement des villes tandis que les dis-

(1) *Monde écon.* 3 juin 1893. — Cfr. *Écon. franç.* 1887, 2ᵉ sem.
p. 141.

(2) CHRISTLICH SOCIALE BLATTER, 1892, p. 276 à 281 (l'article est intitulé : « Démonstrations dangereuses de la statistique de la population.
« Bedenkliche Erscheinungen der Bevolkerungsstatistik. »).

(3) Die neue Zeit, Xᵉ année, tom. I, p. 683 à 688 et p. 747 à 753.

tricts agricoles perdent des habitants et restent stationnaires.

On doit conclure à l'universalité de l'émigration suburbaine ; ce fait n'a rien d'étonnant du reste, puisque le
progrès de la civilisation, d'où elle découle, se fait aujourd'hui universellement sentir.

Quant à vouloir arrêter le mouvement, aucun économiste n'y pense plus ! « Essayer même d'en changer le
sens... serait folie: ce serait tenter de s'opposer aux lois
physiques de l'équilibre social qui est incessamment
détruit par l'action de la concurrence individuelle et qui
se rétablit de même nécessairement sous les mêmes influences (1). »

Non seulement il est impossible de l'arrêter, mais il
est à croire de plus que l'émigration suburbaine ne fera
qu'augmenter ; tout y contribue : les facilités actuelles
et innombrables de locomotion, le développement de la
civilisation, le progrès en un mot, et surtout le progrès
industriel.

Lorsque Colbert, en effet, sacrifia l'agriculture à l'industrie (2), il provoqua, nous le savons, une diminution
notable de la population des agriculteurs. Plus notre
pays deviendra industriel, plus nous verrons diminuer
le nombre des ouvriers agricoles qui seront comme as-
pirés par le développement de l'industrie. L'exemple de
l'Angleterre est là pour prouver que la population industrielle d'un pays augmente, plus sa population agricole diminue ; le progrès de la première amène un déplacement forcé des individus de la seconde.

(1) *Nouv. dict. d'Écon. polit.*, tom. I, p. 695 (François BERNARD).
(2) Voy. notre 1re part. ch. II, no 31.

Et maintemant, allons plus loin.

Quand bien même il serait possible d'arrêter l'émigration suburbaine, nous prétendons qu'il serait mauvais et dangereux de s'y opposer.

La désertion des campagnes n'a pas les conséquences désastreuses que certains lui prêtent. Assurément, elle a des inconvénients ; mais elle a aussi de réels avantages, double point que nous allons examiner.

54. — Il est devenu banal de déplorer l'abandon des campagnes ; c'est une thèse qui remonte si loin. Ses partisans prétendent que « l'agriculture manque de bras », terme consacré ; et sans approfondir quel mal peut résulter de ce prétendu manque de bras, on parle de l'avenir redouté où nos champs si fertiles seront devenus des landes et des déserts !

Chacun connait ces doléances ; elles sont depuis longtemps lieu commun.

Autrefois, l'affirmation n'était même pas contestée. Tous les écrivains jetaient le cri d'alarme ; les Académies de province faisaient de même.

En 1846, l'Académie de Nantes mit au concours cette question :

« Des causes de l'émigration des campagnes vers les « villes et les moyens de l'arrêter. »

En 1855, l'Académie de Besançon, indiquait comme sujet :

« Rechercher les causes de l'émigration des campa- « gnes vers les grands centres de population ; en expo- « ser les conséquences au point de vue de la morale, de l'hygiène, et de la fortune publique…, »

Toutes les revues économiques de cette époque nous apparaissent pourvues d'articles sur la dépopulation des campagnes et en déplorent les funestes résultats.

Le *Journal des Économistes* et l'*Économiste français*, pour n'en citer que deux (et de nos jours la *Réforme sociale*) présentent là-dessus une parfaite unanimité (1).

(1) Pour donner un aperçu de l'état de l'opinion, nous avons établi le relevé suivant :

1851. — Blanqui indique les causes de la dépopulation qu'il regrette. (*Journ. d. Écon.* 1851, 4e trim., p. 13 et s.) Repecaud répond que la dépopulat. des camp. a un heureux résultat ! (*Journ. d. Écon.* 1851, tom. 31, p. 91).

1856. — Dépopulat. des camp. croissante. (*Journ. d. Écon.* 1860, tom. 28, p. 213.)

1859. — Léonce de Lavergne indique les causes du *mal* et ses remèdes. (*Journ. d. Écon.* 1859, 1er trim., p. 220 et s.)

1867. — Même sens. (*Journ. d. Écon.* 1867, 1er trim., p. 425 et 426 et 3e trim., p. 112.)

1870. — Sur l'enquête de 1866, même sens. (*Journ. d. Écon.* 1870, 2e trim., p. 47.)

1874. — Même sens, maux et remèdes. (*Écon. fr.* 1874, 1er vol., p. 151 et 180.)

1878. — Article de Valserres. (*Journ. d. Écon.* 1878, 3e trim., p. 334.)

1881. — Baudrillart étudie les causes morales de la dépopulation. (*Journ. d. Écon.* 1881, 1er trim., p. 390 et s., 394, 399.)

1882. — Dépeuplement des campagnes. (*Réf. soc.* 1882, 1er sem.)

1884. — On prétend que la dépopulation n'est qu'apparente. (*Journ. d. Écon.* 1884, 4e trim., p. 209.) Le *Journal de la Société de statistique* démontre qu'elle est réelle (mai 1884, p. 195).

1885. — La cause de l'émigration est l'instruction. (*Écon. fr.* 1885, 2e vol., p. 196.)

1886. — Le mouvement est universel; moyens de l'arrêter (!) (*Écon. fr.* 1886, 1er vol., p. 192. — 2e sem., p. 134. — 2e sem., p. 252 et 431.)

A partir de 1888, l'opinion change. Sur les conclusions du rapport

Il y eut donc de 1850 à 1870 un engouement général en faveur de cette théorie : l'émigration suburbaine est un fléau.

Pourtant, mais qu'ils furent rares, quelques économistes courageux avaient essayé de remonter le courant, de démontrer tout ce qu'il y avait d'exagéré et d'erroné dans ces craintes et ces lamentations.

Le plus ancien vestige que nous ayions trouvé de cette réaction remonte à 1767.

On lit en effet dans le *Journal Encyclopédique* du 13 mai 1767 : « Il y a dans nos campagnes tout autant de laboureurs qu'il en faut. »

Et l'auteur de l'article déclare qu'il ne s'associe pas aux plaintes de ses contemporains.

Puis, c'ést seulement près d'un siècle plus tard que le *Journal des Économistes* ouvre le premier ses colonnes à la même idée.

En 1851, dans un article signé Repecaud, il affirme que la dépopulation, le flux de la campagne vers la ville, est un mouvement nécessaire, et qu'on doit se garder de le faire refluer.

L'idée trouva-t-elle de l'écho? Nous n'en avons aucune preuve ; toutefois, probablement pour éclairer la question, en 1856, l'Académie des Sciences morales et Politiques mettait au concours le sujet suivant : « Dé-« terminer les causes auxquelles sont dues les grandes « agglomérations de population. Expliquer les effets

Tisserand, elle ne crie plus alarme. — Voy. sur le sujet : *Écon. fr.* 1888, 2e sem., p. 162, 2e col. *in fine.* — 1889, 2e sem., p. 539. — 1890, 2e sem., p. 353 (Leroy-Beaulieu). 1891, 2e sem., p. 687. — 1892, 2e sem., p. 357.

« qui s'ensuivent sur le développement de l'industrie
« agricole, manufacturière et commerciale (1). »

En 1889, le *Journal des Économistes* revint à la
charge, (2), mais en s'appuyant cette fois sur l'autorité
du magistral rapport de M. Tisserand sur l'enquête
décennale. Depuis cette époque, les opinions ont tourné ;
ce qui était l'exception est devenu la règle, et, malgré
la persévérance de quelques économistes à soutenir que
l'émigration des campagnes est un malheur pour notre
pays, l'opinion opposée a recruté de chauds partisans
et paraît devoir l'emporter (3). Voici comment on peut
résumer le débat :

L'émigration est un mal, dit l'ancienne école ; elle dé-
peuple les campagnes, elle prive l'agriculture de ses
plus robustes sujets et oblige, faute de bras, à laisser
les terres en friche. Elle emplit les villes d'une foule de
désœuvrés qui viennent enlever à l'ouvrier urbain une
partie de son travail, et fomenter des émeutes ou des
grèves. — Du tout, répliquent leurs adversaires ; l'émigration suburbaine est un bien. Elle amène le cultivateur
à produire autant avec moins de frais et par conséquent
avec plus de bénéfice. Elle oblige l'intelligence à l'effort
et provoque ainsi le progrès ; elle force à remplacer le
bras par la machine et l'agriculteur produisant à de

(1) Dans la séance du 3 janvier 1857, un de ses membres, M. Dupin,
provoqua même la discussion à ce sujet. (Mém. de l'Acad. d. Sc.
mor. et polit., tom. XXXIX, p. 319.)

(2) *Journ. d. Écon.* 1889, tom. I. p. 204.

(3) *Nouv. dict. d'Écon. polit.*, tom I, p. 695.

meilleures conditions peut ainsi mieux lutter contre la
concurrence étrangère (1).

Il y a du vrai dans les deux opinions ; cependant nous
ne dissimulerons pas nos préférences pour la dernière.

A. — En effet, l'émigration suburbaine serait un mal,
si, faute d'ouvriers, les terres restaient en friche; s'il
résultait de la diminution des travailleurs une diminution de la production.

Or, il n'en est rien.

D'abord, « on peut affirmer que jamais, à aucune époque, l'agriculture ne pourra manquer de bras (2). » Que
ceux qui craignent de voir nos campagnes rester en
friche faute de cultivateurs, se rassurent. Cela n'arrivera
point de longtemps ; il y aura toujours assez d'agriculteurs pour l'étendue de notre pays ; aux États-Unis, il
n'existe qu'un cultivateur par kilomètre carré (au lieu de
34 en France) et pourtant l'agriculture américaine est la
plus florissante du monde (3).

Puis, si malgré la diminution du nombre des ouvriers
agricoles, et par conséquent des frais de main-d'œuvre,
la production reste la même, c'est un résultat auquel on
ne peut qu'applaudir.

Car obtenir la même production avec moins de frais,
c'est pouvoir la laisser à meilleur marché et assurer un
écoulement plus facile aux produits.

Or, non seulement la production agricole française s'est
maintenue, mais elle a encore augmenté !!...

(1) Voir une excellente discussion. (*Écon. fr.* 1883, tom. I, p. 164.)

(2) *Nouv. Dict.* de SAY et CHAILLEV, tom. I, p. 696, s. v. Dépopulation.

(3) Voy. notre première partie, ch. I, n° 8.

Cela ressort d'une façon évidente et mathématique des nombreux tableaux de l'enquête décennale que nous, avons prise pour base de nos travaux.

Aussi ne pouvons-nous mieux faire que d'emprunter à M. Tisserand la conclusion dans la controverse qui nous préoccupe.

« La diminution de la population de la campagne, toute grave qu'elle soit, n'est cependant pas arrivée à un point tel qu'elle puisse être envisagée comme un péril. La main-d'œuvre, quoi qu'on prétende, est encore relativement et largement suffisante dans les fermes, surtout depuis le développement de l'outillage agricole. La diminution actuelle n'est donc pas encore un mal ; elle oblige l'agriculteur à mieux utiliser les bras, à diminuer ses frais de main-d'œuvre ; elle conduit à l'emploi de l'outillage perfectionné (1) tout en permettant de donner de meilleurs salaires ; en un mot, *elle force à mieux cultiver*. Le laboureur devient de son côté plus actif et son intelligence se développe pour la conduite des machines et pour les travaux qu'il est obligé de mieux soigner, en même temps que son bien-être s'augmente ; l'ouvrier rural voit ainsi sa condition s'élever au point de vue matériel et intellectuel, et c'est là un résultat auquel on ne peut qu'applaudir.

Quant au chef d'exploitation, si faute de surabondance de travailleurs, il est forcé de déployer plus d'activité, d'organiser son travail avec plus d'intelligence de façon à suffire à tous les besoins en développant par suite la puissance productive de l'ouvrier, il y trouve également son compte.

(1) Voy. *suprà*, n° 54, A.

GUERY   10.

Les 547.583 journaliers et domestiques de ferme qui (défalcation faite de l'Alsace-Lorraine) ont délaissé la culture du sol national, correspondent à une économie de salaires qu'on ne peut chiffrer, nourriture comprise, à moins de 240 à 250 millions de francs par an (1). C'est une diminution de frais de production qui dépasse le montant de l'impôt foncier en principal et centimes additionnels et qui accroît d'autant le bénéfice des exploitants. »

Nous n'avons rien à ajouter à ces paroles.

Il est aujourd'hui reconnu par de nombreux économistes (2), que l'émigration suburbaine est, au point de vue économique, un fait qui peut être considéré comme heureux puisque, indépendamment des progrès auxquels elle oblige, il reste moins d'agents agricoles pour se partager les bénéfices d'une production toujours accrue.

B. — Est-ce à dire que ce mouvement migratoire de la population rurale n'a pas de mauvais côté? Certainement non ; s'il a de précieux avantages, il faut reconnaître qu'il a de même quelques inconvénients ; mais, auxquels on peut remédier et dont le résultat fâcheux ne saurait effacer l'utilité constatée.

Un des plus connus est l'encombrement des cités.

Cet inconvénient est gros de conséquences. Voici une ville qui a un nombre de travailleurs suffisant pour le travail qu'elle leur peut donner. Quand, de la campagne,

_____

(1) Ce chiffre semble un peu élevé. A-t-on tenu compte pour l'évaluer de l'augmentation des salaires, et par suite des frais de production ?...

(2) Voy. notam. *Monde écon.* 1892. (Zolla) 2e sem. p. 197, et *Econ. fr.* 1892, 2e sem. p. 132, 2e col.

un flot d'individus arrive et grossit sans cesse les rangs
des ouvriers urbains ; que doit-il inévitablement arriver ? D'abord, un encombrement des classes laborieuses. Puis, une diminution de salaires. Car ceux qui
arrivent ainsi n'apportent point la fortune. Il leur faut
manger ; alors ils offrent leur travail à n'importe quel
prix et non seulement font baisser les salaires, mais
encore enlèvent à l'ouvrier des villes une partie de son
travail quotidien (1).

Ce n'est malheureusement pas tout. Il faut ajouter
encore à ces conséquences une augmentation du nombre des déclassés. En effet, si la plupart des émigrants
sont des ouvriers agricoles désireux de trouver n'importe quel travail manuel, pourvu qu'il soit rémunérateur, il est aussi des émigrants qui n'ont quitté la campagne que pour jouir de la ville ; et ceux-là sont un véritable fléau pour la cité.

Les uns sont avides de retrouver ces jouissances
auxquelles ils ont goûté. Les autres, dédaigneux du
métier de cultivateur, viennent à la ville pour trouver
une place. Ceux-là, ordinairement saturés d'orgueil et
de pédantisme par une vague teinte d'instruction ou
quelques galons obtenus à l'armée, s'imagineraient dé-
roger s'il leur fallait manier la bêche ou la charrue.
Sans doute, ils veulent une place, mais ce n'est pas une
place de travailleur manuel, fi donc !! Ce qu'il faut à
ces infatués de leur personne, c'est une place dans un
bureau ; voilà l'objet de leur ambition.

---

(1) Ce résultat, mauvais pour les cités, s'est gravement fait sentir
en Allemagne. Voy. *Econ. fr.* 1887. 1er sem. p. 404.

Porter paletot comme un monsieur, être assis toute la journée devant une table presque sans rien faire, et toucher pour ce 100 francs par mois. Et à ces gens qui savent « tenir des livres » vous proposeriez de se salir les mains dans quelque vulgaire emploi de manœuvres. Allons donc !

Puis, la place se fait attendre ; la misère est là, parfois dangereuse conseillère. Les illusions ne tombent pas, mais on s'aigrit contre la société. On fomente des troubles, et, quoi qu'il arrive, on devient un déclassé.

Heureux ceux qui désillusionnés par la misère, acceptent la première tâche venue et se mettent courageusement au travail, mais ils sont rares !

Il est incontestable que, pour les cités, l'émigration suburbaine a un grave inconvénient ; remarquons toutefois que c'est la population urbaine seule qui en est affectée. La population agricole n'est pas atteinte ; et au point de vue strict de notre sujet, ne on doit donc pas encore dire que l'émigration suburbaine soit un danger pour les campagnes (1).

---

(1) Nous pourrions nous borner à signaler l'inconvénient. Puisqu'il n'affecte pas la population agricole, nous n'avons pas à en indiquer le remède. Cependant, comme nous devrons y revenir dans notre chap. II, nous préférons faire remarquer dès à présent que le seul remède est LA COLONISATION.

Au lieu de laisser s'accumuler dans nos grandes villes l'effectif croissant de l'émigration rurale, qu'on tâche de le diriger vers nos colonies. Elles se peupleront d'un élément sain, robuste et *national*, évitant ainsi cette foule cosmopolite qui infeste nos plus belles possessions. De plus, les cités seront débarrassées de l'encombrement signalé et ainsi, outre les autres excellents effets qu'elle pourrait amener, la colonisation réalisera tous les désirs.

Mais à côté des résultats mauvais qui frappent les villes, il faut signaler ceux qui frappent les champs; sans perdre de vue toutefois que ces côtés défectueux du mouvement migratoire sont plus que compensés par ses avantages.

Le premier résultat, fâcheux pour l'agriculture, de l'émigration suburbaine, c'est la baisse des loyers ruraux. Depuis 1879, les loyers agricoles ont subi une baisse considérable, qu'on peut évaluer à 15 0/0 (1).

C'est une conséquence forcée de la diminution des habitants; l'offre devient supérieure à la demande et les prix baissent. Il faut convenir que c'est là un regrettable résultat; toutefois, il est juste de lui apporter un tempérament. Car ceux qui subissent la perte de 15 0/0 dans leurs revenus, ce sont ceux qui ont des revenus, c'est-à-dire les propriétaires; par contre coup, les locataires en ont bénéficié. Faut-il dès lors tant regretter un résultat qui, s'il diminue légèrement les revenus des riches cultivateurs, diminue notablement aussi les frais du petit cultivateur moins aisé, qui n'a pas plusieurs maisons, pas même une, et qui est contraint de se loger chez autrui? Et quelque solution qu'on adopte, reconnaissons qu'au fond, considérée comme un tout général, l'agriculture n'a pas à souffrir de cette dépréciation des immeubles, car ce que quelques-uns de ses membres perdent d'un côté, les autres le regagnent par ailleurs; en somme, le domaine agricole n'en est pas appauvri.

Plus réel et par suite plus fâcheux est l'inconvénient suivant.

(1) *Monde écon.* 1892, 1er sem., p. 143.

L'émigration suburbaine est alimentée, nous le savons, surtout par la classe des ouvriers agricoles.

Cependant il est un groupe, insignifiant par le nombre des individus qui le composent, considérable par le chiffre du capital qu'il représente, qui, parmi les émigrants, n'appartient pas à la classe des cultivateurs.

Ce sont les fils des agriculteurs aisés.

En effet, lorsqu'un paysan a une fortune assez ronde, il fait élever ses fils, ou (ce qui est hélas trop fréquent) *son* fils à la ville voisine. Le jeune homme se sent de la fortune, il est *en pension*, il rougirait d'embrasser la profession de ses parents et d'aller, à la sortie du lycée, cultiver la terre. Souvent, les parents, les premiers, ne veulent pas que leur fils soit cultivateur comme eux.

Sans apprécier cette influence ni cette éducation, constatons seulement un fait : le jeune homme est un sujet perdu pour l'agriculture.

S'il devient un homme utile aux autres dans la profession par lui choisie, ce sera fort bien sans conteste. Mais une grande partie de ces fils de famille qui rougissent parfois de leurs auteurs ou de leur profession, se fient aux écus de leur père et vivent en rentiers désœuvrés, inutiles à la société et donnant un triste exemple à leur entourage.

Quoi qu'il en soit, qu'ils tournent bien ou mal, je ne retiens qu'un point intéressant pour notre sujet, c'est que, dans un cas comme dans l'autre, ces jeunes gens enlèvent à l'agriculture une partie de son capital et lui causent ainsi une perte sensible.

Car enfin, le père a dépensé une certaine somme pour

ce fils, son éducation, son instruction, son entretien,
tout cela a coûté, surtout si l'enfant, de lycéen, est devenu étudiant. C'est alors par plusieurs milliers de
ɪrancs qu'il faut chiffrer les dépenses. Or, cet argent
qui l'a produit ? C'est la terre. D'où vient-il ? D'une fortune agricole. Le père de l'enfant a pris sur ses revenus,
parfois sur son capital pour pousser ce fils dans la voie
choisie.

Cet argent, c'était le produit d'une exploitation agricole et c'était par conséquent l'agriculture qui l'avait
fourni. Voilà donc un individu qui prend à la campagne
une partie de son capital, dix, quinze, vingt mille francs,
et qui l'emporte avec lui à la ville. C'est l'agriculture
qui a fourni les fonds ; c'est à la ville que la dépense
faite profitera.

Cette fois, le mal est assez sérieux. Car, c'est par centaines qu'on dénombre actuellement les fils d'agriculteurs placé dans ce cas. Sans doute, quelques centaines
d'individus, ce n'est rien, comparé au chiffre de l'émigration suburbaine ; seulement ces quelques centaines
d'individus, emportent chaque année à l'agriculture des
millions. Et ce déplacement de capital constitue pour
elle une perte sèche. Au point de vue financier d'abord ;
et au point de vue économique ensuite, d'une façon bien
plus sensible, car l'agriculture est ainsi privée de ses
sujets les plus intelligents, ou les plus instruits, et se
voit enlever de la sorte les éléments essentiels de son
progrès.

D'autant plus qu'à la mort des parents, le fils qui
s'est fixé à la ville ne retournera point cultiver leurs

biens ; le plus souvent, il les donnera à ferme. Il conti-
nuera ainsi à soutirer tous les ans des campagnes, une
somme de capitaux qu'elles auront produits par leur
industrie mais dont elles ne bénéficieront pas puisque
cet argent sera dépensé à la ville.

Il se produit alors une situation économique mauvaise, connue sous le nom d'absentéïsme.

Ce phénomène, dont les néfastes effets se sont mani-
festés énergiquement en Irlande, est trop connu, a été
trop étudié et trop de fois signalé pour que je m'y arrête. Je ne puis que le caractériser en deux lignes :

« Nous avons abandonné à des fermiers le soin de
nos terres, comme si elles étaient à notre égard coupa-
bles de quelque grand crime. On a des salariés, tandis
que nos ancêtres se glorifiaient de les faire valoir par
eux-mêmes ! ».

« J'ai souvent entendu se plaindre les principaux de
nos villes de la stérilité de leurs terres. Et personne ne
se met à étudier l'agriculture !

Et si je me plains de ce mépris... on va jusqu'à me
dire que la température actuelle est changée. Le mal est
plus près de vous, contemporains ! L'or, au lieu de se
répandre sur les campagnes qui nourrissent la ville, est
jeté à pleines mains dans les cités, au luxe, à la débauche ».

Ne vous semble-t-il pas que ces lignes sont écrites
d'hier par un philosophe ou un économiste contemporain ? Or, c'est ainsi que Columelle s'exprime au début
de son premier livre.

L'absentéïsme est donc un mal dont l'origine est reculée, il n'a pas changé, il est aujourd'hui ce qu'il fut autrefois (1).

Nous ne faisons aucune difficulté de reconnaître qu'ici, et vis-à-vis des campagnes elles-mêmeos, l'émigration suburbaine a un résultat fâcheux.

L'argent soutiré aux campagnes permettrait aux paysans, s'il était dépensé au village, d'avoir une condition meilleure sans se déplacer. Il retiendrait peut-être ceux qui deviennent des rôdeurs dans les villes ; il permettrait en tous cas à l'agriculteur d'apporter à sa culture les améliorations nécessaires à en augmenter le rendement pour l'avenir.

Et, en effet, l'absentéisme lors qu'il devient général est un obstacle insurmontable a tout progrès.

Car pour qu'une industrie prospère, il lui faut d'abord couvrir ses frais de production et produire en outre un excédent de bénéfices pour améliorations, renouvellement de matériel, entretien, etc...... Cette règle économique s'applique aussi bien à l'industrie agricole qu'à toute autre industrie.

Or, si l'on enlève à l'agriculture sous forme de loyers, fermages, ou autre redevances, les valeurs dont elle a besoin pour l'amélioration ou le seul entretien de ses travaux, sans jamais lui rendre sous une forme ou une autre, une partie du capital enlevé, on la conduit irrémé-

(1) Voy. n. 1re partie, ch. 2, n° 27. — Quelques citadins font même de l'absentéisme une règle pratique de vie confortable. Pendant la belle saison, ils vont jouir de la campagne dans leurs terres ; et en même temps, *ils font des économies*, pour pouvoir, l'hiver venu, faire figure à la ville en y dépensant l'argent ainsi prélevé sur leurs fermes et qu'ils ne laissent pas dans le pays.

diablement à la misère. L'Irlande en est la lugubre preuve.

L'absentéïsme est donc un des plus grands maux dont puisse souffrir l'industrie agricole. Heureusement pour nous, son influence est minime en France, grâce à l'accroissement continu du nombre des petits propriétaires. Ceux-ci, attachés au sol, vivant exclusivement aux champs, atténuent notablement les funestes effets de l'absentéïsme.

La décentralisation vient encore ajouter à cet utile résultat. Jadis, tout était centralisé à la ville ; là, était le siège de tous les pouvoirs.

Si, par exemple, un homme politique désirait être nommé Conseiller Général, il lui suffisait d'habiter la ville et d'avoir des relations avec la Préfecture. Les Conseillers Généraux étaient nommés par le Préfet.

Aujourd'hui, ils sont élus par ceux qu'ils doivent représenter. Il a fallu que les hommes politiques aillent vivre à la campagne, s'y faire connaître, y dépenser leurs revenus. La décentralisation a donc avantageusement combattu l'absentéïsme.

Il ne manquerait pas, du reste, de mesures excellentes à prendre pour le même objet.

Le jour où les hommes riches et instruits trouveront dans l'agriculture un moyen d'arriver aussi bien qu'à la ville, le jour où ils rencontreront autant de satisfactions et de profit, ce jour-là, il n'y aura plus d'absentéisme.

Il faudrait donc relever la carrière agricole, l'entourer d'avantages pécuniaires ou honorifiques qui sont jusqu'ici le privilège des autres professions ; il faudrait, en un mot, donner la possibilité de se faire dans l'agriculture une situation aussi recherchée et aussi considérée que celles auxquelles on arrive dans les cités.

Nous n'ignorons pas tout ce que le Gouvernement a fait depuis vingt ans dans ce but. Les concours régionaux, les comices agricoles, la création d'un ministère spécial, l'établissement de professeurs d'agriculture départementaux, enfin l'institution du Mérite Agricole, tout cela constitue un ensemble de réformes du meilleur effet.

Comme cette amélioration de la profession agricole est précisément aussi, d'après certains, le remède qu'il convient d'apporter à l'autre cause de la dépopulation rurale : la diminution de la natalité, nous retrouverons à cet endroit la suite de son étude.

C. — En résumé, l'émigration suburbaine a des avantages et des inconvénients.

Parmi ces derniers, il n'en est qu'un seul qui soit réellement nuisible à l'agriculture, c'est l'émigration des fils de familles aisées vers les villes, ce qui amène l'absentéisme.

Mais comme cet inconvénient n'a, en France, qu'une influence minime, comme il est en outre possible d'y remédier, nous pouvons conclure en disant que, malgré ses quelques effets fâcheux, l'émigration suburbaine a de tels avantages, qu'elle est en somme pour les campagnes un évènement favorable qu'on ne doit pas regretter.

55. — Nous avons terminé l'étude de la première cause de la diminution de la population agricole : l'émigration.

L'émigration extérieure n'a qu'un effet secondaire, par le petit nombre d'hommes qu'elle enlève aux champs.

Au contraire, l'émigration suburbaine est importante et c'est à elle qu'il faut imputer. en grande partie, la dépopulation.

Cependant, puisque malgré la raréfaction des ouvriers agricoles, la production augmente, nous n'avons pas à empêcher ce mouvement migratoire et, pour enrayer la diminution de la population agricole, c'est sur les autres causes qu'on doit porter ses soins.

« Produire beaucoup avec le moins de dépenses possible, de façon à nourrir la plus nombreuse population, tel doit être le but du cultivateur. Le mal n'est pas d'avoir moins de bras pour obtenir le même produit, loin de là. Quand avec un ouvrier, on arrive à faire le travail de deux, il y a progrès.

Ce qui est un grand mal, c'est la diminution du nombre des enfants dans les familles rurales (1). »

En effet, la vraie dépopulation, redoutable et triste celle-là, c'est celle qui a pour cause la diminution de la natalité et, ajoutons-le, la mortalité excessive.

L'émigration, quelle que soit sa forme, ne constitue qu'un déplacement de citoyens; l'appauvrissement de la vitalité en prive complètement la patrie. C'est à cette cause qu'il faut avant tout tâcher de porter remède; ce sont ses sources, ses résultats, ses palliatifs que nous allons maintenant étudier.

(1) TISSERAND. Rapport sur l'enquête de 1882, *eod. loc.*

CHAPITRE II

Préliminaire

56. — L'appauvrissement de la vitalité a une importance démographique considérable.

Cette cause de diminution est bien plus grave que l'émigration extérieure ou suburbaine, qui, somme toute, a debons résultats. L'appauvrissement de la vitalité n'a que de fâcheux effets, que de déplorables conséquences, et demande, par suite, une énergique répression.

Ce phénomène regrettable se manifeste de deux façons :

Par une diminution des naissances.

Par un excès de mortalité.

SECTION I.

Diminution de la natalité

57. — « Seule, la campagne, fournit le faible excédent
des naissances sur les décès » écrivait M. Richet en
1891 (2).

Il s'ensuit que si la campagne vient, elle aussi, à voir
décroître sa natalité, la population française diminuera

---

(1) DOCUMENTS : Econ. franç.: 1874. 1er sem. p. 237 — 1880. mars.
p.309. — 1883. 1e sem. p. 6. – 1884. 2e sem. p.450 — 1892. 2e sem.
p. 132 et 134. — Revue d'étud. relig. philos. hist. et litt. décembre,
1890. — Réform. soc. 1891. 1er avril et 1er juin. — Monde écon.
1861. 2o vol. p. 167.

BIBLIOGRAPHIE : Levasseur : La populat. franç. (passim). — Levasseur : Nouv. Dict. d'Econ. pol. tom. II. s. v. population § 5, 10 et
14. — De Foville : La France écon. (1889) p. 695. — Le morcellement, p. 101. — Ed About : le Progrês, p. 135. — Robiou : op. cit.
p. 441. – Dureau de la Malle : op.cit p. 49, 51 et s. — Ch. de Ribbe :
Livres de raison. — Deneus : op. cit. p. 178.

REVUES ÉTRANGÈRES : Christlich sociale Blatter : 1892 p. 189, à
191. — Giornali degli économisti : 1893. novembre et décembre.

(2) Voy. n. première partie, ch. 11. No 47.

puisque la seule source féconde qui l'alimentait commencera à se tarir.

Nous nous trouvons donc en présence d'un danger exceptionnel, (nous l'avons déjà démontré (1),) sur l'importance duquel on ne peut trop insister.

I. — LE MAL ET SES CAUSES.

58. — Le premier point à examiner est évidemment celui de savoir quelles sont les causes du mal.

D'où provient la diminution de naissances que nous avons constatée dans la population agricole ?

Elle provient d'abord de l'émigration.

Il est, en effet, tout une classe d'émigrants que nous avons omis à dessein de signaler, ce sont les femmes.

Le nombre des servantes de ferme a diminué de 1862 à 1882 de plus de 100 000 ! !

Le tableau suivant indique l'exacte proportion (2).

« La femme dit M. Tisserand, tend à abandonner le travail agricole pour les occupations moins pénibles et mieux rétribuées qu'elle trouve dans les villes (3). »

Sans doute une petite partie de ces femmes ont été prises par les filatures, beurreries, distilleries agricoles qui se sont montées à la campagne. Mais la presque totalité va à la ville ; le besoin de domestiques produit par le luxe croissant des citadins, le travail plus agréa-

(1) *Ibid.*
(2) V. le tableau à la page suivante.
(3) La diminution des servantes de ferme a fait augmenter leurs gages d'une façon exceptionnelle. Une servante de ferme qui gagnait 130 fr. par an en 1862, gagne aujourd'hui plus de 335 fr.

CATÉGORIES des Domestiques de fermes.	NOMBRE		DIFFÉRENCES de 1862 à 1882		Nombre par k.m.car. du territoire	
	1862	1882	absolues.	relatives.	1862	1882
Hommes. { Maîtres-valets, laboureurs et charretiers	530.572	671.072	140.300	P. 100. 26.77	0.67	1.27
{ Bouviers bergers, autres, etc..................	926.876	751.153	- 175.723	— 18.94	1.71	1.42
Totaux et moyennes................	1.457.648	1.422.225	— 35.423	— 2.49	2.68	2.69
Femmes, servantes de ferme.........	638.129	532.026	—106.103	— 16.62	1.17	1.07
Totaux généraux et moyenne générale.	2.095.777	1.954.251	—141.526	— 6.75	3.85	3.76

ble que celui des champs, enfin les plaisirs de la ville y attirent les filles de campagne. Elles tournent bien ou mal; les cités et la morale n'ont souvent rien à gagner à leur séjour; mais, ce qui à notre point de vue est plus grave, la population agricole y perd un certain nombre de femmes, de mères, qui par leur fécondité, auraient accru ses rangs.

Toutefois, il faut ajouter qu'un certain nombre de ces émigrantes revient ensuite au village, ce qui atténue d'autant les conséquences fâcheuses de leur départ. D'un autre côté, celles qui se marient à la ville ou, comme le plus souvent, dans la banlieue, constituent un des meilleurs éléments prolifiques de la cité.

En somme, la diminution des naissances rurales causée par l'émigration des femmes, toute regrettable qu'elle soit, n'a pas encore un caractère alarmant, celle qu'il faut dévoiler comme telle, et que l'on ne saurait trop combattre, c'est la décroissance provenant de la stérilité des unions.

59 — Ici, nous sommes en face de la vraie source de la dépopulation.

Si les autres étaient ou insignifiantes ou même utiles, la stérilité des unions est en tous points regrettable. Les démographes l'ont unanimement reconnu (1) ; tous ont cherché le moyen d'y porter remède, et ont dû, par suite, en étudier minutieusement les causes.

De cette étude approfondie est résultée une sorte de confusion parce que chacun croyant avoir rencontré une

(1) Sauf l'école de Malthus.

nouvelle source de stérilité, le nombre en augmentait sans cesse.

Parmi celles ainsi indiquées, nous n'énumèrerons que les principales.

60. — On a crié notamment haro sur l'alcool. Pour certains, l'alcoolisme est la cause de la stérilité.

Quelque grossier que soit ce motif, nous le voudrions exact, car il serait facile de lui porter remède.

Malheureusement, il n'en est rien. L'usage intempéré de l'alcool amène des désordres dans l'organisme, cela est certain, mais au point de vue prolifique, son influence est nulle, et peut être même favorable.

En France, en effet, la région la plus prolifique est la Bretagne dont les paysans s'enivrent régulièrement tous les jours de fêtes ou de pardons. Les femmes même sont loin d'y être exemptes de ce défaut.

Si nous jetons les regards à l'étranger, nous trouvons que la Belgique et l'Allemagne, pays des plus peuplants et des plus peuplés, sont en même temps ceux où l'on est le plus adonné à la boisson. Il faut bien convenir au moins que l'alcool n'est pas un agent de stérilité.

61. — La France est saturée, dit l'école néo-malthusianiste, la population rurale cesse de s'accroître parce que la densité rurale est complète ; notre pays contient par kilomètre carré autant d'habitants qu'il peut en contenir.

Cette théorie ne résiste pas à l'examen. D'abord, notre densité est loin d'être compacte. Le tableau d'économie comparée que nous avons dressé dans notre première partie, nous montre que sous ce rapport la France ne

vient qu'au quatrième rang avec 34 habitants au kilomètre carré. (alors que la Belgique en a 63 !)

Mais, en admettant même que, pour la fertilité du sol,
la population agricole ait atteint son maximum de densité, nos colonies sont un déversoir tout indiqué et qui
se trouverait fort bien d'un excédent de population.

Il se produirait alors chez nous un mouvement analogue à celui qui se produit en Angleterre et en Allemagne, où les paysans, ne trouvant plus place sur le territoire national, émigrent en foule à l'étranger.

Cela démontre suffisamment que la densité d'une population a beau être compacte, elle n'en arrête point la
natalité puisque malgré sa densité excessive, le niveau
démographique allemand ou anglais augmente sans
cesse.

62. – Faut-il s'arrêter à l'objection tirée du plus ou
moins de fécondité des races ?

Nous ne le pensons pas, et nous nous appuyons pour
le soutenir sur l'autorité magistrale de M. Levasseur (1) :
« Quelques démographes mettent au nombre de ces
causes l'aptitude particulière de chaque race à la procréation. Il se peut qu'il existe à cet égard certaines dif-
férences physiologiques. Mais aucun recueil de faits ne
les établit d'une manière scientifique.... Le climat paraît avoir une certaine influence, mais surtout sur les
immigrants »

Effectivement, si la fécondité tenait à la race, elle se-

_____

(1) LEVASSEUR, *Nouv. Dict. d'Econ. pol.* tome II, § 10, s. v. population. « Les causes de la fécondité », p. 518.

rait constante ; comment expliquer alors que notre
race se soit tant multipliée au Canada, tandis qu'elle
diminue en France ? Comment admettre les diverses variations qu'elle subit ? D'ailleurs, cette théorie
ne compte que peu d'adeptes ; malgré nos recherches
nous ne l'avons rencontrée qu'une seule fois (1).

63. — Il en est de même de celle qui place la décroissance procréatrice dans la mauvaise alimentation. L'alimentation n'a rien à voir dans cette matière. Les classes pauvres ne sont certainement pas les mieux nour-
ries, et elles sont à peu près les seules prolifiques.

Les classes riches, qui peuvent se procurer une alimentation choisie n'ont qu'une natalité moyenne.

64. — Nous accepterions plus volontiers l'opinion qui
range la prostitution au nombre des causes de diminution démographique.

L'extension regrettable de ce vice peut avoir une réelle
influence, mais qui se fait plutôt sentir sur la population urbaine. La prostitution est un mal des villes ; elle
est heureusement fort rare aux champs et nous pensons
qu'elle n'est d'aucun effet notable sur la population
agricole.

65. — D'ailleurs pourquoi s'ingénier à chercher partout des causes à la stérilité ?

La cause réelle, presque unique, c'est la volonté.
On n'a pas d'enfants parce qu'on n'en veut pas (2).

---

(1) La dépopulation de la France et la Société d'anthropologie.
Revue d'études relig. philos. histor. et litt. décembre 1890.

(2) Voyez *Econ. fr.*, mars 1880 (art. de LEROY-BEAULIEU).

M. Levasseur, après avoir indiqué quelques-unes des prétendues causes de stérilité, ajoute :

« La condition sociale en exerce une (influence) beaucoup plus sensible ; mais dans ce cas, il faut chercher la cause dans la volonté et non dans l'état physiologique des parents. Que les préoccupations professionnelles rendent certains mariages tardifs, que les gens aisés songent plus que les prolétaires à éviter la charge d'une trop nombreuse famille, que certaines personnes restent dans le célibat par esprit d'économie ou par caprice.... la cause est toujours volontaire (1). »

La dépopulation provient donc, non pas tant d'une *diminution naturelle*, que d'une *restriction* de la natalité.

Longtemps le malthusianisme (2) s'était tenu dans les villes, et, fait banal à force d'être répété, parmi les classes les plus fortunées et les plus instruites.

Le bien-être et l'instruction gagnant les classes inférieures, le fléau s'y propagea rapidement, gagna la bourgeoisie et maintenant hélas ! les classes laborieuses n'en sont plus même indemnes.

Et par suite du progrès de la civilisation, pour toutes les raisons que nous avons indiquées à propos de l'émigration suburbaine, le mal est sorti des villes et s'est répandu dans les campagnes.

66. — Nous sommes fixés sur la nature de la cause

(1) LEVASSEUR, *Nouv. Dict. d'Econ. pol* , tome II, s. v. population p. 519.

(2) Sur l'origine du malthusianisme, voyez LEVASSEUR, *Nouv. Dict. d'Econ. pol.*, tome II, p. 511 § 5 ; « les antécédents de Malthus. »

de la dépopulation ; le mal a des conséquences physiques, mais il est d'ordre moral,

Il est intéressant d'examiner maintenant sous quelle forme il se manifeste.

Un économiste italien, M. E. La Loggia, dans une très remarquable série d'articles intitulée « *Teoria della popolazione* (1), » distingue trois formes de stérilité *volontaire*.

Nous les traduirons, en atténuant légèrement la force des termes, par :

L'abstention (il retegno sessuale).

Le crime (il aborto procurato).

L'artifice (il freno artificiale).

L'abstention est inconnue aux champs ; elle est l'apanage d'une secte d'égarés qui croient faire preuve ainsi d'un grand mérite social et qui se considèrent comme des martyrs, *e non è mancata nemmemo l'aureola del martirio* (2).

Le crime, c'est l'avortement. Cette forme de stérilité est malheureusement trop fréquente même chez nos

---

(1) Giornali degli economisti, 1893. novembre et décembre. Ces articles constituent une étude approfondie de la population au point de vue exclusivement démographique. C'est en Italie le document le plus complet, parmi les plus récents, que nous connaissions.

(2) Il est regrettable d'avoir à ajouter que cette secte a son siège principal en France : « Il ritegno sessuale e il freno artificiale sono nel secolo decimonomo entrati in una fase, direi, cosciente ; sono stati presentati da una numerosa scuola scientifica come unico rimedio ai mali sociali, e come tali sono stati publicamente lodati, predicati. Il neo-malthusianismo, in specie, si e divulgato con rapidita grande negli Stati Europei, *massimé in Francia.* »

paysans. La Justice nous en dévoile de tristes exemples et elle est loin de connaître tous les faits de ce genre qu'elle pourrait sanctionner (1).

D'ailleurs, on doit admettre que cette criminalité se fera de plus en plus rare, à mesure que les villageois, déplorablement mis au courant de honteuses pratiques, en écarteront la nécessité.

En effet, la stérilité de la population agricole n'est en général ni naturelle, ni criminelle ; elle résulte presque totalement de la troisième cause, elle est artificielle.

Cette gangrène sociale, faussement attribuée à Malthus et appelée pourtant Malthusianisme, a servi complaisamment l'avarice et les calculs des paysans.

Et, depuis une quinzaine d'années surtout, elle a fait dans leurs rangs d'incroyables progrès.

Il serait délicat et pénible d'insister sur un aussi triste sujet, aussi réduirons-nous notre étude au strict nécessaire ; il est indispensable toutefois, avant d'examiner s'il est possible d'apporter remède à la situation, de rechercher les motifs auxquels obéissent les villageois en limitant ainsi leur famille. Mieux on les connaîtra, mieux on en pourra combattre l'effet.

67. — De ces motifs, les démographes ont relevé un certain nombre. Les uns sont spéciaux à la population urbaine ; nous ne nous en occuperons pas et nous indiquerons seulement ceux qui ont trait à la population agricole.

a. L'exemple de la ville est une des premières causes

(1) Voyez n. 2me partie, chap. II, sect. II, no 87.

qui poussent le campagnard à limiter sa postérité. Avec
la facilité actuelle des communications, le villageois va
souvent à la cité ; il y entend, au cabaret ou ailleurs,
des théories malsaines qu'il rapporte chez lui et accepte
d'autant mieux qu'elles flattent ses penchants d'égoïsme.
Le service militaire, la vie du régiment l'initient à tout
ce qu'il pourrait ignorer, et, de retour au village, le
paysan est tout disposé à profiter de sa science, à pro-
portionner à sa fortune le nombre de ses enfants.

b. D'ailleurs, quand la campagne ne va pas à la ville
c'est la ville qui vient la trouver. Dans les bourgs, on
commence à lire régulièrement les journaux ; il n'est
pas d'auberge de campagne où ne traînent quelques
feuilles quotidiennes. Et lesquelles ? La plupart con-
tiennent des idées perverses, des théories bien criti-
quables, un enseignement souvent dangereux. Ces doc-
trines s'infiltrent dans la campagne ; elles s'y répandent
d'autant mieux que la forme en est amusante ou
agréable... et elles y causent les plus funestes résultats.

c. Presque tous les auteurs soulèvent encore sur cette
matière, la question de la morale et de la religion. Le
caractère purement économique de cet ouvrage ne nous
le permet pas ; *non est hic locus* ; cependant, nous croyons
devoir émettre un doute. Est-il bien sûr que la religion,
*telle qu'elle est entendue et pratiquée aujourd'hui par
ses adeptes*, ait une grande influence démographique ?

En l'admettant, en effet, les familles religieuses devraient être les plus prolifiques ; or, le quartier de la
Madeleine à Paris est bien au moins aussi religieux
que celui de la Chapelle, et pourtant, il est loin d'être
aussi prolifique. Et pour prendre un exemple tiré de la

population agricole : La Vendée est certes tout aussi religieuse que la Bretagne ; et la natalité des deux régions n'est pourtant pas à comparer.

A notre avis, *et à notre époque,* la pratique ou l'absence de religion n'a donc pas une grande importance démographique.

d. Le Play et son école prétendent que nos lois successorales ont, au point de vue de la natalité, un effet restrictif des plus accentués. Nous renvoyons à notre § 2 l'étude approfondie de ce point ; mais dès à présent nous donnons à cette opinion la dénégation la plus formelle.

L'influence démographique de nos lois civiles est insignifiante (1).

e. Toutes les causes que nous venons de signaler n'ont qu'une importance secondaire ou même douteuse.

Pour trouver le motif principal déterminateur de la volonté du paysan, il ne faut pas le chercher en dehors de l'individu ou de la famille ; car c'est en eux-mêmes qu'il réside.

D'éminents économistes l'ont bien compris (2) et ils ont proclamé que la stérilité calculée provenait de la vanité, de l'amour du luxe (3). Nous limitons nos en-

(1) Nous reviendrons longuement là-dessus en examinant s'il est de modifications à apporter dans l'ordre juridique pour aider à l'accroissement de la natalité. Voy. cependant, LEVASSEUR *Nouv. Dict.* d'*Écon. pol.* tome II, p. 520 et *Écon. fr.* 1892, 2me partie, p. 134.

(2) Un écrivain remarquable, E. ABOUT, disait : « L'arrêt de la « population ne peut s'expliquer que par une épidémie ; or, nous « n'avons eu ni peste, ni choléra, ni famine ; *l'épidémie est dans les* « *mœurs.* » (Le Progrès, p. 135).

(3) *Monde écon.* 1891, 2me sem., p. 167.

fants, disent-ils, pour leur conserver un luxe dont nous
nous sommes fait un besoin ou pour leur ménager une
situation au moins égale à la nôtre.

. MM. de Lavergne, Dupin, Raudot, furent les chefs
de cette théorie qu'ils résumaient en disant : « Le luxe
est la cause de la dépopulation (1). »

Cette idée est peut-être assez juste ; pourtant le luxe,
mal contagieux par excellence, sévit en Allemagne, en
Russie, avec non moins d'intensité que chez nous. Berlin, Vienne, Londres, Saint-Pétersbourg, ne le cèdent en
rien, sous ce rapport, à Paris ; et cependant aucun de
ces pays n'est atteint dans ses forces vives.

Et en admettant même le bien fondé de cette opinion,
elle n'est plus exacte en ce qui concerne spécialement
la population agricole.

Sans doute, il est avéré que le luxe commence à gagner les campagnes. Le costume y perd tous les jours
son caractère de simplicité champêtre.

Il n'est pas rare de voir dans les campagnes du Poitou
et de l'Anjou, nombre de fermières, qui, le dimanche
se promènent encore en coiffe, mais dont les filles portent
chapeau et toilettes copiées sur celles des villes, à la
mode de Paris.

Malgré ces indices, il n'est pas juste de dire que,
dans les campagnes, le luxe est une cause de restriction
de la natalité.

Le paysan ne limite pas sa famille pour pouvoir
porter un costume plus ou moins éclatant, plus ou
moins citadin ; il obéit en ce faisant, à un autre senti-

(1) *Écon. fr.*, 1874, 1er vol. p. 237.

ment qui, depuis quelques quinze ans, a pris une extension inouïe, c'est L'AMOUR EXAGÉRÉ ET ÉGOÏSTE DU BIEN-
ÊTRE.

68. — Égoïsme et bien-être, tout est là! Égoïsme
individuel, égoïsme familial, sa forme est double, ses
tristes effets sont uns et constituent la cause éventuelle
de la stérilité volontaire.

Les économistes qui avaient indiqué le luxe comme
principal motif, approchaient la vérité de bien près ;
seulement, ils prenaient l'effet pour la cause, le luxe
pour l'égoïsme, dont il n'est qu'une manifestation.

Plus récemment, on a reconnu la vraie cause et,
quelque humiliante que soit cette constatation pour
notre pays, nous devons convenir de son exactitude.

Déjà M. Leroy-Beaulieu, pressentant la vérité, l'écrivait en 1880 (1) : « la raison principale de la stagna-
tion de notre population est la vanité bourgeoise ; on
veut maintenir ou élever un rang uniquement par
l'épargne ou un modeste travail. La vanité et l'*égoïsme*
sont présentés sous l'aspect de la prévoyance... on fré-
mit en pensant que si les habitudes de la petite bourgeoisie *se répandaient chez les métayers et ouvriers
agricoles*, non seulement, la population n'augmenterait
plus, *mais elle diminuerait.* »

L'éminent économiste avait prévu juste ; les évènements ont trop malheureusement confirmé ses savantes
prévisions. En 1891, dix ans après la publication de
ces lignes. le mal avait fait les progrès qu'on redoutait ;

(1) *Econ. fr.*, 1880, mars p. 309.

et nous savons en 1894 que, depuis trois ans, notre population diminue.

En quels termes éloquents et vrais M. F. Passy n'a-t-il pas clairement dénoncé la véritable source du mal (1):

« On veut vivre à l'aise, dit-il, jouir, ne point se priver, ne pas se marier ou se marier tard, *n'avoir que peu ou pas d'enfants afin de s'épargner les tracas et les charges de la famille* et ne pas morceler son avoir. Et l'on n'a plus d'ardeur au travail, on se dissipe, on s'amollit, on se pervertit parce qu'on ne sent plus l'aiguillon salutaire et sacré du devoir et de l'effort »

La cause du malthusianisme, c'est donc réellement l'égoïsme, que les disciples de Darwin ont voilé sous le nom de la lutte pour la vie (2).

Dans un de ses ouvrages les plus osés, le chef de l'école réaliste française représente le paysan « aimant la terre comme une maîtresse ». Cette appréciation est juste ; le paysan éprouve une satisfaction infinie à avoir de la terre, du bien au soleil ; il se complait à cette fortune dont tous les passants peuvent contempler l'étendue. A cette satisfaction d'orgueil se joint la jouissance de la terre, sentiment que les citadins ont souvent de la peine à comprendre. Mais le paysan doit aimer la terre, cette terre qu'il a soignée, cultivée, retournée dans tous les sens, comme un artiste aime l'objet d'art qu'il a passé de longs jours à ciseler ou à polir, comme l'écrivain a une prédilection pour les ouvra-

(1) *Econ. fr.*, 1884, 2e vol. p. 430.
(2) Cfr. *Econ. fr.* 1883, 1er vol. p. 6.

ges qui lui ont coûté le plus de peine et le plus de temps.

Or, pour avoir beaucoup de terre, pour en jouir tout à son aise, il faut le moins de charges possibles ; et par conséquent peu d'enfants. « Pour un cultivateur, un enfant, c'est la demi-aisance ; trois enfants, c'est la gêne ; huit enfants, c'est la misère. » (1)

Il n'en était pas ainsi jadis. Le cultivateur cherchait la jouissance dans une nombreuse famille, qu'il voyait grandir autour de lui et l'aider en partageant ses travaux. Il préférait se priver, vivre plus rudement peut-être en peinant davantage, et se reposer en contemplant la génération robuste qui lui devait la vie et qui allait lui succéder.

Aussi est-ce sans étonnement que nous avons relevé en faisant notre historique, l'existence d'une très nombreuse population agricole au XIIIeme siècle et au commencement du XIVeme.

D'abord, l'agriculture était, à cette époque, la seule industrie et puis surtout :

« On ignorait alors cette effroyable abjection des âmes humaines qui dans notre siècle en fait reculer un si grand nombre, par un lâche *calcul d'égoïsme*, devant les inestimables jouissances et les devoirs bien plus beaux encore, quelque laborieux qu'ils soient, de l'éducation d'une famille (2). »

Après les autorités que nous venons de citer, il serait superflu d'insister ; il est reconnu aujourd'hui que l'égoïsme est la principale cause de la stérilité calculée.

(1) RICHET, *Réf. soc.*, 1er avril 1891.
(2) ROBION, *op. cit., loc. cit.* p. 441.

69. — Le mal que nous venons de définir, n'exerce pas son influence d'une façon uniforme sur les différentes classes de la population agricole.

Il sévit surtout sur les classes riches et ses effets sont presque nuls sur les classes pauvres.

Ce fait est universellement connu, puisque depuis 1889, toutes les statistiques le confirment; aussi ne prétendons-nous rien innover. Cependant nous ne croyons pas qu'on ait encore formulé le principe, suivant lequel le phénomène s'accomplit, et nous en proposons la formule suivante.

La natalité des familles rurales est en raison inverse de leur fortune.

Effectivement, tandis que les grands ou surtout les moyens propriétaires n'ont qu'un ou deux enfants, la classe des tout petits propriétaires et celle des ouvriers agricoles sont des plus prolifiques (1).

Cette constatation aboutit à un résultat absurde : on a d'autant moins d'enfants qu'on peut plus facilement les élever ! (2). Mais si, *a priori*, le fait est illogique, il paraît très explicable à l'analyse.

M. de Foville en indique une première raison, tirée de l'orgueil familial.

« Le petit propriétaire, dit-il, qui paye au percepteur de son village 5 francs, 8 francs, 10 francs, 12 francs d'impôt foncier, n'est pas assez haut placé dans l'échelle sociale pour que ce soit la crainte de voir ses enfants

---

(1) Cfr. Tallqvist, rapporté par Levasseur. *Nouv. Dict. d'écon. pol.* tome II, s. v. population, § 14, p. 521. — Cfr. Richet, *Réfor. soc.* 1894, 1er avril.

(2) Cfr. *Écon. fr.* 1892, 2e sem., p. 132.

déchoir qui l'empêche d'en avoir plus d'un (1). » Ce qui signifie que cette crainte existe dans les familles aisées.

Nous croyons que ce motif dont l'existence est bien certaine, n'est que secondaire pour la restriction de la natalité. Car si cette crainte de déchéance familiale arrêtait le paysan, c'est qu'il redouterait de voir son patrimoine anéanti par une trop grande division. C'est la théorie de Le Play. Or, nous démontrerons dans notre § 2 que nos lois successorales n'ont aucune influence démographique.

Quoique secondaire, cette cause expliquerait peut-être en partie notre principe.

Mais M. Cheysson a complètement élucidé la question (2).

Trois forces, dit-il, influent sur la volonté :

L'instinct, qui favorise l'accroissement.

Le devoir, qui le sert.

L'intérêt, qui le sert ou le combat suivant les cas.

Or, pour le petit cultivateur, l'intérêt *sert* plutôt l'accroissement qu'il ne le combat. En effet, ses enfants viendront l'aider dans ses travaux ; les bras, peut-être nombreux, qui seront ainsi à sa disposition, lui épargneront un domestique, des journaliers au moment de la moisson ou des vendanges ; il n'aura pas besoin de louer ou d'acheter une machine, un outillage destiné à économiser le nombre des travailleurs, puisqu'il aura ceux-ci sans frais extraordinaires (3).

(1) De Foville, *la France écon.*, 1889, p. 695. — Cfr. le Morcellement, p. 101.

(2) Cheysson *Réfor. soc.*, 1er juin 1891.

(3) Cela explique l'abondance des cultivateurs au xiiie siècle. « Le

L'égoïsme ici n'a donc pas une influence restrictive;
il pousse, au contraire, le cultivateur à augmenter le
nombre de ses enfants.

Si nous passons aux classes prolétaires, nous trouvons
le même raisonnement.

Le pauvre ouvrier agricole n'a pas à redouter le morcellement d'un patrimoine qu'il ne possède pas ; il ne craint
pas que sa position devienne pire, et il sait qu'en somme
ses fils seront au moins ses égaux ayant leurs deux
bras pour capital. De plus l'ouvrier de la terre n'a pas
à choisir entre toutes sortes de satisfactions ; les plaisirs intellectuels lui sont refusés ; la fortune ne lui offre
rien en compensation, il prend ceux qui sont à sa portée
et se laisse guider par les lois naturelles de l'instinct (1).

Voilà pourquoi la natalité est si forte dans les départements où les mœurs sont encore agrestes et les habitants peu fortunés. Les pauvres départements de la
Bretagne ont un excédent de naissances. Dans la Corse,
la natalité l'emporte sur la mortalité de 1300, dans les
Landes de 1013 unités (2).

Si maintenant nous prenons les classes fortunées
c'est bien différent; l'égoïsme ici *combat* l'accroissement. On ne veut pas se gêner ; on redoute la présence
d'un trop grand nombre d'enfants, car ce serait des
obligations de dépenses qui restreindraient d'autant les

« système de culture à main d'homme assurait l'emploi d'un nombre
« immense de bras. » (Dureau de la Malle, *op.* et *loc. cit.*, p. 49).

(1) Dureau de la Malle, *op. cit.* p. 51 et s.

(2) Statistique de 1892. — Le Gers vient le dernier avec 63 naissances contre 100 décès.

aises, le confortable, le bien-être qu'on a l'habitude de se concéder.

Ceux qui vivent pauvrement ne redoutent pas la gêne, ceux qui sont accoutumés à vivre largement redoutent d'avoir à se priver.

Et voilà pourquoi la richesse tend plutôt à restreindre qu'à accroître la natalité.

70. — Il nous reste, pour terminer ce paragraphe, à faire une très regrettable constatation.

De tous les pays de l'Europe, la France est celui où la stérilité calculée fait le plus de ravages. Elle tient la tête des autres nations pour l'importance du mal.

La revue allemande « Christlich-sociale Blätter », dans un article intitulé « La décroissance sociale de la France » (der sociale Niedergang Frankreichs) disait en 1892 (1):

— La population française n'augmente plus et pourtant les sentiments patriotiques y sont très développés. On préfère placer ses économies à intérêts, plutôt que de les employer à élever des enfants. Aussi les capitaux s'accumulent-ils d'une façon gigantesque. —

Rien n'est plus vrai : en Allemagne, la population augmente et les capitaux diminuent ; en France, c'est le contraire ; au lieu d'une agglomération d'habitants, notre patrie devient une agglomération de capitaux.

Et veut-on savoir la conclusion de l'article allemand précité ? C'est que quand il y aura de moins en moins d'habitants pour défendre leur plus en plus de richesse,

(1) Christlich sociale Blätter 1892, p. 189 à 191.

un voisin pauvre mais nombreux prendra tout. Avec
une allusion de cette transparence, il faudrait beaucoup
d'optimisme pour ne pas voir le danger.

Voici pour finir l'opinion d'un auteur Belge sur les
causes de la dépopulation française (1).

On va voir que l'éminent auteur dont nous reproduisons les paroles, connaît parfaitement les défauts de
notre nation et adopte notre théorie en indiquant comme
cause de la stérilité, la volonté déterminée par l'é-
goïsme.

« Il est en France une cause de diminution de la natalité, permanente et uniforme, celle-là, qui, depuis les
jours néfastes du second Empire, fait chaque année sentir davantage son action débilitante. Ce mal, les observateurs l'ont partout constaté..... chez le citadin comme
chez le paysan ; maintes fois, les savants s'en sont
occupés dans leurs assemblées et dans leur congrès ; les
publicistes l'ont signalé dans leurs écrits ; dernièrement encore, une voix éloquente le stigmatisait du haut
de la chaire de Notre-Dame : *c'est l'amour du bien-être,
des jouissances de la vie,* du luxe, qui, se propageant du
haut de l'échelle sociale a mené la France à une situation pleine de périls.

On y est porté à admettre que l'homme n'a qu'une
affaire ici-bas : jouir, *s'imposer la moindre somme
possible de travail, de charges,* de privations ; et par
suite, réduire la plus lourde des charges, les enfants,

---

(1) M. Deneus, avocat à Gand, a fait paraître en avril 1894, sur
« la Réserve héréditaire des enfants » un ouvrage économique et juridique du plus haut intérêt.

afin de s'éviter *en tout premier lieu les ennuis et obligations nombreuses qu'entraîne la paternité*.....

On y recherche volontiers (en France) le bonheur
non pas dans le travail ou la satisfaction du devoir accompli, mais dans l'amour des aises et du confort
poussés jusqu'à la minutie (1) ».

En résumé, la stérilité volontaire est la véritable
cause de la dépopulation. D'autant plus redoutable
qu'elle se répand aujourd'hui dans les campagnes,
cette stérilité a sa source dans la volonté de l'individu;
et, chez nos paysans, la volonté est déterminée, non
pas par le luxe ou l'ambition, mais par l'égoïsme,
l'amour exagéré de ses aises et de son bien-être.

L'histoire, la statistique, l'avis des meilleurs écrivains, l'opinion des économistes contemporains les
plus autorisés, celles des auteurs étrangers, tout
s'accorde à confirmer notre théorie.

II. — LES RÉMÈDES?

SOMMAIRE

71. Il est impossible de remédier à la stérilité volontaire. — 72. Inefficacité des mesures proposées. — 73. Le développement de l'instruction agricole ne serait au point de vue démograhhique d'aucun
résultat. — 74. Utilité d'institutions rurales d'assistance, de retraites
et de secours mutuel. — 75. Mauvais effet des Lois Caducaires. —
76. Discussion et réfutation de l'opinion croyant à l'influence démographique de nos lois successorales. *a*: La loi du partage égal n'a
aucune influence sur la population. *b* : la liberté testamentaire n'en

---

(1) Cfr. CHARLES DE RIBBE « Livres de Raison » et surtout Levasseur, « La Population française » — Voy. aussi DENEUS, *op. cit. eod.
loc.* p. 178.

aurait pas davantage. *c* : Conclusion. — 77. La colonisation. — 78. Influence de la religion et de la morale et conclusion. — 79. Point de repère. (1)

71. — Est-il possible d'apporter remède aux funestes effets de la stérilité volontaire ?

Nous voudrions bien répondre affirmativement ; nous voudrions pouvoir apporter une pensée consolante à la fin de ce triste chapitre, nous ne le pouvons pas.

Qu'on ne nous accuse point de pessimisme ; long-temps nous avons cru à la possibilité de remèdes, à la restriction de la natalité. Nous avons consciencieusement fouillé sur ce point tous les auteurs que nous connaissions, espérant toujours rencontrer une solution satisfaisante, prêt à l'adopter, heureux de la défendre ; parfois même nous avons cru avoir enfin trouvé le remède si désiré et après une étude approfondie, presque partiale, nous nous sommes vu forcé d'avouer qu'au point de vue démographique, il n'y avait rien.

(1) DOCUMENTS : Revue bleue : 1891, 1er août (art. de Laffitte). — Monde écon.: 1891, 2e part. p. 167. — Revue des Deux-Mondes, loc. cit. (articles de Richet). — Econ. franç : mars 1880, p. 109 — 1888, 1er sem. p. 423 — 1892, 1er sem. p. 619 — Réform. soc. 1888, tom. VIII, p. 353 — 1891, 1er juin (art. de Cheysson).

BIBLIOGRAPHIE : Melon : Essai politique sur le commerce, ch. 3. (Coll. des Econ. tom. I, p. 718). — Levasseur : Nouv. dict. d'écon. polit. s. v population § 13 et § 14, p. 521. — F. Bernard : ibid. s. v. dépopulation. — Turquan : ibid. s. v. émigrat. § 3, p. 800, 2e col. — Deneus, op. cit. *passim* et § 3, conclusion, p. 183. — De Butenval : Lois de succession, *passim*. — De Bousies : Lois successorales, *passim*. — Claudio Jannet : Les États-Unis, tom. I, p. 230 à 254 et tom. II. Docum. K. — Croonenberghs : Les États-Unis, tom I, p. 100. — De Lavergne : Agricult. et populat. p. 176. — Duval : Hist. de l'émigrat. Introd. p. IV. — Dureau de la Malle : op. cit. p. 48.

72. — Et pourtant que de prétendues solutions n'a-t-on pas données du problème (1) ?

L'énumération en est impossible. Toutefois, pour démontrer leur inefficacité sur la population, pour soutenir notre théorie et prouver qu'il est réellement impossible de remédier à la stérilité volontaire par des mesures législatives ou économiques, nous allons examiner et réfuter les différentes propositions qu'on rencontre le plus souvent émises à ce sujet.

73. — Il est d'abord tout un groupe de mesures que nous devons rejeter. Ce sont celles qui prétendent arriver à l'augmentation de la natalité en améliorant la condition du cultivateur.

Certes, le but est des plus louables. Il est excellent de chercher à améliorer le sort de l'agriculteur, cela ne se discute pas. Mais cette amélioration aura-t-elle pour effet de pousser les individus à augmenter leur famille ? Nous ne le croyons point.

Nous y souscririons volontiers pourtant, si les classes aisées étaient les plus prolifiques, mais on sait bien que le contraire est la vérité. Le degré de richesse des familles diminue en général leur fécondité (2) ; ce sont les simples ouvriers agricoles qui ont le plus d'enfants. Comment admettre dès lors qu'en procurant aux culti-

---

(1) Voy. MELON : *Essai polit. sur le Comm.* ch. 3. (*Collect. des Econ.* tom. I, p. 718) — *Monde écon.* 1891, 2ᵉ part. p. 167. — *Revue bleue*, 1ᵉʳ août 1891, art. de Laffitte.

(2) Voy. LEVASSEUR, *Nouv. Dict. d'écon. polit.* s. v. population, § 14, p. 521.

vateurs pauvres le moyen d'acquérir l'aisance, on les encouragera à augmenter leurs familles.

D'abord, la natalité chez eux n'a pas besoin d'être encouragée ; elle est suffisante. Par conséquent, les mesures ci-dessus ne trouvent plus ici leur application.

Et puis, croit-on que le propriétaire restreignant sa progéniture pour ne pas se gêner (car c'est surtout celui là qu'il faut viser et non le cultivateur pauvre qui est prolifique), croit-on, disons nous, que ce propriétaire augmentera le nombre de ses enfants à cause d'une plus grande somme d'aisance? Cela est invraisemblable, car s'il avait désiré une famille nombreuse, il n'aurait pas attendu tel ou tel degré de fortune pour la procréer.

Il est bien plus probable qu'il se servira de la nouvelle aisance qu'il pourra acquérir, pour augmenter son bien-être personnel, pour tenir peut-être un rang plus élevé, en un mot pour jouir davantage.

C'est ainsi que l'établissement du Crédit Agricole, l'obtention des transports à tarifs réduits, les Syndicats, l'institution d'Assurances Mutuelles avec le concours de l'État, le homestead, sont des mesures que nous approuvons de toutes nos forces en tant qu'elles activeront peut-être le progrès de l'agriculture, mais dont nous rejetons absolument au point de vue démographique, la prétendue efficacité.

73. — Dans le même ordre d'idées et pour les mêmes raisons, nous ne croyons pas que le développement de l'instruction agricole puisse donner un résultat utile. Il est assurément indispensable que les cultivateurs reçoivent une instruction professionnelle aussi complète que possible. Pour eux d'abord, pour la nation ensuite, ce sera un gage assuré de progrès ; mais quant à ajouter que le nombre des naissances en sera augmenté, nous ne le croyons pas (1).

74. — Nous jugerions plus efficace l'établissement à la campagne d'institutions d'assistance, de secours mutuels et de retraite (2). Non pas que ces institutions augmenteraient le nombre des naissances, mais parce qu'elles diminueraient le taux de la mortalité.

Sous ce rapport, à notre sens, on peut encore beaucoup aussi en ferons-nous une étude détaillée dans notre chapitre suivant.

75. — Que faut-il penser du système romain des Lois Caducaires ?

Cette théorie compte encore de nombreux partisans. Pour eux, on doit chercher à augmenter les naissances non pas en améliorant la condition de l'individu, mais en favorisant le père de famille soit par des primes, soit par des dégrèvements. Par exemple, si un paysan atteint un nombre déterminé d'enfants, il jouira de tel ou tel bénéfice, d'autant plus grand que sa postérité sera plus nombreuse.

Il faut convenir qu'à première vue ce système est séduisant. Il semble très rationnel d'admettre que plus un père de famille a d'anfants, plus il est digne d'intérèt plus on doit alléger ses charges. — Jusqu'ici l'opinion

---

(1) Les classes instruites sont celles qui ont le plus faible taux de natalité.

(2) F. BERNARD. *Nouv. Dict. d'écon. polit.* s. v. dépopulation.

est assez acceptable, mais du moins faudrait-il s'en tenir là.

Qu'on veuille aider un père chargé de famille à élever ses enfants, très bien ; mais qu'on pense que les chefs de famille voudront avoir des enfants pour bénéficier de telle ou telle disposition, cela n'a point de sens. On aboutirait à ce résultat absurde que, pour s'éviter des charges, le père de famille irait s'en créer d'autres par ailleurs.

Le système des Lois Caducaires n'est pas plus satisfaisant que tous ceux proposés dans le même but.

Tout récemment l'économiste belge, M. Deneus, l'a une fois de plus démontré (1).

L'histoire du droit d'abord prouve l'inefficacité et même la nocibilité de pareilles mesures. La loi *Julia de maritandis ordinibus*, pour parer à la stérilité des unions, n'avait-elle pas frappé les *celibes* et les *orbi* pour avantager les pères de famille ? Quel en fut le résultat ? La démoralisation la plus complète et la corruption la plus raffinée. Pour éluder la loi, les maris ne rougissaient pas des plus viles complaisances ; voilà le résultat, et voici comment M. Accarias l'apprécie : « Tant d'efforts pour éluder les Lois Caducaires, et ces « efforts coïncidant avec une démoralisation toujours « croissante, démontraient surabondamment que ce « n'est ni en violant la liberté des personnes qui dis- « posent, ni en excitant la cupidité de celles qui reçoivent « qu'on relève la dignité d'un peuple. »

Ajoutons : et le niveau de sa population. Nous pour-

(1) Deneus, *op. cit.* § 3. Conclusion. p. 183. (1894).

rions nous dispenser d'apporter d'autres arguments. Rappelons cependant qu'il n'est pas besoin de remonter au droit romain pour montrer le mauvais effet des lois ou mesures caducaires. — En France, nous l'avons vu, Colbert essaya inutilement de les rééditer. Dernièrement enfin, la loi du 17 juillet 1889 (art. 3) portait cette disposition : « Les père et mère de 7 enfants vivants, légitimes ou reconnus, ne seront pas inscrits au rôle de la contribution personnelle mobilière... » Or, il s'est trouvé seulement 148 808 pères de famille exemptés pour cette raison. De plus, la plupart appartenaient à la population urbaine ; enfin, tous les exemptés avaient une certaine aisance puisque les indigents sont exempts de droit, indépendamment de toute condition de postérité, par le seul fait de leur indigence.

Bref, la loi ne dura qu'un an et l'essai ne fut pas renouvelé.

Nous repoussons donc comme n'ayant aucun effet démographique utile, le système des dégrèvements et celui des primes à la natalité (1).

76. — A côté des partisans des Lois Caducaires, se placent les économistes qui demandent pour empêcher la stérilité volontaire, une réforme de nos lois de succession.

a. — M. Leroy-Beaulieu est un des chefs de cet important parti (2). « On a voulu par le partage égalitaire,

---

(1) Voy. *contrà* RICHET. *Revue des Deux Mondes, loc. cit.*

(2) Cfr. Les lois de succession appréciées dans leurs effets économiques, par le comte de BUTENVAL. — Lois successorales, de DE BOUSIES.

dit-il, empêcher le bourgeois de « faire un ainé » ; il en
« fait un en supprimant les cadets. C'est à ce beau ré-
« sultat que s'ingénient une foule de familles françaises.
« L'effet de nos lois successorales est de pousser la po-
« pulation à avoir le moins d'enfants possibles (1). »

Ces paroles visent la population en général ; Le Play
et ses disciples, tout en soutenant la même cause, se
préoccupent plus spécialement de la population agricole.

Voici leur thèse : Les cultivateurs, craignant le morcellement de leurs biens après leur mort, ne suppor-
tant pas l'idée que ces morceaux de terre si péniblement
réunis, seraient divisés de nouveau, que leur patrimoine
serait alors amoindri entre les mains de leurs enfants,
préfèrent en réduire le nombre et conserver leurs biens
dans leur intégrité.

Nous ne nous rallions pas à cet avis ; nous ne le repoussons pas non plus complètement et pour répondre,
nous procéderons à une distinction.

La question soulevée est double, en effet. On confond
l'influence de nos lois successorales sur la *population
agricole* et cette même influence sur *l'industrie agricole*.

Demandons-nous si notre Code Civil a réellement une
influence restrictive sur la *population* agricole ?

Non, sans hésitation.

En effet, selon nos adversaires, le motif qui pousse
le paysan à limiter sa postérité, c'est la pensée que son
patrimoine sera morcelé après sa mort. Or, à la campagne, bien des paysans ne savent même pas que le législateur leur a enlevé la libre disposition de leurs

(1) *Econ. franç.* 1880, mars. p. 309.

biens. Croit-on dès lors qu'ils songent à faire un testament ? S'ils en ont la pensée, ce sera plutôt pour la repousser, pour empêcher « un homme de loi » de s'introduire dans leurs affaires de famille. Le paysan pense peut-être avec raison, qu'il est inutile d'ajouter aux énormes frais de mutation (qu'il a dû payer) les frais d'un testament.

Le plus souvent en réalité, il ne pense à rien de tout cela ; il vit tranquillement, tâchant d'avoir beaucoup de terre, de belles récoltes pour vivre à l'aise, se souciant peu de ce qui arrivera quand il n'y sera plus.

Vivre à l'aise, voilà l'ambition du paysan; et voilà en même temps le motif de sa stérilité volontaire, ce qui est certes, beaucoup plus compréhensible que l'influence du Code civil. C'est pour ne pas renoncer à ses habitudes de bien-être que le paysan limite aujourd'hui volontairement sa postérité et nous ne croyons point que la préoccupation du système successoral soit une cause appréciable de la stérilité des unions aux champs.

D'ailleurs, notre opinion est singulièrement corroborée par les faits.

Car enfin, si le Code Civil a une influence aussi néfaste que le prétendent nos adversaires, il a dû l'avoir *toujours de la même façon* et elle a dû se manifester *dans tous les pays où il est appliqué.*

Rien de plus logique. L'influence du Code, si elle existe, doit être *constante* et *uniforme.*

Or, la statistique démontre précisément le contraire.

Voici un premier document à l'appui ; c'est le tableau des mouvements de la population de 1821 à 1888 (1).

(1) Emprunté à M. Turquan, *Réform. soc.* de 1888, tome VIII, p.353.

PÉRIODES	Accr. total	Accrois. annuel moyen	PÉRIODES	Accr. total	Accrois. annuel meyen
1821 –26	1.397.062	279.142	1856—61	746.949	149.389
1826—31	700.286	140.057	1861—66	680 75J	136.150
1831—36	971.687	195 337	1866—71	—564.145	—112.828
1836—41	689.268	137.473	1871—76	+802.867	+200.716
1841—46	1 170.308	234.060	1876—81	766.260	153.250
1846—51	382.694	76.536	1881—86	546.955	109.371
1851—56	356.194	71.936	1887		55.536

Ainsi, jusqu'en 1848, l'excédent des naissances a été satisfaisant ; puis, un léger à coup s'est produit, suivi d'une recrudescence de 1856 à 1866. A partir de 1866, de nouveau période décroissante, qui hélas ! est encore aujourd'hui plus accentuée que jamais.

Ces divers mouvements de population n'ont-ils pas eu lieu sous le régime successoral du Code Civil ; et ce régime n'était-il pas le même quand l'excédent des naissances était de 237.000, comme en 1845, et quand les décès l'emportaient de 70.000, comme en 1854 ?

L'influence du Code n'a donc pas été *constante* ; et comme elle aurait dû l'être, si elle s'était produite, il faut bien reconnaître que nos lois successorales n'ont aucune influence sur la population.

En voici d'ailleurs une autre preuve.

Non seulement, avons nous dit, l'influence des lois doit être constante, mais encore elle doit se faire sentir dans tous les pays où ces lois sont en vigueur.

Comment se fait-il alors que la Belgique, qui suit le même régime successoral que nous, voit sa population augmenter pendant que la nôtre diminue ?

Bien mieux, comment expliquer qu'en France même, la population varie selon les régions.

« Il n'est pas besoin de sortir de la France, dit M.
« Levasseur, car si la natalité moyenne des Départe-
« ments a varié de 17.0 (de 1877 à 1886, Lot-et-Garonne)
« à 34.3 (Finistère) et s'est élevée à 44 (Pyrén.-Orient.
« 1801 à 1860) par 1.000 habitants, suivant les Départe-
« ments *sous l'empire de la même législation*, il est évi-
« dent qu'il existe des causes de diversité plus éner-
« giques que la loi des partages (1). »

Et maintenant, il ne nous suffit pas pour réfuter l'o-
pinion de nos adversaires, d'avoir démontré que nos
lois de succession n'avaient pas sur la population, l'influence qu'ils leur prêtent.

Nous voulons aller plus loin et démontrer à notre
tour que la liberté testamentaire réclamée par les partisans de l'opinion adverse, ne saurait en rien accroître
le nombre des naissances.

b. — Comment, en effet, la liberté testamentaire
pourrait-elle pousser à l'accroissement de la natalité ?
Nous savons que, pour s'éviter des charges gênantes, les
paysans limitent leur famille. En quoi la liberté testamentaire aiderait-elle à la diminution de ses charges ?
En quoi persuaderait-elle aux cultivateurs qu'il vaut
mieux vivre moins à l'aise et avoir plus d'enfants ?

Veut-on nous faire admettre que le morcellement,
conséquence du partage égal, est nuisible à l'accroissement de la population, et que la transmission inté-

---

(1) LEVASSEUR, *Nouv. Dict. d'Econ. polit.* s. v. population, § 13.

grale, en le supprimant, pousserait à l'augmentation des familles ?

Il faudrait d'abord prouver que le morcellement est une cause de stérilité. L'Allemagne du Nord et l'Italie ont un sol des plus morcelés, et cependant la population y est toujours croissante. Cela seul pourrait réfuter l'assertion de nos adversaires si M. de Foville n'avait pas clairement établi la non-influence du morcellement sur la *population*.

Sur l'*industrie* agricole, c'est une autre question, que nous n'avons pas à examiner ici ; mais sur la population agricole, le morcellement n'a aucune influence appréciable.

Admettant même qu'il en puisse avoir une, elle serait insignifiante, puisque le morcellement n'affecte au plus que le 1/10 de notre territoire.

« Ce n'est donc pas la liberté testamentaire qui relèvera le nombre des naissances, quand l'amour du bien-être a fait perdre aux parents le goût d'une nombreuse famille », ajoute M. Deneus, auquel nous empruntons les documents suivants. La preuve est faite, elle est encore visible à l'heure actuelle.

Aux États-Unis, on suit les mêmes coutumes successorales qu'en Angleterre. Donc, pas de partage égal, pas de morcellement par-là même ; le père peut donner tous ses biens au fils aîné, c'est la transmission intégrale. Donc, suivant l'école de Le Play, la population devrait y être abondante et en croissance perpétuelle.

Or, déjà en 1867, l'américain H. Dixon, dans son livre « *l'Amérique nouvelle* » se plaignait de la stérilité vo-

lontaire, et 22 ans plus tard, voilà ce qu'écrivait
M. Claudio Jannet (1) : « Dans les familles de la Nouvelle Angleterre, un mal caché et profond corrompt le
foyer, stérilise la race et menace de détruire rapidement
la vieille nationalité. La pratique de la stérilité systé-
matique va jusqu'à l'avortement. Les femmes mariées
se portent à ces extrémités pour se débarrasser du souci
des dépenses et des tracas de la famille, ou pour tout
autre motif léger et dégradant. *Le partage forcé*, qui
pousse tant de familles françaises dans ces odieuses pratiques, *n'existe pas aux États-Unis*. C'est le luxe qui a
envahi toutes les classes de la société, et puis un esprit
de suicide qui caractérise certaines situations morales
et religieuses chez les peuples comme chez les individus ; or, la famille américaine est aujourd'hui affectée
au plus haut degré par ces deux causes. Le dernier
recensement a montré que si ces désordres continuent,
avant 50 ans, il n'y aura plus dans les États du Nord
un seul descendant de la race anglo-saxonne. La Nou-
velle-Angleterre, la Pensylvanie et le New-York appar-
tiendront exclusivement aux descendants de ces Irlan-
dais et de ces Allemands si méprisés. Les législatures
se sont émues des désordres que nous venons de signaler et ont compris qu'elles ne pouvaient plus compter
pour leur répression sur les autorités municipales
placées trop au milieu des influences corruptrices
pour pouvoir efficacement entrer en lutte avec elles. En

_____

(1) Cl. Jannet. *Les Etats-Unis* (1889) tome 1, p. 250 à 254 et tome II,
document K. Cfr. Croonenberghs : *Les Etats-Unis*, (1892), tome II.
p. 100.

1872 et 1873, les États de New-York et d'Illinois ont édicté des peines pour réprimer l'avortement et frapper les auteurs d'avis publics ayant pour objet d'en faciliter la pratique. Le Congrès lui-même a dû voter un acte pour punir la vente, le colportage, et l'annonce de toute drogue destinée à prévenir la conception ou à provoquer l'avortement. »

Cela se passe de commentaires. Et quant au système de la transmission intégrale, soi-disant favorable à l'accroissement de la population, voilà la condamnation radicale de sa prétendue influence (1).

c. — Nous concluons donc en disant :

1° Que nos lois de succession n'ont pas d'influence sensible sur la population agricole.

2° Que les systèmes de liberté testamentaire, proposés à leur place, n'aboutiraient point à un accroissement de la population.

3° Enfin que le morcellement, effet indirect de notre système successoral, n'a pas plus d'influence que les lois elles-mêmes sur la population des champs.

En ce qui concerne le point de vue démographique,

_____

(1) On doit donc rejeter net l'opinion qui réclame le rétablissement du droit d'ainesse en France. Le droit d'ainesse évite les calculs odieux, dira-t-on. — Comment le croire ? Est-ce parceque le droit d'ainesse existera que le paysan en aura plus d'enfants ? Non ; ce qui le retient d'augmenter sa famille, c'est la crainte des dépenses d'entretien, de nourriture, d'éducation de 4 ou 5 enfants, dépenses qui le forceraient à restreindre son train de vie, si modeste qu'il soit. Or, le droit d'ainesse, comme la liberté testamentaire, laisse subsister tout cela. (Cfr. L. DE LAVERGNE : *Agricult. et Populat.* p. 176).

il n'y a par conséquent aucune modification à apporter à notre législation civile.

77. — Avant de terminer, nous devons mentionner parmi les remèdes à la diminution de la natalité : la colonisation.

M. Turquan, dans le Nouveau Dictionnaire d'Économie politique, écrit : « Si au lieu de 10 000 à 15 000 habitants que la France envoie annuellement à l'étranger, elle en envoyait 100 000, loin de se dépeupler, elle verrait certainement sa natalité croître (1) ».

M. Leroy-Beaulieu dit dans le même sens : « Le jour où l'on comprendra qu'un jeune homme peut et doit quitter la France pour se faire une fortune, ce jour-là les familles ouvrières et bourgeoises auront plus d'enfants et n'en seront pas plus malheureuses (2) ».

Peut-être la colonisation aurait-elle un effet efficace, mais nous ne voyons pas bien comment elle relèverait le taux des naissances.

Pour que les enfants émigrent, il faut qu'ils aient atteint un certain âge ; il faut qu'ils soient en état de subvenir eux-mêmes à leurs besoins. Jusque-là, c'est le père qui a dû pourvoir à leur entretien et leur subsistance, et ce sont précisément ces charges là qu'on veut s'éviter.

La colonisation, ne les faisant pas disparaître ne saurait être efficace.

---

(1) *Nouv. Dict. d'Econ. polit.* s. v. émigration § 3, p. 800, 2e col. — Cfr. Duval, *Hist. de l'émigration*, Int. p. IV.

(2) *Econ. franç.* 1888. 1er sem. p. 423.

Bien plus, pour l'ouvrier agricole et le petit cultivateur, c'est précisément au moment où l'enfant peut se
suffire à lui-même qu'il devient utile à ses parents. Il serait dès lors plus avantageux de le garder dans la famille où il aidera à gagner la subsistance commune que
de l'envoyer aux colonies.

Quoi qu'il en soit, ce remède est des plus vantés et à
bon droit, croyons-nous, car s'il n'est d'aucun effet pour
l'augmentation des naissances, du moins a-t-il un excellent résultat pour pallier à l'encombrement des villes
et activer la prospérité commerciale de notre pays.

78. — Une seule catégorie de remèdes nous semblerait
réellement utile. Ce sont ceux qui viennent de la religion *strictement pratiquée* et de la morale. Malheureusement leur étude n'est pas du domaine économique
et nous nous bornerons à motiver notre avis.

M. Dureau de la Malle (1) explique ainsi l'incroyable
exubérance de la population agricole au XIIIᵉ siècle :
« Le dogme prescrit par la religion, si puissante alors,
« de croître et multiplier était observé dans toute sa ri-
« gueur ».

De plus, nous croyons que la stérilité volontaire étant
un mal absolument d'ordre moral, on ne peut l'atteindre utilement que par des remèdes moraux (2).

Quelle doit donc être notre conclusion? C'est que la
diminution des naissances est une conséquence irré-

(1) DUREAU DE LA MALLE. *op. cit.* p. 48.
(2) En ce sens, LAFFITTE, *la quest. de la popul. Rev. Bleue* 1ᵉʳ août
1891. — CHEYSSON, *Réform. soc.* 1ᵉʳ juin 1891.

médiable du progrès de la civilisation. Si cette dernière a de beaux côtés, elle en a de fâcheux. « Ce qui nous « frappe actuellement, dit M. Leroy-Beaulieu, nous le « verrons bientôt se produire dans d'autres pays » (à mesure que leur degré de civilisation augmentera).

« Est-ce à dire qu'aucun retour n'est possible? Bien « des phénomènes peuvent se produire et contrebalan- « cer les inconvénients d'une civilisation trop avan- « cée (1). »

Il se peut qu'à la longue, de nouvelles mœurs s'éta- blissent; mais, en attendant, et pour longtemps, tout le développement de notre civilisation tend à rendre les mariages moins précoces et moins féconds.

Si les moralistes n'arrivent pas à produire une réac- tion, toute l'humanité *civilisée* arrivera graduellement à souffrir du même mal (2).

79. — Nous touchons à la fin de notre travail.

Nous avons vu que la dépopulation provenant du mouvement migratoire était plutôt à encourager qu'à retenir. Nous savons que la diminution démographique provenant de la stérilité volontaire est impossible à empêcher par des mesures législatives ou économiques.

Il ne reste plus comme cause de dépopulation que la mortalité; mais là, du moins, y a-t-il beaucoup à faire.

Le problème relève donc, à notre avis, de la morale, et de l'hygiène.

Nous ne pouvons l'examiner sous le premier rapport; nous passerons immédiatement à l'étude du second.

(1) Leroy, Beaulieu, *Econ. franç.* 1892, 2e sem. p. 619.
(2) *Ibid.*

SECTION II

Persistance d'une mortalité excessive

———

I. Cause de l'excès de mortalité de la population
agricole

SOMMAIRE

80. — La mortalité est une cause de dépopulation très importante. —
81. — Division (1).

80. — La mortalité de la population agricole est anormale, son taux excessif en est une des causes notables de diminution.

Il est donc indispensable d'étudier d'une façon approfondie cette dernière source de dépopulation et de chercher les moyens d'y pallier. D'autant mieux que de toutes les causes de décroissance de la population agricole, celle-ci est la seule à laquelle on puisse apporter un remède efficace, et dont les heureux effets se feront immédiatement sentir.

Parmi les personnes les plus compétentes en la matière sont les médecins ; c'est près d'eux que doivent être prises certaines informations sur ce chapitre et c'est à eux que nous sommes allés demander une partie de nos documents.

(1) Documents. — Econ. franç. 10 mars 1894. — Journ. des Écon. 15 mars 1894. — Loi du 23 décembre 1874.

Bibliographie. — Melon : Essai polit. sur le commerce, loc. cit. — Levasseur : Nouv. dict. d'écon. polit., s. v. population.

Or, un des membres du corps médical, et non des moins remarquables, M. le docteur Javal, ancien député, membre de l'Académie de Médecine, a émis à ce sujet une opinion bien inattendue chez un médecin. Pour lui, dans le problème de la dépopulation, la question de la mortalité est tout à fait secondaire (1)... Voilà qui peut surprendre. Sans doute nous admettons qu'il faut encourager surtout à l'augmentation des naissances, mais nous croyons aussi très utile de chercher à diminuer les décès. Abaisser la mortalité n'est assurément qu'une façon indirecte d'augmenter la population, mais enfin c'est une façon de l'augmenter. Et, puisqu'en pareille matière la vraie chance de succès est de ne négliger aucune mesure efficace, quelque secondaire qu'elle soit, *a fortiori* doit-on s'occuper de restreindre la mortalité puisque cette cause est une des plus importantes par ses effets dépeuplants.

« La grande perte d'hommes, disait Melon, est dans les campagnes où la mauvaise nourriture, le défaut de secours et la misère les font périr et causent peut-être les maladies épidémiques » (2).

Nous ne sommes pas fâchés en même temps de pouvoir étayer notre opinion de la grande autorité de

(1) Cfr. *Écon. fr.* 10 mars 1894. — *Journ. d. Écon.* 15 mars 1894. Il y a eu en 1893 un excédent de 20.041 décès.

(2) MELON, *Essai politique sur le commerce*, p. 817 (édit. Guillaumin). — Ce passage est en même temps une preuve à l'appui de notre théorie sur l'importance démographique de la population agricole. Car, si « la grande perte d'hommes est dans les campagnes », c'est évidemment là surtout qu'il faut chercher à y remédier. Voy. notre 1re partie, n° 47.

M. Levasseur qui déclare à propos de la population
« qu'il ne suffit pas de donner le jour à des enfants
pour assurer l'accroissement d'une nation... la preuve
en est dans la Hongrie qui, étant au premier rang de la
natalité (avec 42. 8 pour 1.000) ne se trouve, à cause de
sa mortalité élevée, qu'à l'avant-dernier comme population effective (1) ». Il est bien clair que si l'effet d'une
natalité surabondante est détruit par celui d'une mortalité excessive, le résultat final sera défectueux. L'opinion de M. le docteur Javal est donc bien contestable
et nous devrons étudier la dernière partie de notre
travail avec autant de soin que celles du début.

81. — L'excès de mortalité chez les paysans provient
de deux causes :

1º L'épidémie.

Sans doute, partout où elle apparait, l'épidémie produit une forte augmentation mortifère, mais à la campagne, pour des motifs que nous allons indiquer, elle
revêt un caractère de gravité exceptionnel.

2º Le nombre considérable de décès des petits enfants.

Cette cause de mortalité anormale n'est malheureusement pas accidentelle comme la première ; elle est
constante, par conséquent beaucoup plus grave, et les
efforts du législateur (2) ne l'ont qu'insuffisamment at-
ténuée. Nous examinerons ce point important en dernier
lieu.

---

(1) *Dict. d'écon. polit.* de CHAILLEY et SAY, *art.* de LEVASSEUR
s. v. population.

(1) Loi du 23 décembre 1874.

A. MORTALITÉ ÉPIDÉMIQUE

82. — M. Michel Lévy, disait, en 1858, dans son Traité
d'hygiène (2) : « L'état dans lequel se trouvent la plupart des villages et des bourgs blesse toutes les lois de
l'hygiène. Les habitations rurales, mal aérées, mal
closes, ne sont dans un grand nombre de localités que
d'immondes refuges où s'entassent les familles... Leur
plancher, presque toujours de niveau avec le sol et
sans cave sous-jacente, s'imprègne des déjections du
ménage. L'âtre fumeux mêle à l'atmosphère d'un local
exigu les produits d'une combustion incomplète ; l'incurie, la malpropreté, la pénurie des objets nécessaires
à la vie, souvent la présence d'animaux ou l'entasse-
ment des provisions ou des récoltes multiplient les
causes d'infection. Au dehors de ces habitations, des
amas de fumiers, des mares fétides ; des puisards qui ne
dissipent pas complètement, par infiltration dans le
sol, les liquides qu'ils reçoivent et qui retiennent une vase
d'où s'échappent des gazs délétères ; des rues sans pavés

(1) DOCUMENTS. — Écon. fr. 26 mai 1894. — Loi du 15 juillet
1893.

BIBLIOGRAPHIE. — Michel Lévy : traité d'hygiène, liv. II, ch. dernier, p. 597.

(2) Michel Lévy, *Traité d'hygiène*, liv. II, ch. dernier, p. 597.

que la pluie convertit en fondrières et dont la fange humide baigne le pied des maisons... telles sont les demeures de la population rurale. »

En parcourant cette peinture peu attrayante de l'habitation villageoise, nous ne taxions point l'écrivain d'exagération ; mais, nous nous flattions que l'état de choses de 1850 s'était très certainement amélioré en 1894.

Or, une enquête toute récente (mai 1894) nous a fait éprouver une brusque désillusion. Les économistes et les statisticiens les plus distingués ont recherché quelles étaient dans les différentes régions de la France, les conditions d'hygiène, de propreté et de confortable des habitations des champs.

Voici un extrait qui suffira pour édifier complètement le lecteur (1): « Au point de vue des satisfactions que les habitations rurales, en France, donnent ou refusent aux légitimes exigences du bien-être, de l'hygiène physique et de l'hygiène morale, le degré d'avancement de chacune de nos provinces, dit M. de Foville, ne se mesure pas uniquement à sa richesse ou à sa pauvreté. Là même où la misère ne peut être invoquée comme excuse, nous rencontrerons trop souvent des prodiges de routine et d'incurie...

Par exemple, lorsque nous franchissons le seuil d'une de ces humbles demeures dont nos campagnes sont semées, nous regrettons d'avoir à constater que, dans nos villages, au Nord comme au Sud, les rez-de-chaus-

_____

(1) *Écon. fr.* 26 mai 1894. — Le passage que nous reproduisons s'abrite sous la garantie de M. de Foville.

sée dallés, carrelés ou parquetés, sont encore bien rares.

L'étage, là ou il existe, implique nécessairement pour les chambres du haut le carrelage ou le plancher, et c'est déjà un avantage ; ce n'est pas le seul. Le paysan monte en grade, dans la hiérarchie sociale, lorsqu'il met l'intervalle de vingt ou trente marches d'escalier entre son lit et les multiples servitudes d'un rez-de chaussée ouvert à la poussière, à la boue, aux mauvaises odeurs, aux allées et venues des passants et des bêtes. Deux pièces en bas et deux ou trois pièces en haut, valent mieux, à plus d'un point de vue, qu'une égale surface au niveau du sol et il faut donner une bonne note au pays où l'étage est la règle et non l'exception.

A vrai dire, ceux-là même qui sont fiers d'avoir un étage ne savent pas toujours s'en servir... il y a des villageois qui tiennent à posséder un étage, pour s'en faire honneur, mais qui l'ayant le laissent inoccupé...

Il existe, pour apprécier la dignité et la salubrité des habitations, un autre criterium, dont il n'est pas agréable de parler, mais que nous nous reprocherions cependant de passer ici sous silence... Aux champs, où l'oxygène abonde, on pourrait se mettre à peu de frais en règle avec l'hygiène ; mais, le plus souvent, on ne s'en soucie guère. Ce qui n'est qu'immondices pour le citadin devient engrais pour le cultivateur et acquiert ainsi des titres à ses sympathies. Le fumier proprement dit, celui qui sort des étables, est une richesse qui réjouit trop la vue des paysans pour que leur odorat s'en inquiète...

Dans bien des parties de la France, le bétail vit avec

la famille, non pas seulemeut sous le même toit, mais dans le même corps de bâtiment, la même porte d'entrée servant aux bêtes et aux gens, et la séparation intérieure consistant au plus dans un corridor, parfois dans une simple cloison, percée de multiples ouvertures.

Il y a pis que cela. Dans les Hautes-Alpes, par exemple, l'hiver sévit avec tant de rigueur que tout est sacrifié à la nécessité de lutter contre le froid et que, pour se tenir chaud mutuellement, hommes, femmes, enfants et quadrupèdes passent toute la mauvaise saison, soit six mois, entassés pêle-mêle dans une même salle, qu'on appelle l'écurie et dont la neige fait parfois une sorte de crypte. Les descriptions concordantes de M. Soulié de Bru, de M. Dairou, de M. Vieux, de M. Martin, de M. l'abbé Guillaume, nous mettent sous les yeux, pour ainsi dire, cet étrange tableau...

Une pièce qui sert, tout à la fois, de magasin, de cuisine, de salle à manger, nous paraît déjà à ce titre, peu enviable comme chambre à coucher. Mais le lit du campagnard est lui-même aussi anti-hygiénique que possible avec ses lourds rideaux, ses volumineux édredons et ses épaisses couvertures, qu'on ne retire même pas en été... Dans le Haut Morvan, M. Monod dénonce une combinaison bien inattendue : « Sous chaque lit une excavation profonde, sorte de cave destinée à emmagasiner les légumes d'hiver, constitue un foyer perpétuel de fermentation d'où s'exhalent des miasmes pestilentiels. »

Une aussi minutieuse enquête nous dispense d'insis-

ter. Les conditions défectueuses du logement des cultivateurs sont certes déjà un excellent auxiliaire de l'épidémie. Mais ce n'est pas tout.

83. — Outre la propreté corporelle, qui aurait beaucoup
à gagner, il est une foule d'autres éléments dont l'ensemble constitue une prédisposition naturelle et constante au développement du fléau.

Rappelons nous seulement le passage de la « Cronaca
Riminense » cité au cours de notre historique à propos
de la Peste noire de 1348 : « *E mori di tre persone le
due, fuorche tyranni et grandi signori non mori nessuno.* » La mort pendant cette effroyable épidémie, épar-
gnait les princes et les grands seigneurs, et elle redou-
blait d'intensité dans les rangs du peuple et des paysans.
Est-ce que le déplorable état hygiénique des campagnes
n'est pas l'explication toute naturelle de ce phénomène
qui frappait déjà le chroniqueur?

Quatre siècles plus tard, Boulainvilliers nous en a indiqué une autre cause concomittante, et encore plus
malheureuse, car celle-là ne provient pas du fait du laboureur. C'est « l'extrême pauvreté des paysans.. qui re-
tranche leur nourriture et leurs forces et les fait mourir
avant l'âge, parce que la moindre maladie détruit aisément des corps consommés d'inanition et de souffrances (1) ».

Il est trop certain que dans plusieurs contrées, la
misère vient encore ajouter son funeste appoint aux
causes déjà si nombreuses de la mortalité.

(1) Voir notre historique, 1re partie, ch. II. no 33.

84. — On trouve étonnant, n'est-il pas vrai, qu'avec une manière de vivre aussi défectueuse, aussi mauvaise à tous les points de vue, il ne règne pas de tout temps une mortalité excessive des adultes?

M. le Docteur Paulier, rapporteur du Congrès de la Repopulation, tenu à Paris en 1893, en donne la raison dans une lettre à nous personnellement adressée et qu'il nous a autorisé à reproduire suivant l'occasion (1). « Bien que les lois les plus élémentaires de l'hygiène et de la propreté soient méconnues le plus souvent dans les campagnes, la mortalité y est beaucoup moindre parce que les paysans ont pour eux des éléments de ré-sistance qui manquent aux ouvriers des villes : le soleil, la lumière, le grand air, l'air pur, une alimentation re-lativement sobre et moins d'occasions de s'adonner à l'alcoolisme ».

Les paysans ont donc des éléments de résistance qui combattent les éléments de mortalité accumulés autour d'eux.

En temps ordinaire la moyenne se maintient. Mais, arrive une épidémie, c'est un ravage effroyable. Le soleil, le grand air ne peuvent plus lutter victorieuse-ment contre le fléau déchaîné; les miasmes multipliés et multipliés sans cesse sans que l'antisepsie ne les com-

(1) Cette lettre est en réalité une véritable étude de 12 pages où M. le Dr Paulier a bien voulu nous donner son opinion sur l'hygiène de la population agricole. Médecin de l' « Allaitement Maternel » à Paris, rapporteur du Congrès de la repopulation, le Dr Paulier nous a été désigné par M. le Dr Dumontpallier, membre de l'Académie de médecine et président dudit Congrès, comme l'autorité médicale à laquelle nous devions adresser nos demandes de renseignements.

batte font, des habitations champêtres, de véritables fournaises pestilentielles. Et, si l'on veut se rappeler maintenant les statistiques des périodes épidémiques rencontrées au cours de notre histoire, on trouvera moins surprenants les chiffres de cadavres énoncés par les chroniqueurs d'alors. Les germes malsains pouvaient se développer à leur aise encore mieux jadis qu'à présent et pourtant, il n'est pas besoin d'aller si loin chercher des exemples. Que l'on se rappelle seulement les ravages de l'influenza en 1889, et l'on verra que pour avoir avancé de plusieurs siècles, l'hygiène des campagnes n'en est pas moins en arrière, n'en a pas beaucoup plus fait de progrès.

85. — Et puis ce n'est pas seulement l'hygiène qui manque aux champs, ce sont aussi les médecins.

Il est assez rare, en effet, même aujourd'hui de trouver un docteur-médecin établi dans une campagne; on n'y rencontre le plus souvent que de simples officiers de santé. Et encore leur nombre est-il tout à fait insuffisant. La plupart sont seuls dans une étendue de trois, quatre et cinq lieues carrées; il leur faut cheval et voiture pour aller visiter leurs malades, et si, en temps ordinaire, ils suffisent au soin de la population, ils sont, en cas d'épidémie, inévitablement débordés.

Depuis quelques années, nous ne l'ignorons pas, l'encombrement des villes a obligé un certain nombre de docteurs-médecins à s'installer dans les gros bourgs, mais ce progrès est encore trop faible pour qu'on apprécie son résultat.

Enfin, l'insuffisance de l'assistance médicale n'est pas

la seule à signaler (1). Si les médecins de campagne
sont clairsemés, combien les pharmaciens ne le sont-
ils pas davantage. A de rares exceptions près, on ne
trouve de pharmacies qu'au chef-lieu de canton. Alors,
le temps d'aller chercher le médecin (et le campagnard
ne s'y décide qu'à la dernière extrémité), de le ramener,
d'aller au canton faire faire l'ordonnance et de revenir,
quand le remède arrive, la maladie a fait des progrès
regrettables ou parfois même le malade est mort.

Il ne faut pas oublier en même temps que ces pharmacies de campagnes ayant un écoulement relativement faible de leurs médicaments, les pharmaciens
n'en détiennent que des quantités restreintes. Et alors
il peut arriver ou qu'on ne trouve pas le remède, qu'il
faut aller chercher ailleurs, ou qu'on reçoive un produit
trop vieux dont l'effet sera complètement inutile, à
moins qu'il ne soit nuisible à la santé.

86. — Il serait facile de remédier à l'état défectueux
que nous venons de décrire. Au milieu de l'atmosphère
si vivifiante des prairies, des bois ou des montagnes, si
les paysans prenaient les plus élémentaires précautions
d'hygiène, et si l'organisation du service sanitaire était
assurée comme dans nos villes, la mortalité ne devrait
normalement atteindre que les vieillards.

Néanmoins, il subsiste aux champs une dernière
cause de mortalité des adultes que partout ailleurs nos
lois ont écartée avec grand soin. C'est celle qui provient du travail exagéré de la femme.

(1) La loi du 15 juillet 1893 sur l'assistance médicale gratuite, *lorsqu'elle sera appliquée*, amènera certainement un progrès.

Chacun sait, en effet, de quelle sollicitude, de quelles protections a été entouré depuis quelques années le travail de la femme et de l'enfant. A l'atelier, à l'usine, à la manufacture, dans les mines, certains labeurs pénibles et la veillée de la nuit leur ont été complètement interdits. Eh bien ! qu'a-t-on fait pour la femme de la campagne ? Est-ce que sa situation n'est pas également digne d'intérêt ? Mal nourrie, mal vêtue, la paysanne, et surtout la servante de ferme, s'épuise souvent dans un travail au-dessus de ses forces. En quelques contrées heureusement assez rares (1), elle remplit l'office d'un homme et exécute les plus rudes travaux. Partout exposée aux subites variations de la température, elle se trouve en d'excellentes conditions pour la pulmonie, la phthisie, et toutes les affections engendrées par les refroidissements ou l'humidité (2). Et les insolations que nous allions omettre ; jamais la moisson ou la fenaison ne se passent sans qu'on ait à noter des accidents de ce genre.

Il est certes aisé de comprendre combien la perspective de la vie urbaine doit paraître douce à ces filles des champs, et l'on s'explique facilement les 106.000 servan-

(1) Notamment dans l'Auvergne et une partie du Midi.

(2) En Anjou, j'ai pu constater une mortalité excessive des jeunes filles ou femmes qui font ce qu'on y appelle « aller aux choux », c'est-à-dire qui vont en hiver chercher dans les champs de choux la pâture des bestiaux. Ces femmes en reviennent toujours trempées jusqu'au genou de givre ou de rosée, et il *n'est pas rare* qu'une fluxion de poitrine ou quelque autre affection semblable ne les emporte ou ne leur laisse au moins une santé déplorable à transmettre à leurs enfants.

tes de ferme qui ont abandonné la campagne pour la
cité. On devine combien un labeur aussi disproportion-
né avec les forces du sexe qui l'accomplit, peut occa-
sionner de décès prématurés, combien il enlève de
mères à la population agricole, combien de graves désordres il peut surtout provoquer chez la femme en-
ceinte amenant souvent aussi pour l'enfant ou pour la
mère un funeste résultat.

Car si l'accouchement est laborieux, ce n'est pas la
sage-femme du village qui pourra l'amener à un dénoue-
ment favorable ; les paysannes mortes des suites d'en-
fantement se chiffrent par milliers ; et si l'enfant naît
souffreteux, estropié, ou malingre, n'en doutez pas, il
est perdu. Avec la façon déplorable dont les soins sont
donnés aux petits enfants ou aux nourrissons, sa faible
constitution ne pourra se relever et bientôt un décès
de plus haussera le niveau effrayant de la mortalité
infantile.

B. Mortalité infantile

SOMMAIRE.

87. Mortalité infantile criminelle. — 88. Mortalité infantile naturelle. — 89. Mauvaises conditions hygiéniques d'éducation de l'enfant. — 90. Mortalité des nourissons (1).

87. — On peut distinguer deux cas de mortalité infantile suivant que les décès dont elle résulte, pro-
viennent d'un crime ou d'une cause naturelle.

---

(1) Bibliographie. — Statistique de 1891 (chez Berger-Levrault
— Mie d'Aghonne, Une Faiseuse d'anges.

La mortalité criminelle est produite d'abord et bien entendu par les infanticides. Dans les campagnes, nos Cours d'Assises nous le révèlent, ce crime est malheusement trop fréquent.

On pourrait y comprendre aussi l'avortement qui n'est qu'un infanticide anticipé; mais, dans un cas comme dans l'autre, on manque de données certaines pour apprécier l'étendue du mal. La statistique n'en sait que ce que la justice en apprend et combien de faits de ce genre ne doivent-ils pas lui échapper.

Quoi qu'il en soit, le remède à l'infanticide n'est pas du domaine économique. Il relève de la morale et du droit criminel, et par conséquent nous n'avons pas à nous en occuper (1).

88. — La mortalité naturelle au contraire, bien qu'elle soit surtout de la compétence du médecin, appartient aussi à l'économiste et au démographe.

Sans conteste, le rôle du médecin y sera prépondérant, mais s'il est très bon de guérir, il est encore meilleur de préserver. Or, nous croyons que par des mesures économiques et administratives bien entendues, on peut notablement diminuer le taux de la mortalité infantile chez les paysans (2).

(1) Au Congrès de la repopulation, on a mis en avant beaucoup de moyens ; le rétablissement des tours, la recherche de la paternité... (opinion de MM. Jules Simon, Legouvé, A. Dumas, Lagneau, etc...) On a beaucoup discuté sur ce point ; et sans résultat, car ces mesures présentent autant d'inconvénients que d'avantages.

(2) La loi Théophile Roussel, dans les départements où elle est appliquée en est une excellente preuve. Voyez *infrà*, n° 90, p. 214.

Au Congrès de la Repopulation, la discussion a longuement porté sur la mortalité infantile générale de la France ; aussi quelques-unes des causes signalées en cette occasion ne se rapportent-elles pas à la mortalité des campagnes (1).

Mais il en est beaucoup parmi celles énumérées qui se rencontrent dans la population agricole.

On a signalé notamment les pratiques regrettables usitées en certains endroits pour l'alimentation des nouveaux-nés. En Normandie par exemple, il existe une coutume appelée *louvinage*, à laquelle la mortalité infantile doit certainement de nombreux décès. On y fait bouilllir du lard dans de l'eau jusqu'à une certaine consommation et on fait absorber ce jus épais aux nourrissons. Les pauvres petits s'en trouvent plus ou moins bien et le lait maternel serait certes, un aliment à la fois préférable et moins dangereux.

On a cité aussi comme cause de mortalité infantile, l'influence climatérique, en se basant sur ce que dans seize départements limitrophes de la Méditerranée, on a constaté pendant les grandes chaleurs de l'été une mortalité plus grande chez les enfants de 0 à 5 ans (2).

(1) Par exemple, le défaut d'allaitement maternel ; car c'est sûrement à la campagne plutôt que partout ailleurs, qu'on le voit pratiquer. — On a cité aussi les maladies syphilitiques ; on ne peut les compter au nombre des causes de mortalité infantile agricole, car elles sont heureusement bien rares au village. Bien que l'obligation du service militaire n'ait depuis quelque temps un peu modifié cet état ; les jeunes gens en rapportent parfois aux champs·des germes nuisibles à la croissance d'une robuste et saine population.

(2) Communiqué par le Dr Pamart.

Toufefois, les causes les plus graves sont bien celles dont nous avons dit un mot à la fin du paragraphe précédent.

D'adord, les travaux de la terre, trop rudes pour les femmes ; de là résultent les déformations, les enfantements laborieux ou même mortels, les enfants souffreteux, malingres ou difformes (1), qui ne pouvant reprendre le dessus décèdent en général au bout de peu de temps.

Puis, l'ignorance et l'incurie des sages-femmes de campagne. Voilà une source féconde de décès infantiles ou même d'autres plus regrettables encore, car la plupart des décès des femmes mortes en couches provient de leur négligence ou de leur incapacité. Ces accoucheuses ne connaissent guère les indispensables principes de l'antisepsie et les pratiquent encore moins. Si rien d'anormal ne se présente, tout va bien ; mais qu'une difficulté surgisse, et neuf fois sur dix, en l'absence d'un médecin, la mère ou l'enfant seront perdus.

89. — De plus, l'enfant une fois né est élevé dans des conditions déplorables qui mettent sans cesse son existence en danger.

A la ville, il n'en est pas de même. L'ouvrier des cités a les crèches, les asiles, les établissements de charité, où il peut se reposer du soin et de la garde de ses petits enfants. Si l'un d'eux tombe malade ou est seu-

---

(1) Dans une partie de la Sologne notamment, l'habitude qu'ont les femmes d'aller à cheval a souvent occasionné de graves désordres chez elles ou chez leurs enfants.

lement d'un tempérament délicat, il y a des dispensai-
res, des cliniques, des hôpitaux où d'excellents médecins les soignent, et où remèdes et pansements leur sont
gratuitement distribués.

A la campagne, rien de tout cela. Des multitudes
d'enfants périssent en bas âge faute de soins, de remèdes
ou de médecins. Que de fois n'avons-nous pas vu ces
pauvres petits êtres laissés dans l'ordure, trop serrés
dans des langes malpropres, et déposés dans les habitations un peu çà et là (1).

Ils respirent un air vicié, à moins qu'on ne se décide
à ouvrir la fenêtre pour laisser pénétrer autrement que
par la porte, un peu d'air et de soleil. Heureux quand
les vapeurs malsaines du fumier n'en profitent pas aussi
pour emplir la chaumière.

Si l'enfant est malade, on emploie pour le soigner des
remèdes plus ou moins étranges et on attend au dernier
moment pour faire venir un médecin. Car si le paysan
croit fermement aux charlatans ou aux sorciers, il n'a
dans le médecin qu'une faible confiance. Et quelque pénible que ce soit, nous devons à la vérité d'ajouter que
cette négligence du secours médical provient trop souvent d'une mesquine avarice.

Comment veut-on que des enfants ainsi engendrés et
élevés ne meurent pas en nombre considérable? Avec
les conditions mauvaises de leur entourage, il n'y a point

(1) Il suffit d'ouvrir un journal pour rencontrer un accident dû à
cette dernière négligence. Enfants qui se brisent un membre, qui tombent dans le feu, qui sont mordus, et parfois dévorés par des animaux domestiques ou errants.

de milieu. Ou l'enfant naît très fort et alors il vivra, faisant plus tard un solide et robuste cultivateur ; ou il est d'une constitution faible et il mourra en bas âge. On ne voit pas, en effet, à la campagne ces êtres chétifs et émaciés qui fourmillent dans nos villes ; s'il en naît parfois, ils meurent enfants et cette sorte de sélection contribue puissamment à l'aspect de robuste santé que présente en général la population agricole.

90. — Il est un dernier point à examiner, c'est le cas de l'enfant placé en nourrice.

Nous nous sommes demandés longtemps si nous devions faire entrer cette question dans l'étude de la mortalité infantile agricole. Et même, comme les enfants mis en nourrice au village sont presque tous nés de parents citadins, nous avions cru devoir nous borner à signaler le cas. Or, nous avons vu récemment que dans les statistiques (1) on portait au compte des populations agricoles les nourrissons, décédés dans les communes rurales, sans distinction d'origine.

Nous devons donc examiner brièvement la proportion de ces décès dans le taux de la mortalité infantile totale.

Voilà ce qu'écrit à ce sujet le Docteur Paulier : « Une autre mesure plus urgente et plus importante ce serait de faire appliquer dans toute la France la loi Théophile Roussel, destinée à protéger la première enfance et à surveiller de très près l'industrie des nourrices ; de ces femmes qui, à elles seules, nous enlèvent chaque année, plus d'existences qu'une épidémie de choléra ou de fièvre typhoïde. Il meurt, en effet, tous les ans en France,

(1) Voy. notamm. celle de 1891 ; un vol. chez Berger Levrault.

280.000 enfants ! Ce n'est pas trop exagérer que de mettre
le quart de cette mortalité sur le compte des nourrices,
soit 70 à 80.000 enfants ! C'est épouvantable. et autrefois
c'était encore bien pire : dans certains départements la
mortalité de nourrissons atteignait le chiffre des 50 à 60
et même 80 0/0 ; c'était ce que Tardieu, le médecin lé-
giste, appelait l'*infanticide légal*. Pour se débarrasser
de son enfant, à Paris, il n'était pas nécessaire de le
tuer, il suffisait de l'envoyer en nourrice dans certains
départements, on était sûr de ne plus le revoir (V. Mie
d'Agonne. Une faiseuse d'anges.

Dans les régions où la loi Th. Roussel est exécutée,
les choses ont bien changé et la mortalité est tombée
à 5 et 6 0/0. Malheureusement cette loi n'est que facultative, et appliquée à peine dans la moitié de la France.
Les dépenses, en effet, doivent être à la charge des départements, les conseils généraux ne comprenant pas l'importance de cette mesure de protection, ne votent pas
les fonds nécessaires et la loi reste lettre morte et les
enfants s'en vont par milliers ! »

───────

II. Remèdes proposés.

SOMMAIRE.

91. Réformes d'hygiène générale. — 92. Etablissement d'un service
de santé rural. — 93. Assistance médicale gratuite (loi du 15 juillet 1893). — 94. Obligation de la vaccination et de la revaccination.
— 95. Surveillance de la sage-femme. — 96. Efforts du législateur
pour diminuer la mortalité infantile. 97. — Résumé et conclusion (1).

(1) DOCUMENTS. — Loi du 23 décembre 1894. — Loi du 30 novembre 1892. — Loi du 15 juillet 1893. — Décret du 27 février 1877.

BIBLIOGRAPHIE. — F. Bernard : Nouv. Dict. d'écon. polit. s. v.
dépopul. p. 695.

91. — Nous connaissons suffisamment les sources du mal pour pouvoir rechercher les mesures propres à l'enrayer.

Des réformes d'hygiène générale s'imposent avant toutes les autres. Il faut assainir les contrées encore marécageuses, foyers perpétuels de toutes sortes de maladies. Au budget de 1894, on a affecté dans ce but *un million* aux assainissements et service des irrigations. L'utilité et l'opportunité de ce crédit n'ont pas besoin d'être démontrées.

92. — Il faut ensuite augmenter dans les campagnes l'effectif entièrement insuffisant des docteurs médecins. Mais, objectera-t-on, on ne peut promulguer de lois obligeant des médecins à s'installer dans tel village ou telle bourgade. Sans doute ; aussi ne doit-on pas chercher le moyen d'*obliger* les docteurs médecins à s'établir dans les cantons ruraux ; il faut, ce qui est bien différent, les y attirer par des avantages égalant ceux que leur offrent les villes, soit sous le rapport pécuniaire, soit sous le rapport honorifique.

Ce résultat ne semble pas impossible à obtenir. Loin de là, et en étendant un peu les prescriptions du décret du 27 février 1877 en exécution de la loi du 23 décembre 1874, on arriverait rapidement, croyons-nous, à atteindre le but poursuivi.

Nous ne pouvons examiner dans le détail une réforme pour la réglementation et l'exposé de laquelle il faudrait un volume. Mais nous allons esquisser ses lignes principales, de façon à donner un aperçu très suffisant de notre projet.

Deux institutions principales en formeraient la base :

Organisation d'un service de santé rural ;

Organisation d'une assistance médicale gratuite (1).

La loi du 23 décembre 1874, art. 5, dit que si l'inspection médicale dans un département est reconnue nécessaire pour les nourrissons « un ou plusieurs médecins, nommés par le préfet, sont chargés de cette inspection ».

Il serait facile d'étendre cette disposition de l'art. 5. Sur la proposition des Conseils généraux ou d'arrondissement, on pourrait établir dans les campagnes une inspection d'hygiène et de salubrité, analogue à celle instituée dans certaines villes industrielles pour les quartiers ouvriers.

Elle serait, bien entendue, exclusivement confiée aux *docteurs médecins habitant les champs*. Leur résidence qui les place constamment à la portée de tous dans leur conscription, leur vie continuelle au milieu des paysans dont ils connaissent ainsi les habitudes et les besoins, font des médecins de campagne les agents tout désignés d'un service de santé rural.

Les inspecteurs, nommés par le préfet, auraient un rôle des plus utiles et leur office serait, surtout en temps d'épidémie, des plus efficaces.

Ils auraient à visiter les habitations, à surveiller l'alimentation et surtout l'eau potable ; ils veilleraient à la désinfection en cas de maladie contagieuse ; pour les

(1) Le défaut de sociétés de secours mutuels et d'assistance a été souvent signalé comme une des causes de la dépopulation agricole. Voy. notamment : *Nouveau Dict. d'écon. pol.* de L. SAY et CHAILLEY, s. v. dépopulation, p. 695 (François Bernard).

aider dans leur importante mission, des prescriptions
hygiéniques obligatoires devraient être rendues au
point de vue des logements, de façon que les membres
du service de santé puissent les faire appliquer sans
opposition. La construction des maisons elle-même
devrait être soumise à une surveillance ; les rez-de-
chaussée ne seraient plus ainsi de véritables cloaques,
où séjournent des immondices rarement balayés.

En cas d'épidémie enfin, nous n'avons pas besoin
d'insister sur les avantages précieux que pourrait offrir
un service de santé assurant partout l'emploi des mesures antiseptiques.

L'inspection mensuelle, comme l'indique l'art. 10 du
décret du 27 février 1877, nous semblerait exagérée.
En temps ordinaire, nous estimons qu'une visite tri-
mestrielle suffirait.

93. — A côté du service de santé général, une assistance médicale gratuite doit être organisée pour les indigents.

La loi du 15 juillet 1893 est venue réaliser ce progrès.

Le principe de l'assistance par l'Etat soulèvera toujours une controverse. Les uns disent qu'elle augmente
le nombre des indigents, qu'elle enlève aux particuliers
le souci de secourir leurs semblables. Les autres ré-
pondent que l'Etat a le droit et le devoir de protéger
les citoyens ; c'est le socialisme d'Etat.

Quoi qu'il en soit, nous pensons que la loi du 15
juillet 1893 amènera dans nos campagnes un abaissement du taux excessif de la mortalité.

L'article 1 pose le principe. « Tout Français malade,

privé de secours... reçoit gratuitement l'assistance médicale à son domicile. »

La femme en couches est admise à bénéficier de cette
disposition.

Le domicile de secours s'acquiert :

1º Par une résidence habituelle d'un an dans une commune, postérieurement à la majorité ou à l'émancipation.

2º Par la filiation. L'enfant a le domicile de secours
de son père.

3º Par le mariage (art. 6). Dans chaque commune un
bureau d'assistance assure le service (art. 10). Les ré-
partiteurs qui dressent la liste des personnes admises à
l'assistance médicale, sont désignés par le préfet.

Les honoraires des médecins et sages-femmes, fixés
par le Conseil général sont, ainsi que les autres frais,
supportés par les communes, le Département et l'État.
(art. 26).

Le but et l'ensemble de cette loi de 1893 sont donc
bons et on en peut attendre un utile résultat.

Elle n'a pas encore été appliquée, parce que les Conseils généraux n'ont été saisis qu'en août 1894 et que
rien n'était porté au budget pour son application.

Cette attribution nouvelle, pour le médecin de campagne, suppléant un peu au chiffre minime des
honoraires de clientèle, jointe à des distinctions recher-
chées, contribuera peut-être à rendre aux jeunes docteurs le séjour champêtre plus attrayant et les décidera
à ne pas séjourner dans les grands centres déjà trop
encombrés.

D'ailleurs, la loi du 30 novembre 1892, sur l'exercice

de la médecine, en supprimant les officiers de santé (art. 1), favorisera encore le progrès en ce sens.

94. — Les enfants en bas âge devraient être aussi, disions-nous, l'objet de mesures spéciales.

Une des plus importantes serait d'imposer l'obligation de la vaccination *et de la revaccination*. Voici ce que dit à ce sujet le docteur Paulier : « L'obligation de la vaccination et de la revaccination serait également excellente. Elle permettrait de faire disparaître la variole qui nous enlève chaque année 14.000 hommes alors qu'en Allemagne où cette mesure est obligatoire, la variole a presque complètement disparu. En attendant que la loi soit votée en France, il faudrait organiser dans chaque département un service de vaccinations mensuelles et trouver le moyen d'engager les paysans à faire vacciner leurs enfants... »

Avec l'organisation que nous venons de proposer, le vœu du docteur Paulier se réalise de lui-même. Le médecin chargé du service de santé, devrait veiller d'abord à ce que tous les enfants soient bien soumis à la vaccine; puis, ils auraient à vacciner ou revacciner (1) gratuitement les personnes qui se présenteraient pour cela.

95. — Une mesure également très utile serait la surveillance de la sage-femme par le médecin.

Parmi toutes celles qui sont établies à la campagne,

_____

(1) La revaccination est presque aussi importante que la vaccination. La preuve en est dans l'obligation imposée à tous les jeunes soldats d'être revaccinés en arrivant au corps.

et elles sont nombreuses, il en est si peu qui prennent les précautions d'antisepsie ou seulement de propreté qu'exige un accouchement. Nous ne voulons ni ne pouvons citer ici les pratiques ridicules, parfois grossières, souvent néfastes, employées par certaines sages-femmes de village ; la plupart de ces femmes ignorent jusqu'à la propreté des ongles et causent trop fréquemment les maladies infectieuses des pauvres mères livrées à leurs malpropres mains.

C'est là que l'intervention du médecin serait réellement nécessaire.

96. — Notre législateur n'est pas, du reste, sans avoir fait en ce sens quelques efforts. Nous connaissons déjà la loi du 23 décembre 1874 « *relative à la protection des enfants du premier âge et en particulier des nourrissons* » ; puis le décret du 27 février 1877 rendu en exécution de la présente loi. Ces deux dispositions constituent un grand pas dans la matière ; et cependant ce n'est pas suffisant.

La loi de 1874 a le grave tort de n'être que facultative ; nous voudrions qu'elle fut obligatoire.

Les dispositions qu'elle contient, et surtout celles du décret de 1877(1) sont très heureusement trouvées. On pourrait y ajouter la prohibition du biberon à tube, le biberon infanticide selon le mot du célèbre Tardieu.

Les résultats obtenus dans les départements qui ont

---

(1) Voy. surtout le titre II, sect. 2 : « Des obligations imposées aux nourrices, sevreuses, gardeuses qui prennent des enfants chez elles moyennant salaire ».

voulu appliquer la loi Roussel sont les meilleurs arguments pour démontrer ses avantages.

Assurément il y aura là une nouvelle source de dépenses mais il n'en est pas de plus nécessaires que celles pouvant atténuer le taux effrayant de la mortalité (1).

Enfin, la loi du 30 novembre 1892, en édictant certaines peines contre la sage-femme coupable (art. 25), bien que trop large encore sur ce point, permet d'espérer une satisfaisante solution.

97. — Résumons, pour finir, les différents moyens que nous pensons efficaces pour abaisser le taux de la mortalité agricole.

1° Organisation d'un service de santé, comprenant une inspection *permanente* d'hygiène et de salubrité, et une assistance médicale gratuite pour les pauvres. Les avantages de cette première mesure seraient d'attirer dans les campagnes un nombre suffisant de médecins capables, d'assurer chez nos paysans l'observation

---

(1) Pour combattre la mortalité infantile, il a été présenté au Congrès de la repopulation, beaucoup d'autres propositions.

Voici les principales :

1° Obligation pour la sage-femme de campagne de se tenir au courant des pratiques nouvelles et de l'antisepsie (Ceci est réalisé par notre projet).

2° Admission dans les hospices, *à bureau ouvert*, des enfants qu'on y apporterait, sans faire aucune question aux déposants. (Cela ressemble bien au rétablissement des tours).

3° Protection de l'enfant et de la fille-mère abandonnés (proposé par Dr Lagneau, Brunetière et jadis par Le Play).

4° Recherche de la paternité (Jules Simon, Legouvé, A. Dumas fils),

5° Obligation du père envers l'enfant ; pension alimentaire.

des règles élémentaires d'hygiène et de propreté, d'établir enfin, en cas d'épidémie un service d'antisepsie capable de limiter le fléau.

2° Modification de la loi du 23 décembre 1874. Cette loi, de facultative, deviendrait obligatoire. Elle soumettrait la nourrice *et la sage-femme* à la surveillance étroite du médecin.

Nous sommes persuadés qu'avec de telles mesures, la mortalité des adultes d'abord, la mortalité infantile ensuite auront, dans la population agricole, de sérieuses chances d'être sensiblement diminuées.

CONCLUSION

Notre travail est achevé; il ne nous reste plus qu'à conclure.

Après l'analyse des divers éléments qui composent la population agricole en France, l'histoire de son évolution démographique nous a montré la force vitale de cette robuste catégorie des habitants des champs : les cultivateurs. Sans cesse persécutés et décimés, ces derniers reprirent toujours le dessus et donnèrent, jusqu'à notre époque, le spectacle d'une vitalité exubérante.

Mais, à son tour, le « *plat païs* » est atteint par le fléau; sa population diminue.

Nous avons étudié les causes de cette dépopulation et nous en avons reconnu deux.

D'abord, l'émigration dont le mouvement est plutôt à encourager qu'à ralentir. Toutefois, comme il faut aussi parer à l'encombrement qui en résulte dans les cités, nous avons indiqué comme remède principal : *la colonisation* ; et nous émettons le vœu que le nouveau ministère des colonies apporte, en ce sens, une amélioration désirée.

La seconde cause de dépopulation est de beaucoup la plus importante ; c'est l'appauvrissement de la vitalité.

Sujet bien délicat ; l'histoire nous montre à quel funeste résultat on arrive, quand on veut, par des Lois Caducaires forcer les citoyens à la procréation. Laissant de côté les mesures morales, que nous approuvons cependant, il faut avouer que, contre la stérilité volontaire, il n'est aucun remède efficace.

Aussi est-il d'autant plus urgent de combattre énergiquement la mortalité excessive de la population agricole. Contre cette cause de dépopulation, il n'est d'autres lois que les lois de l'hygiène ; mais, du moins, il est facile d'en prescrire l'application et de veiller à ce que la prescription soit observée.

Et maintenant, exprimons le vœu que la voix des démographes soit entendue.

La France est riche ; elle est convoitée par des voisins indigents comme un opulent patrimoine qu'il ferait bon de se partager. Or, notre nation voit diminuer constamment le nombre de ses citoyens, alors que, chez les autres peuples, il augmente sans cesse.

Réagissons contre un si triste état de choses qui mettrait à la longue notre pays dans un état d'infériorité absolue et sous le coup d'un perpétuel danger.

Espérons, souhaitons que le péril si fréquemment signalé de nos jours sera conjuré et que la France, déjà la première sur tant de points, ne le cèdera pas davantage sur celui-là, aux autres nations ses rivales.

www.ingramcontent.com/pod-product-compliance
Lightning Source LLC
Chambersburg PA
CBHW061113220326
41599CB00024B/4026